Reason & Rigor
How Conceptual Frameworks Guide Research

理性且严谨

概念框架如何指导研究

（第二版）

［美］莎伦·M. 拉维奇　［美］马修·里根　｜著
Sharon M. Ravitch　　Matthew Riggan

张志佑　陶梦然　｜译

世界图书出版公司
北京　广州　上海　西安

图书在版编目（CIP）数据

理性且严谨：概念框架如何指导研究：第二版 / （美）莎伦·M. 拉维奇，（美）马修·里根著；张志佑，陶梦然译 . —北京：世界图书出版有限公司北京分公司，2024.3
ISBN 978-7-5232-1105-2

I. ①理⋯ II. ①莎⋯ ②马⋯ ③张⋯ ④陶⋯ III. ①社会科学-研究方法 IV. ① C3

中国国家版本馆 CIP 数据核字（2024）第 017733 号

Reason & Rigor: How Conceptual Frameworks Guide Research, Second Edition
By Sharon M. Ravitch, Matthew Riggan

Copyright © 2017 by SAGE Publications, Inc.
All rights reserved. No part of this book may be reproduced or utilized in any form or by any means, electronic or mechanical, including photocopying, recording, or by any information storage and retrieval system, without permission in writing from the publisher.
Originally published by SAGE Publications, Inc. in the United States, United Kingdom and New Delhi.
The Chinese edition is published by arrangement with SAGE Publications, Inc.

本书中文简体版权归属于东方巴别塔（北京）文化传媒有限公司
中文简体版仅限中国大陆地区发行销售，不包括中国台湾、中国香港和中国澳门

书　　名	理性且严谨：概念框架如何指导研究：第二版 LIXING QIE YANJIN
著　　者	［美］莎伦·M. 拉维奇　［美］马修·里根
译　　者	张志佑　陶梦然
责任编辑	邢蕊峰
特约编辑	何梦姣
特约策划	巴别塔文化
出版发行	世界图书出版有限公司北京分公司
地　　址	北京市东城区朝内大街 137 号
邮　　编	100010
电　　话	010-64038355（发行）　64033507（总编室）
网　　址	http://www.wpcbj.com.cn
邮　　箱	wpcbjst@vip.163.com
销　　售	各地新华书店
印　　刷	天津鸿景印刷有限公司
开　　本	880mm×1230mm　1/32
印　　张	10
字　　数	232 千字
版　　次	2024 年 3 月第 1 版
印　　次	2024 年 3 月第 1 次印刷
版权登记	01-2023-4630
国际书号	ISBN 978-7-5232-1105-2
定　　价	79.00 元

如发现印装质量问题，请拨打售后服务电话 010-82838515

CONTENTS 目录

前 言 ... 01

序 言 ... 05

第一章
概念框架概论 ... 001

概念框架的探索和定义 ... 006

概念框架的要素 ... 011

本书结构介绍 ... 017

结语：使用概念框架 ... 022

第二章
为什么需要概念框架 027

理论是什么(理论在哪里) 030
它是谁的理论,从何而来 034
什么是文献综述,它的目的是什么 037
结语:需要概念框架的理由 043

第三章
概念框架的形成:坚毅的诞生 045

背景和情境:重点作品概述 047
论　证 058
起源:与死者和生者的对话 060
建立概念:从交谈到询问 063
形成和推进论点 067
结语:概念化框架 071

第四章
挖掘问题:概念框架、研究问题和研究设计 077

挖掘研究问题 079
背景和情境:重点作品概述 081
论　证 092

概念框架与研究设计 095

概念框架与研究设计的共同演变 100

结语：概念框架与研究设计 103

第五章
概念框架在资料收集和田野调查中的作用

107

你是谁，你是怎么思考的，你研究什么 109

背景和情境：重点作品概述 113

论　证 129

作为理论框架的连字符自我 131

作为方法的连字符：位置性与实践性 134

结语：概念框架和田野调查 143

第六章
概念框架和资料分析

151

审视一个新近的概念框架的影响 153

背景和情境：重点作品概述 155

论　证 171

从论证到分析 173

作为资料分析的转录 174

不断发展和变化的分析框架 179

结语：概念框架和资料分析 184

· iii ·

第七章

展开对话，扩展论证：概念框架在陈述、解释和情境化研究结果中的作用

189

背景和情境：重点作品概述　　193

与理论对话：对思想和行动的影响　　196

论　证　　213

介绍和讨论研究结果　　216

结语：概念框架以及对研究结果的陈述和解释　　225

第八章

关于概念框架的建构和再建构的思索

229

为研究开发一个概念框架　　234

重新审视概念框架：将成果转变为过程　　242

结　语　　256

第九章

作为指南和压舱石的概念框架

259

开发概念框架　　269

开发概念框架的策略和练习　　275

概念图　　281

研究备忘录　　285

研究日志	290
理性且严谨	293
参考文献	295
致　谢	301

前　言

在社会科学和教育学等应用学科中，学生（甚至更高级的研究者）面临的最困难的一个问题是如何开发和使用各种各样的"概念框架""理论"或"文献综述"。霍华德·贝克尔（Howard Becker）在《社会科学学术写作规范与技巧》(*Writing for Social Scientists*)一书中以一个章节犀利地分析了这一问题，将标题恰如其分地称为"被文献吓住"（Terrorized by the Literature）。我审阅过的许多学位论文开题报告、期刊论文和书籍手稿，都缺乏清晰、完整和切题的思想框架。一个好的概念框架能够解释作者如何理解他们正在研究的主题或问题及其重要性，并解释他们如何处理这一问题。然而，关于如何建立这样一个框架，以及如何在进行规划和研究时有效地使用它，无论是在印刷品上还是在互联网上，都几乎没有详细、具体的指导。

现在，莎伦·M. 拉维奇（Sharon M. Ravitch）和马修·里根（Matthew Riggan）为开发这样的框架提供了一个很好的实用指南。他们从广义上定义了"概念框架"，它不仅包括相关的理论文献，而且包括以往研究的经验结果以及研究者自身的经验知识、信仰、信念和价值观。通过详细研究6个具体的社会研究实例，阐明构成和指导每项研究的理论的、经验的和个人的因素，他们使读者可以了解概念框架

理性且严谨：概念框架如何指导研究

的功能以及如何开始为自己的研究开发概念框架。

我想从以下几方面评论拉维奇和里根的方法。首先，他们认为概念框架是从多个来源中创造出来的，而不是可以直接在"文献"中找到的、现成的，并可以简单地采用的。现有的、有明确表述的理论可能是贝克尔所谓的"模块"的主要来源，你可以从中开发你的概念框架——这些模块可以为框架提供基本思想和结构——但它们难以构成整个框架。相关论文和已发表的研究成果有一个常见的问题，就是作者们削足适履地使他们的资料符合某一个理论，忽略了这个理论会扭曲或忽视所研究的问题或现象的某些重要方面（Dressman, 2008）。现实的复杂性远非任何理论所能完全解释，因此你在建构概念框架的时候需要考虑这种复杂性，尽可能避免将你所研究的东西过分简单化。

在我看来，你的概念框架是一个镜头，更恰当地说，是一组镜头，用来理解你所研究的东西。当与解释主题的不同方面的互补理论相结合时，它通常是最有用的。珍妮弗·格林（Jennifer Greene）在她的《社会调查中的混合法》(*Mixed Methods in Social Inquiry*)一书中将此称为一种辩证的研究立场，她认为不同的哲学、理论和方法论路径有不同的优势和局限性，而将这些不同的哲学理论和方法论路径相互结合往往是最有成效的，能提供任何单一理论或方法都不能提供的生成性见解和更深刻的理解。

其次，你的概念框架并非各种想法和理论模块的简单组合。这些想法和理论模块应该以某种方式相互联系，以展现某种连贯性，这是拉维奇和里根通过将概念框架描述为"论证"（argument）所表达的部分意思。概念框架不需要严格的逻辑一致性。如上所述，在你的概念框架中加入不同的，甚至是明显矛盾的想法通常是有价值的。然而，这确实意味着你需要考虑不同的部分**如何**相互关联，以及你的主题的哪些方面最值得理解。你还需要有效地告诉你的读者，这种特定的想法如何为你的研究提供最佳的方法，以及它如何影响你的研究问题和方法论决策。

最后，你的概念框架作为方法和分析的坚固基础，并非在开始研究之前就建构好的，也并非一直保持不变。这个框架需要对你从研究经验和资料中学到的东西进行积极反馈；研究经验和资料通常会引起对概念框架的补充或修改，甚至通过从资料中生成"扎根理论"（grounded theory）来创建这个框架的实质部分。概念框架不仅仅是你的想法的视觉或口头**表达**，而且是这些想法和信念的**实际**框架，为你的研究提供了信息和指导，你可能需要不断反思，才能充分理解这些想法和信念（Maxwell, 2012）。

拉维奇和里根使用明晰的文字以及大量的例子和问题，带领他们的读者经历了这个富有挑战性的过程，这个过程中包括理解、创造和使用概念框架进行研究。在第二版中，他们添加了一个更完整、更动态的概念框架模型，以及一些更详细、更有启发性的例子。这是我所知道的关于这个过程最好的研究指南。

约瑟夫·马克斯威尔（Joseph Maxwell）

序　言

多年来,我们在指导研究生的工作中,看到许多人为了提出理由和目标支持研究主题和方法而苦苦挣扎。一些学生来找我们,因为他们自己确信完全成形的研究问题和研究设计被认为还缺乏一个"理论框架",这个意见通常由他们的学位论文委员会主席告知,有效地使他们回到图书馆去寻找理论框架。而另一些人收到的是一个模糊的建议,即他们的论文需要"更多的文献综述",这相当于告诉一个烹饪专业的学生他们的汤需要"更多的配料"。还有一些人用精致的流程图呈现"概念框架",但其与他们对文献或研究方法的讨论脱节。这些场景显示的共同问题是,学生针对主题的阅读、对哪些研究问题重要以及为什么重要的看法,与他们探索这些问题的策略之间出现了脱节。这一系列的脱节经常会使学生和给他们建议的人感到沮丧。由此常常出现我们最初描述的那些研究状况——虽然努力了,但在关键方面的概念化做得不够。这一概念缺陷对研究设计质量的影响(以及对由此产生的实证工作本身的影响)怎么高估都不为过。

本书把**概念框架**作为一种机制(过程和结果)提了出来,用于解决大部分如上所述的困惑和缺乏连贯性的问题。我们将概念框架定义为一种**论证**，即关于要研究的主题具有重要性，以及使用的研究方法恰当而严谨的论证（更全面的定义见第一章）。从这个意义上说，概念框架是实证研究的指南和压舱石，它将具体的问题和探索问题的策略置于一个已知的范围更广的特定主题或问题内。概念框架允许研究者就我们如何探索迄今未被探索的主题，或在新的背景下探索旧问题，进行合乎逻辑、合乎情理的选择。它使我们的研究问题与这些选择相匹配，进而使我们的分析工具和方法与我们的问题保持一致。它还为我们收集、分析、描述和解释资料的方式提供指导。本书试图使读者能够清楚地了解这些概念，以及开发和定义概念框架的过程。

概念框架（或概念框架的各个方面，如文献综述或理论框架）常作为学术工作的一个要求呈现给学生，但对它们为什么很重要的解释却很少，而关于它们在实证研究的开发和实施中直接的、不断改进的作用的指导则更少。结果，许多学生最终引用了与他们的资料收集或分析无关的理论，或者向读者展示了"流水账"式的文献综述。他们对关于某一特定主题所写的所有内容进行了广泛的讨论，但没有认识到了解文献的重要性，也没有认识到这些文献是如何结合在一起的。

本书旨在帮助学生和其他研究者理解概念框架在组织和指导实证研究中的功能性、综合性的作用。我们将概念框架的开发视为一个过程。通过这个过程，研究者可以确定对他们来说最重要的问题和研究路线，制订恰当的策略来解决这些问题，并在研究过程中监督和思索他们自己的学习和思考。因此，本书的读者将学习如何结合自己的兴趣和观察，**使用**现有的知识（理论、方法和实证研究）来

序　言

提出更好的问题，为探索这些问题制订有力和合理的策略，并解释其研究结果的重要性和局限性。

多亏了许多评论者、同事和同学经过深思熟虑的反馈，我们对第二版加以改善。值得注意的是，我们增加了两章，即第三章和第八章。第三章重点介绍概念框架是如何被设想和开发的。我们感谢安杰拉·达克沃思（Angela Duckworth）允许我们描述她在坚毅（grit）研究上的开创性工作，并帮助我们理解漫长而多方面的研究过程，正是这一过程使得她总结出坚毅的概念和经验性的研究方法。这一章讨论的问题是研究生在准备论文的过程中最有可能想到的问题：我该如何开始？我们也很高兴地介绍第二部主要使用量化方法的已出版的作品［之前一部是第一版中已收录的玛格丽特·比尔·斯潘塞（Margaret Beale Spencer）的作品，在本书第七章中有介绍］，使本书在方法论方面获得了更好的平衡。

第八章是本书新增加的另一章。这一章从学生的角度阐述了概念框架在研究过程中自始至终起到的作用。从第三章到第七章，每一章都侧重研究过程的不同阶段。第八章则综合了这些阶段，并展示了田野调查和资料分析反馈到概念框架中的一些方法。由于本章使用了研究过程中的叙述性语言和工作成果，你可以看到这一章的作者的概念框架变化过程。

除了这两个新的章节外，我们还添加了更多图片来说明关键的想法和关系，给读者一幅进入本书的清晰的路线图。我们还简化了一些部分的内容，使材料尽可能易懂。我们希望这些补充和修订能使本书更全面、更具可读性。我们希望本书能帮助你在这个世界上如愿以偿做好工作！

第一章

概念框架概论

让我们想象一下，你是一位考古学家，对墨西哥和中美洲前哥伦布文明使用的数字系统感兴趣。你对这个特定主题的兴趣会从何而来？要精确地说明可能很容易，也可能很难。也许是出于这样的想法，在我们今天使用的数字之前就有了某个系统，我们很难把它看作计算事物的许多可能系统之一，但它确实如此。也许是为了更好地理解被西方历史学家长期忽视的文明的智力成就，也许当你在墨西哥长大的时候，你想知道在学校学习的数学课程的起源，也许你曾作为美国和平队的志愿者在墨西哥工作，现在开始对当地的知识建设感兴趣，也许你偶然发现了一些罕见的文献，这些文献表明存在着迄今为止尚未被探索过的早期计数系统。无论是什么激发了你的兴趣，你都有自己的理由选择这个主题进行研究。

仅有这些理由还不够。假设你对考古学有基本的了解，在开始研究之前，你还有一大堆问题要解决。首先，你实际上是在寻找什么资料？毕竟，你不太可能会在一个巨石头像旁边找到一本旧的、折角的《奥尔梅克编号和计算指南》(*Olmec Guide to Numbering and Calculation*)。你所寻找的基本上是一种认知构念（cognitive construct），你如何找到它的物证？你能否认识到你已经找到它了？你希望找到的成果能告诉你关于它们所代表的数字系统的什么信息？它们为什么很重要？你如何确定与你的研究重点相关的广泛而具体的历史背景？

接下来的问题就是到哪儿去寻找。墨西哥南部和中美洲疆域广阔。更重要的是，这些地名表示的实际边界对你而言是没有意义的，因为在你试图研究的时期它们尚不存在。你怎么知道从哪里开始搜寻？

假设你能以某种方式回答这些问题，那么就要面对如何寻找证据的问题。你会让谁参与搜寻和挖掘的过程（如果你幸运的话）？你将使用哪种技术？一旦解决了这些问题，你就需要考虑如何对发现的东西进行编目。继而又引出了另一个问题：你将如何分析收集到的信息。

总之，你有很多工作要做。好消息是你得到了帮助。许多跨领域的人问自己的问题与你现在问的问题相似，他们已经经历了我们刚才概述的过程。而且，为你高兴的是，他们中的许多人在这方面已经写过一些东西。其中一些人对待工作很认真，而另一些人可能很粗心或研究不够系统。一些人开创了新的研究方法，而另一些人则停留在传统的研究模式中。一些人专注于简单地记录他们的发现，而另一些人则寻找并测试可能的解释。每个人都有一些重要的东西教你如何完成自己的研究。

你读到的一些材料会告诉你哪里有已知的考古遗址，它们可能是你开始寻找的好地点。其他材料可能包括一些图像，你认为这些图像可能包含数字系统的证据，因此需要仔细检查。还有一些资料可能关注完全不同的文明或时期，但采用了似乎与你的问题相关的搜索、编目或分析方法。一份完全独立的材料可能会暗示数字系统在农业或宗教仪式中的作用，演绎法在这里可能被证明是有用的。

当你一头扎进各种类型的文献时，你会注意到它们与你以及它们之间的交流的方式，它们如何塑造和细化你的研究问题，突出你的关注点，并让你深入了解你可能采用的方法。当你越来越熟悉它们的内容时，你会不断地重新排列和组织它们。当你阅读、写作和思考你所学到的东西的时候，你就会非常清楚地知道你在寻找什么，为什么要寻找，到哪里去寻找，打算怎样寻找，如何利用你找到的东西。虽然你不能确定那是什么，但是，关于你的发现将如何影响你的思考以及其他人对这个课题有怎样的思考，你有了一些合理的想法。你已经为实地考察做好了准备。

通过研究这些问题，你已经开始为你的研究建构一个概念框架。你已经弄清楚了你想要研究什么，以及为什么它（对你和更广泛的目标群体）很重要，并且你已经就如何进行研究（即方法论）得出了合理的结论。建立这个概念框架的过程是从你的个人兴趣开始的——毕竟，没有兴趣你就不会从事这项工作——但正是你在第一阶段（基础阶段）之后的学习，使研究具有了雏形。

好啦，你极有可能不是考古学家。当然，我们也不是。那为什么要使用这个类比呢？

当我们从物质的角度来明确学习的需要时——需要知道寻找什么资料以及上哪儿去寻找资料——显然，我们会利用其他一些个人和集体的专业知识来帮助我们正确地选择如何架构、组织和开展我们的研究。同样显而易见的是，前人的工作与我们的研究相关联，并为我们的研究提供了资料，在学习前人工作的同时我们应该向那些对我们的工作不熟悉的人清晰地阐明我们自己研究的基本原理。

相较而言，大多数社会科学研究不涉及物质方面的实物搜索，因此，人们很容易忽视系统地思考和阐明打算研究什么以及如何研究的必要性。对于许多研究者来说，个人兴趣、研究主题、研究问题、文献、背景、研究者身份/定位、研究设计、资料收集和分析的方法似乎彼此偏离，导致研究的概念化不足，在方法论上模糊不清。

作为跨领域、跨学科的研究生教师和顾问，我们经常遇到这个问题。我们的一名学生——就叫他克里斯吧——写了一份完整的论文开题报告草稿，但他的导师告诉他，他需要一个理论框架，却没有告诉他原因和目的。一名更不幸的学生阿尔琼，对一个特定的主题非常感兴趣，他的导师告诉他应该使用某个理论框架，但在阅读了二十多本书和文章后，他仍无法弄清楚这个理论如何适合他的主题或研究背景。杰拉虽然很幸运地将主题和理论联系起来了，但她在设计的方法论上有些犹豫。她打算用调查将态度、行为和结果联系起来，但她的研究问题都是解释性的，研究方法与研究问题不相符。相比之下，安杰拉提出了一项与田野观察记录相结合的质性访谈研究，但是，这些具体的资料收集策略为什么适合她的主题？为什么是必要的？它们是如何结合在一起的？对于这些问题，她没有给出解释。

如果不能清楚说明这些问题，不能将它们概念化为实证研究的基础，那么你的研究至少在三个方面会出现问题。首先，它使你的工作在概念上模糊不清。例如，研究者经常解释说，他们的工作是从某些理论中"获得信息"，但未能解释这些理论对概念化产生影响的具体方式。其次，薄弱的概念框架导致薄弱的方法论论证。有时，一项研究的方法论似乎是由研究所处的领域决定的，而与主题无关。那么，在主题相关性（为什么值得研究）的论证中，见不到与方法论（应该如何研究）有关的只言片语，也就不足为奇了。最后，它会让你在实证工作中迷失方向。研究新手没有论证他们的工作为什么很重要,而是艰难地将他们的工作与大量理论方法联系起来,只是因为这些理论以前被用来研究他们的主题。因此,当他们在工作过程中遇到模棱两可的、复杂的或变化的情况时,他们不能为自己的选择提供一个连贯的理由,从而缺乏正确决定如何在研究开展时修改或调整方法和框架的依据。

本书使用了多个课题研究案例,有些课题在主题和学科内展开,有些是跨主题和跨学科展开的。本书以广泛而具体的方式展示了建立一个坚固的概念框架如何帮助你规避或克服这些常见的挑战。我们认为概念框架决定了研究设计和方向并指导其发展。我们不仅剖析和探索了概念框架在研究的各个阶段的作用和用途,还展示了你在该领域所学到的知识是如何反馈到你的概念框架中的,这使你能够将其融入对主题、研究设计、研究方法和成果展示的整体理解中。

概念框架的探索和定义

在与同事和学生的多次交谈中,我们发现概念框架这个术语至少被用来指代三种不同的事物。有些人将其视为一项研究的组织架构或主要理论原则的纯粹视觉表现,通常以独立的图表或附录的形式包含在一个人的文献综述中。

第二种观点将概念框架和理论框架视为本质上相同的东西。与理论框架一样,**概念框架**在这个层面上的意义完全取决于你对**理论**的理解。正如我们在下一章中所讨论的那样,当研究者对此类定义含糊不清时,可能会出现一个问题,因为在这个意义上,概念框架或理论框架可以指涉"现成的理论"(通常称为"形式理论"或"现有理论")或"非正式的理论"(即你自己的工作理论和概念整合)(关于此主题的更多内容参见 Ravitch & Carl, 2016)。

第三种观点认为概念框架是将研究过程的所有要素联系起来的一种方式:研究者的兴趣和目标、身份和定位、情境和背景(宏观的和微观的)、正式的和非正式的理论及方法。这种观点最接近我们的定义。在接下来的章节中,我们提供了自己的术语定义,并解释了概念框架如何与研究过程的其他关键组成部分相关,如理论框架和文献综述。在此过程中,我们还提供了这些组成部分的操作定义。我们定义术语的目的不是与其他学者进行语义辩论,更准确地说而是希望我们自己在使用特定术语时能够做到清晰透明,也希望你能做到这一点。

对我们来说,**概念框架是关于要研究的主题具有重要性(理性),以及使用的研究方法恰当而严谨的论证**(图1.1)。我们所说的**论证**,是指概念框架是一系列有序的逻辑命题,其目的是为研究奠定基础,使读者相信研究的重要性和严谨性。关于一项研究为什么重要的论证在范围上有很大的不同,这取决于目标群体。在一些学术工作中,研究可能只对一个很小的内行团体很重要,但概念框架仍应论证它在这个团体中的相关性。我们所说的**恰当而严谨**的概念框架应该令人信服地论证这几点:(1)研究问题是相关性论证的结果;(2)研究设计与研究目的、研究问题和研究背景相对应;(3)要收集的资料为研究者提供探索研究问题所需的原材料;(4)分析方法使研究者能够有效地处理(如果不总是回答)这些问题。

理性且严谨：概念框架如何指导研究

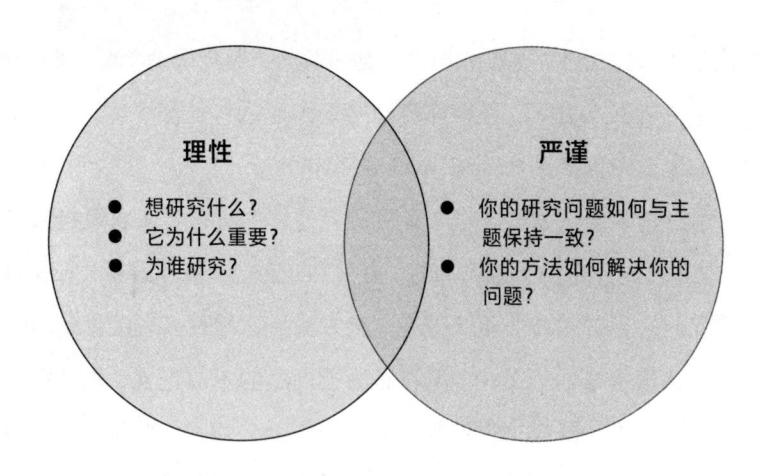

理性
- 想研究什么？
- 它为什么重要？
- 为谁研究？

严谨
- 你的研究问题如何与主题保持一致？
- 你的方法如何解决你的问题？

图1.1 理性且严谨：主题和方法的论证

虽然我们对概念框架的定义不同于其他定义，但我们的定义背后的想法并非首创。迈尔斯、休伯曼和萨尔达尼亚（Miles, Huberman and Saldaña, 2014）在他们广受欢迎的《质性研究资料分析：方法的原始资料》(*Qualitative Data Analysis: A Methods Sourcebook*)一书中认为，研究新手应该在研究之初花大量时间进行概念化，确定概念框架的组成部分，并阐明其概念框架。他们是这样定义概念框架的：

> 概念框架以图形或叙述的形式解释了要研究的主要内容——关键因素、变量或结构——以及它们之间的假定关系。框架可以是简单的或详细的、常识性的或理论驱动的、描述性的或因果性的。(p. 20)

迈尔斯、休伯曼和萨尔达尼亚认为，理论的建立依赖于支配性的、广泛的建构或范畴，他们将这些建构或范畴称为包含多个互不相连的事件、行动和过程的**知识库**(p. 21)。他们认为"设置知识库,给它们命名,并更清楚地了解它们之间的相互关系",有助于引导研究者找到他的概念框架,进而把重点放在后续研究上。开发概念框架迫使研究者进行选择,考虑变量优先级,以及辨别研究中的特定关系。

在《质的研究设计:一种互动的取向》(*Qualitative Research Design: An Interactive Approach*)一书中,马克斯威尔(Maxwell, 2013)用了一整章的篇幅来介绍概念框架。马克斯威尔是这样定义概念框架的,"你的研究的概念框架——支持和指导研究的概念、假设、期望、信念和理论体系——是设计的关键部分"(p. 39),他使用**概念框架**这一术语,"在广义上,来指你对所研究的现象持有的实际想法和观念,无论这些想法和观念是否被写了下来"(p. 39)。

马克斯威尔(Maxwell, 2013)提出了一个重要论点,"你的研究的概念框架是**建构**起来的,而不是被发现的。它包含了从别处借来的东西,但是结构以及整体的连贯性是你建立的东西,而不是现成的东西"(p. 41)。他将概念框架描述为经验知识与先前理论和研究的结合。从这个意义上说,概念框架是一种理论,尽管有时是一种尝试性的或部分性的理论。他辩称,人们甚至可以不使用**概念框架**这一术语,而使用**理论框架**或**思想背景**之类的术语。尽管我们同马克斯威尔对此概念的命名方式不一样(我们将理论框架视为概念框架的一个组成部分,与文献综述不同且更有针对性,我们将在下文进行讨论),但我们对概念框架这一观念的架构、所扮演的角色和用途的看法实质上是一致的。

在《设计质性研究》(*Designing Qualitative Research*)一书中,马歇尔和罗斯曼(Marshall & Rossman, 2011)用一章的篇幅介绍概念框

架,发表了对其内容和目的的不同看法。按照他们的观点,概念框架包含三个要素:

第一,它是对研究重要性的论证。它提供的证据表明,这项研究对实践和政策具有潜在的意义,并可能有助于开展关于这一主题的讨论(通常被认为是在"知识"上做出贡献)(p. 58)。

要想使读者相信一项研究是有意义和有价值的,就需要建立一个论点,将一个人的研究与关键理论和理论视角、政策问题、实践问题或社会和政治问题,以及更广泛地影响人们生活和社会的现实联系起来。

第二,马歇尔和罗斯曼(Marshall & Rossman, 2011)认为概念框架反映"指导研究的重要知识传统"(p. 58)。他们进一步指出,这些传统是通过对与本研究主题相关的文献进行仔细彻底的回顾来确定的。

第三,他们认为,概念框架"通过批判以前的研究,通过扩展现有的理论,或者通过指出不起作用的实践和政策,识别已知事物中的差距"(p. 58)。他们指出,这三个要素"构成了概念框架的建构模块,并有助于细化重要的和可行的研究问题"(p. 58)。

我们对概念框架的定义来自这些概念化表述中的每一个。迈尔斯、休伯曼和萨尔达尼亚(Miles, Huberman and Saldaña, 2014)以及马克斯威尔(Maxwell, 2013)提出,概念框架试图在有待研究的关键因素或结构之间确定"假定关系",这些假设的正当性可能有多个来源,如一个人自己的先前研究或"试探性理论",以及在研究文献中发现的既定理论或实证工作。我们非常赞同马克斯威尔的观点,即通过开发概念框架的过程,研究者掌握了研究的核心概念和逻辑,这一点与迈尔斯、休伯曼和萨尔达尼亚关于概念框架既是研究者学习的工具,也是研究者学习的产物的观点十分吻合。根据马歇尔和罗斯曼(Marshall & Rossman, 2011)的阐述,我们接受了这样的明确观点:概念框架是对研究的重要性的论证。这与马克斯威尔的概念框架观点相呼应,即概念框架从实质上和方法上"证明"研究的合理性。

我们的概念与这些描述的不同之处在于,我们试图定义和澄清概念框架与我们认为的组成概念框架的部分之间的关系。例如,迈尔斯、休伯曼和萨尔达尼亚(Miles, Huberman and Saldaña, 2014)指出,概念框架可能由正式的理论、观察、预感、个人兴趣或假设组成,但他们很少提及这些不同类型的知识或推理是如何结合在一起的。马克斯威尔(Maxwell, 2013)使用了**概念框架**和**理论框架**这两个可以互换的术语,而马歇尔和罗斯曼(Marshall & Rossman, 2011)似乎将概念框架与文献综述混为一谈。正如我们在下一章中讨论的那样,这种模糊性,加上这些术语被赋予的多重、特殊的含义,极大地混淆了这些组成部分在指导研究中所起的作用。

概念框架的要素

我们将概念框架定义为对某个研究问题的总体的论证——这个工作为什么值得做以及应该怎么做。这个论证的根源在于研究者的

个人兴趣和目标，而这些兴趣和目标又是由研究者的**身份和定位**决定的。这个论证通过**文献综述**形成并获得支撑，这是一个从他人的工作中学习的过程。为概念框架提供信息的文献大部分都是我们所说的**专题研究**，它关注的主题或问题与研究者的主题或问题相似。文献的第二个关键功能是为研究者提供**理论框架**，使其超越以往研究者的观点，或在研究中引入新的问题、考虑、假设或解释。

总之，虽然其他人认为文献综述、理论框架和概念框架或多或少是同义的，但我们认为概念框架是工作成果的上层结构。个人兴趣和目标、身份和定位、专题研究和理论框架都符合上层结构，而文献综述是所有研究的主要过程，在这个过程中所有这些要素被锻造成一个有说服力的论证（图1.2）。

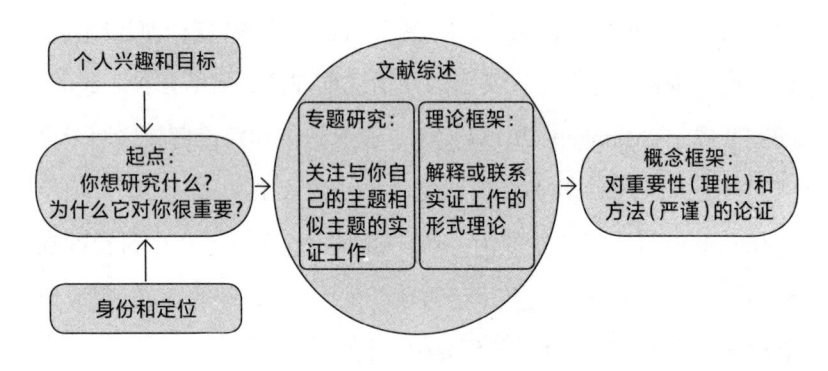

图1.2 概念框架的要素

个人兴趣和目标

个人兴趣，有时被称为智力目标（Maxwell, 2013），指驱使你做某事的动力,即提出问题和寻求知识的动力。它们反映了你对世界的好奇心、激情、信念,对需要回答哪些问题的价值观以及关于事物如何运作的工作理论。正如接下来的章节所表明的那样,这部分工作有一种深刻的个人性:比起孤立的思想问题,生活经历往往更会形塑个人兴趣和目标。

身份和定位

考虑到我们的兴趣和目标的个人性质,我们身份的其他方面在塑造我们的工作中发挥的重要作用也就不足为奇了。你自己的好奇心、偏见、思想信念、行动理论和认识论假设(构成有用的或有价值的知识的因素)都会受到你的社会地位(种族、民族、社会阶层、性别、性别认同、国籍和其他社会身份)、机构立场和生活经历的影响。此外,你在研究环境中的地位是一个重要的考虑因素(我们称之为研究者的角色定位)。例如,在实践者研究中,构成一个重要研究问题的因素可能与特定主题的文献状况关系不大,而更多地与实践者本人的迫切关注有关,因为这些研究问题是从实践中产生的。在参与式行动研究等传统研究中,研究问题的框架本身就是一个过程,即根据社区或群体中的利益相关者,确定哪种类型的知识在给定的环境或社区中是有价值的(Chilisa, 2012; Fals Borda & Rahman, 1991; Greenwood & Levin, 1998)。

文献综述

文献综述是一个过程,通过这个过程,你可以了解关于特定主题的已知信息、对该主题已经采用的研究方式,以及知识工具和分析工具(这些工具可能帮助你更好地理解主题)。作为一名研究者,你必须批判性地阅读,你要把与你的新近研究课题相关的现有工作和它的多种理论与实践背景联系起来,或者把它们整合在一起。正如马克斯威尔(Maxwell, 2010)所建议的那样,这个过程经常需要对现有的理论或实证工作以及你自己的偏见或假设进行评判。在这一过程中,需要一双怀疑的眼睛。你的目标不是找到支持你观点的已发表的作品;相反,你的目标是找到有助于你展开论证的严谨作品。

专题研究

按照我们的定义,**专题研究**是指对你感兴趣的主题进行研究(通常是实证性的)。虽然这方面的大部分工作存在于学术期刊和书籍中,但也可能出现在政策或政府研究中,或经由基金会、非营利组织和宣传组织编制的报告中。例如,假设你对研究在医院洗手以降低感染率的策略感兴趣,这一领域的专题研究将深刻地影响你如何制订相关计划和进行这样的研究。它提供了关于该问题的性质和严重性的见解(例如感染率及其后果,洗手和消毒程序的遵守情况),为研究的重要性提供了潜在的论据。它还可以帮助你找出文献中的空白,即尚未被了解的主题。最后,它帮助你调查一系列对此主题有影响的方法论。在我们看来,这是文献综述过程中一个关键却被忽视的方面。文献综述不仅可以让你了解关于一个主题的已知情况,而且可以批判性地分析这个主题是如何被探究的。在上面的例子中,观察方案非常适合记录医院工作人员遵守卫生规范的情况,但很难帮助分析他们为何遵守(或不遵守)卫生规范。

理论框架

在迈尔斯、休伯曼和萨尔达尼亚(Miles, Huberman and Saldaña, 2014)的术语中,通过文献综述确定的专题研究有助于填补构成我们概念框架的知识库(这也引导我们创建新的知识库)。但正如他们所指出的那样,我们也有兴趣了解这些知识库之间的相互关系。**理论框架**的目的就在于此。从事文献综述工作会让你进入一个理论框架,这是一种对形式理论和更广泛的专题研究的更集中、更精练和边界更清晰的整合。

《牛津英语词典》把框架定义为"由多个部分组成的结构,**尤指**用来包括或支撑事物的结构;架子或骨架"。在理论框架方面,这个定义中提到的"部分"指的是**理论**,而被支撑的东西是嵌入在概念框架中的关系。更具体地说,我们认为这些部分是**形式理论**,它们从实证工作中产生,并通过实证工作加以研究。因此,构成理论框架的理论通常出现在学术文献中。理论框架可以从其他研究中借鉴(我们将在第四章中看到这样的例子),也可以由研究者为目前的研究目的而创建(在第七章中有所描述)。在这两种情况下,理论框架都代表了形式理论的组合或聚合,以阐明概念框架的某些方面。

因为理论可以解释很多不同类型的关系(我们将在第二章中详细讨论这一主题),所以理论框架往往是复杂而多层次的。关键是,它们在这些层次之间实现了凝聚力。回到上面的洗手例子,一个理论框架可能包括一些理论,试图解释为什么即使消毒规范很简单,也没有得到一致的遵守。基于过程工程的框架可能会考虑在特定环境下（如急诊室），消毒程序适合更大规模的职工工作流程的方法；基于组织文化的框架可能会关注当下属不遵守这些程序时，他们在面对医生时是否感到安全或自在；基于行为经济学或心理学的框架可能会考虑如何通过实时反馈或同侪效应"推动"医生遵从消毒规范。在这个例子中，没有唯一"正确"的理论框架，它们也不是相互排斥的。事实上，这三种方法都卓有成效地被用于提高医院环境中对医院规定的服从和减少感染。但它们都试图用不同的方式、不同的工具和方法来解释观察到的现象。

概念框架：整合和演变

在本章中，虽然我们尽可能明确和具体地说明概念框架的组成部分，但同样重要的是，要注意这些框架是**综合性的**。将专题研究、文献综述和理论框架呈现为建构概念框架的不同方面并不是想暗示它们是相互排斥的。形式理论产生于实证工作，实证研究经常被用于检验或应用于形式理论。我们区分这些过程和组成部分的目的是要注意它们在一个概念框架内有不同的位置和功能。专题研究帮助你开始描述研究的**内容**，而理论框架的作用是阐明**原因**和**方法**。

此外，我们虽然注意到概念框架如何最好地规划实证研究，帮助你做出正确决定的问题，但还是要提醒读者不要把它们看作静态的。马克斯威尔（Maxwell，2012）的解释如下：

在你的研究过程中，你的概念框架会改变，因为你所收集的信息会导致你产生新的想法和理解，也因为这样做的过程可能会使你意识到或质疑你先前概念框架的部分内容(p.86)。

正如下面几章所阐明的那样，概念框架被界定的一个特征是它们在不断**演变**。迈尔斯和休伯曼(Miles & Huberman, 1994)用绘图的隐喻对它加以解释："随着探险者对地形的了解不断增加，绘图也相应地变得更加多样和完整。因此，概念框架是在研究开始时制订的，并随着研究的进展而演变。"(p.20)概念框架在我们的研究中起着指导和压舱石的作用，同时随着研究的发展而演变，这一观点是我们在本书中分享并将继续发扬的观点。

最后，虽然个人兴趣和目标、社会地位和角色定位、专题研究和理论框架构成了概念框架，但我们决不期望看到它们仅仅按照这些要素组织起来。概念框架的完成形式应该是以论证的形式组织和表达出来。论证的每一步都是一个命题，由专题文献或理论文献加以证明。接下来的章节给出了类似论证的清晰、有力的例子。

本书结构介绍

与大多数关于方法论的书籍一样，我们以文献中的实际例子为基础来讨论概念框架，而不是抽象地讨论它们。值得庆幸的是，可靠的概念框架和有力的论据相对容易找到。缺少的是对以下问题的解释：是什么使框架可靠或使论证有力？这些框架是如何构思和发展的？这些框架是如何在研究过程中被使用的？

本书的目的是从示范性研究中借鉴经验并加以利用，以便你能在自己的工作中使用它们。在接下来的章节中,我们呈现并分析了由成就卓著且风格各异的学者所发表的五篇作品的概念框架。我们要求每位作者思索作品的创作过程,特别注意他们的概念框架与研究过程中不同要素之间的联系。他们的思考被纳入对他们作品的讨论中,为读者提供了一个难得的机会来窥探"引擎盖下"的东西,看看最终的作品是如何产生的。同样,我们要求一位以前的博士生思索概念框架在他最近完成的论文中的作用。

通过对这六项研究的重点考察,本书探讨了概念框架在进行实证研究中的作用。具体来说,我们研究概念框架是如何发展的,以及它们如何影响研究过程的五个主要阶段:概念化、研究问题和研究设计、资料收集和田野调查、资料分析、展示和解释研究结果。

除了他们能够为自己的研究提出清晰有力的理论基础之外,我们特别选择本书中已发表作品的作者及其研究还出于以下几个原因:首先,这五位作者代表了不同的学科背景。安杰拉·达克沃思是研究坚毅和自我控制的心理学家,她的开创性研究是第三章的重点。第四章介绍了詹姆斯·斯皮兰(James Spillane)的作品,他是一位政策研究者,对组织变革的动力感兴趣。米歇尔·法恩(Michelle Fine)的作品(第五章)主要属于参与式研究的范畴,关注边缘化人群的身份、能动性和权力等问题。在第六章中,我们重点介绍了教育人类学家弗雷德里克·埃里克森(Frederick Erickson)的研究,他的研究旨在了解沟通和互动在各种环境下是如何起作用的,包括在学校里。玛格丽特·比尔·斯潘塞的社会心理学研究(第七章)考察了家庭、学校和社区因素的范围,这些因素影响了年轻人应对种族和社会阶级不平等挑战的能力。

第一章 概念框架概论

其次,虽然本书关注的五位学者都做过与教育相关的研究,但本书讨论的五篇文章的重点远远超出了这一特定领域。虽然斯皮兰的文章完全属于教育研究领域,但在其他四篇文章中,学校教育更多是一个背景而不是一个焦点。总的来说,这些文章中探讨的话题和问题的范围应该引起教育领域之外的读者的兴趣。

最后,我们特意选择的学者及其文章代表了不同的研究方法。在这里介绍的五篇文章中,两篇(达克沃思和斯潘塞)主要使用量化研究方法,一篇(法恩)使用了心理学和人类学领域的量化方法和质性方法(通常称为"混合方法研究")。剩下的两篇文章使用的是质性方法,但方式完全不同。斯皮兰的文章使用课堂观察和访谈来更好地理解广泛的概念,而埃里克森则采用了社会语言学中常见的互动的细粒度分析。

总之,我们为本书选择了学者和文章,以期使其中心主题尽可能广泛地适用于不同的主题和学科。这不是一本关于如何做研究的书,你不会发现书中有太多关于构建访谈协议、创建分析类别、设计调查问卷或选择适当的统计技术的细节的讨论。已经有大量的好资源聚焦这些主题。本书关注的是如何在参与实证研究的每一个方面时做出明智的、成熟的选择,如何向读者证明和解释你的研究选择,以及如何将你从实证工作中学到的东西与你已经知道的东西结合起来。

本书分为三个部分。第一部分就概念框架的作用和重要性提供了有价值的背景和情境介绍。在第一章中,我们解释了什么是概念框架以及为什么它很重要。在第二章中,我们简要介绍了关于概念框架重要性的争论,说明了理论的作用和文献综述所扮演的角色如果缺乏明确性和透明度会如何导致研究目的、所涉及的文献及其方法之间的脱节。我们主张用概念框架(正如我们所定义的那样)来解决这个问题。

第二部分包括第三章至第七章,通过有成就的学者已发表的作品,以及他们对该作品的思考,强调了概念框架在研究过程的五个阶段(概念化、研究问题和研究设计、资料收集和田野调查、资料分析,以及展示和解释研究结果)中的作用。各章按照研究工作通常展开的顺序排布,尽管我们在本书中注意到,这个过程是递归的。图1.3是本书这一部分的路线图,将各章与研究过程的特定阶段联系起来,并更广泛地展示每章如何与概念框架这一概念联系在一起。

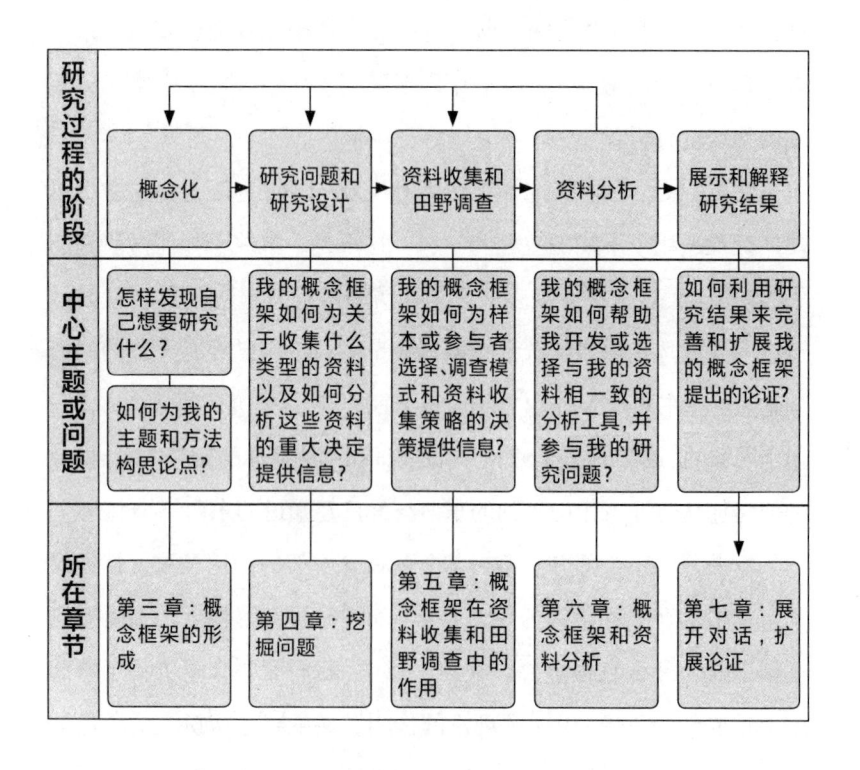

研究过程的阶段	概念化	研究问题和研究设计	资料收集和田野调查	资料分析	展示和解释研究结果
中心主题或问题	怎样发现自己想要研究什么? 如何为我的主题和方法构思论点?	我的概念框架如何为关于收集什么类型的资料以及如何分析这些资料的重大决定提供信息?	我的概念框架如何为样本或参与者选择、调查模式和资料收集策略的决策提供信息?	我的概念框架如何帮助我开发或选择与我的资料相一致的分析工具,并参与到我的研究问题?	如何利用研究结果来完善和扩展我的概念框架提出的论证?
所在章节	第三章:概念框架的形成	第四章:挖掘问题	第五章:概念框架在资料收集和田野调查中的作用	第六章:概念框架和资料分析	第七章:展开对话,扩展论证

图1.3 概念框架与研究过程的各个阶段的联系

第一章　概念框架概论

在第三章中，我们探讨了一个想法如何成为一个概念框架。聚焦安杰拉·达克沃思关于坚毅的有影响力的研究，我们发现正是经验和学术、直觉和严谨的调查的相互作用，最终形成了一个概念框架。基于詹姆斯·斯皮兰关于政策执行的有趣研究，第四章描述了概念框架在形成研究设计中的作用，特别关注背景、参与者、何时以归纳或演绎方式处理资料的大决策，以及理论框架在这些决策中所起的作用。接下来，我们将在第五章讨论资料收集和田野调查等问题，重点介绍米歇尔·法恩在研究"混合"身份方面的混合方法创新。通过深刻的反身方法，法恩的作品提供了一个令人信服的例子，该例子揭示了我们思考事物（此处指身份）的方式和我们收集相关资料的策略之间的密切联系。随着我们转向第六章的资料分析，方法论创新的主线还在继续，这一章介绍了弗雷德里克·埃里克森对社交时机的研究。我们向读者展示，埃里克森对互动和交流进行了新颖的概念化，因而需要新的方法来分析相关的资料，这进而又促使他开发了转录和分析质性资料的新方法。在第七章中，我们探讨了概念框架帮助情境化和交流研究结果的方式。通过分析玛格丽特·比尔·斯潘塞的作品，我们展示了概念框架如何帮助你把你的研究结果视为研究论证的扩展，以及它如何帮助你理解意外的研究结果或意外发现。

在本书的第三部分，我们的目标是将研究过程中的所有这些要素以两种方式进行整合。在第八章中，威廉·邓沃思（William Dunworth）博士思索了概念框架如何引导他从最初的研究的概念化一直到他的论文写作。特别值得一提的是，邓沃思阐明了一个主题的概念化和用来研究它的方法是如何相互关联的。通过研究过程的一系列坦率而生动的趣事和成果,他举例说明了他在田野调查中所做的必要改变如何反馈到他的概念框架中并最终改进了他的概念框架。在第九章中,我们综合了本书的广泛的主题和经验教训,并就开发和使用概念框架提供了具体、实用的建议。

结语:使用概念框架

从最直接的角度来看,概念框架的目的是在培养你自己的知识和观点的过程中,学习别人的经验和专业知识。概念框架允许你对如下问题做出合理的、正当的选择:你如何探索研究主题或迄今为止未充分探索的题目,探索新情境中现有的研究问题,和使用不同的理论、认识论,以及方法论框架和方法重新审视已建立的主题或问题。概念框架使你的研究问题与这些选择相匹配,反过来又使你的分析工具和方法与你的问题相一致。最后,概念框架提供了一个关键的视角,通过这个视角,你可以看到你的工作和你在工作中的角色。

概念框架指导你思考收集、分析、描述和解释资料的方式。它是实证研究周期的核心和驱动因素。它作为一个出发点,让你以及你的读者来定义和解释研究的其他方面。指导研究问题的开发,为文献综述选择的文献以及它们在理论框架中的位置,研究的意义以及它与更广泛的话语群体的关系,全都基于你的概念框架。正如本书的标题所示,这个框架,除了确保知识和方法的严谨性,还有助于你概念化和阐明研究的存在理由或基本原理;它有助于确定方法论,并以递归的方式为你的研究设计提供信息。

第一章 概念框架概论

> 我即将开始我的博士论文或硕士论文研究,本书对我有什么帮助?

为了更全面地了解概念框架对作为研究者的你的作用,或者更准确地说,你可以利用概念框架做什么,从你在设计和从事研究时最有可能遇到的问题和挑战的角度来思考,它是很有用的:

- **我想研究什么?** 正如你将在第三章和第九章中看到的,研究过程内外的许多力量塑造了概念框架,如经验、直觉、好奇心、兴趣、激情,甚至担忧都塑造了你对想做的工作的基本选择。在此基础上,传统的研究工具——文献综述、综合、研究设计、资料收集和分析——可以帮助你将广泛的兴趣细化成具体的研究思路。

- **哪些人会在乎?** 我们所有从事这项工作的人都希望这项工作至少能为其他人的思考提供指导,而且许多人渴望从事能对人们的决定、行动或优先事项产生实际影响的工作。概念框架促使你从他人的角度来考虑你的作品,并记住你的作品的修辞维度。

- **我需要涵盖哪些文献,什么时候才算读够了?** 正如我们在下一章和后面的许多例子中所讨论的那样,概念框架有助于你找出什么与你的研究相关、什么与你的研究无关、理论在什么地方以及如何适应你的论证,以及需要给你的读者多大的范围的论证。它还提醒你，当你回顾文献时，你不仅在了解你的主题，而且也在了解其他人用来研究它的方法。

- **我如何知道要收集什么样的资料以及如何分析它们？**
  概念框架可以帮助你明确你想要关注什么，你想要考察的关系，以及工作展开的背景。这为你提供了一套标准，供你考虑进行研究的恰当工具和方法。

- **我自己的立场和世界观如何影响我的研究框架的塑造和实施？** 正如威廉·邓沃思在他的博士研究（第八章）中的精彩思索所显示的那样，你是谁会影响你作为一个研究者所做的事情，对影响方式的了解远比承认局限性或过分自我沉溺重要得多。对研究地点和参与者的接触，资料收集策略和方法，以及分析框架都直接受到研究者身份和定位的影响。概念框架帮助你以具体的、可操作的方式思考这些联系。

- **我该如何处理资料中的意外或该领域的意外发展？**
  尽管需要周密的计划和先见之明，研究几乎从不按计划进行。环境是流动的，参与者（和研究者）会变，研究问题也会演变。而且资料几乎总是让我们惊讶，这就是它有趣的地方！拉维奇和卡尔（Ravitch & Carl, 2016）将概念框架描述为"方法生态系统"，在这个生态系统中开展创造性研究工作。这是一个有力的隐喻，因为生态系统是动态的和相互依存的。当一件事变化时，它会影响整个系统。你的研究也是如此。理解生态系统可以帮助科学家理解部分如何影响整体，反之亦然，概念框架可以帮助你弄清楚研究中某一部分的意外变化如何影响其他所有部分。

第二章

为什么需要概念框架

在上一章中，我们定义了概念框架，并将我们的定义置于相关文献中。在本章中，我们将论证在实证研究中建构概念框架的必要性。我们认为，概念框架可以帮助你解决两个常见的问题，这两个问题在文献中很明显，更重要的是，它们也是学生开始从事重大研究项目时所面临的困难和挑战中很明显的问题。首先，我们对**理论**一词的含义的理解不够清晰和精确。其次，对于作为实证研究过程一部分的文献综述的作用和目的存在相当大的混淆。如果你与大多数学生一样，你会经常听到教授们使用这些术语，但你可能从来没有听过关于它们的定义或解释（更不要说它们相互之间的联系）。因此，你了解到你的研究需要包括一个叫作文献综述或理论框架的东西，但是对于这些东西是如何相互联系的或者它们的功能是什么却不太清楚。通过开发和使用概念框架来组织你的思维和工作，可以简化和阐明这个过程。

在探索和解释概念、理论、框架和方法之间的关系方面，人们已经做了很多的工作（Anfara & Mertz, 2015）。其中一些工作似乎混淆而非阐明了这些关系。另一些虽表达清晰、论证有力，但并不一定相互一致或适合。许多教授和指导研究生与研究新手的人未能充

第二章　为什么需要概念框架

分阐明自己对关键术语或概念的理解或定义（这些术语或概念，与理论、概念框架和文献在实证工作中的作用密切相关），因而将这些概念和术语互换着使用。即使你很幸运遇到一位教授或顾问很小心地、清楚地界定术语或概念，他也很可能只是你在准备开展自己的研究时遇到的几种不同（而且可能相互冲突）的声音之一。这一领域的现状需要改变。本书的主要目的是提供工作概念和定义，以满足这一需要。

需要进行一项实证研究，才能彻底分析这种混乱的程度和根源。毕竟，这些文献反映了那些声称对这一主题非常感兴趣的人所付出的最大努力，他们大概花了很多时间来思考这个问题。我们学生的研究如何受他人研究的影响，关于这方面我们这些教师传达的信息是混杂、模糊或矛盾的。把工作重点放在文献上，可能会低估我们的这种影响。然而，即使在最佳的情况下，也不难看出这些信息可能来自何处。我们认为，对于理论和文献如何影响研究的认识混乱，有两个主要来源：首先，**理论**这一术语涉及很多东西，但那些与学生一起使用术语的人很少解释这一术语的含义（Maxwell, 2013; Maxwell & Mittapalli, 2008）；其次，虽然人们对文献综述的必要性已达成广泛的共识，但关于其必要性的原因却存在相当大的分歧（Boote & Beile, 2005; Maxwell, 2006）。此外，我们认为文献综述往往被视为一种结果，而不是在一个人的概念框架指导下进行意义构建和决策的迭代过程。文献综述的静态观点限制了它们在研究决策中的整体有用性，混淆而非澄清了理论所起的作用。

理论是什么(理论在哪里)

在研究词汇中,很少有词语像**理论**一样被频繁使用和广泛定义。几乎所有人都同意,理论试图解释事物为什么会以这样的方式运行,并且通常通过辨识和考察事物之间的关系来进行解释(Maxwell, 2013; Maxwell & Mittapalli, 2008; Strauss, 1995)。在那之后,对许多人来说,理论似乎变得复杂和令人困惑。

有很多书整本都在讨论理论是什么这一问题,在这里,我们无法忠实地复制它们。然而,为了理解为什么这个话题令人困惑,我们只需要考虑它被描述的多个层次。最好通过一个场景来实现,因为这(有希望)避免许多理论讨论中所特有的重叠和常常是含糊不清的术语。

理论的多重层次:思维实验

想象一下你自己在一个房间里,看着一页纸,上面画了两个方框,第一个标有X,第二个标有Y。有一条线把两个方框连接起来。那条线代表某种关系。

你看到的是一个理论。这个理论可能表示因果关系,例如X代表吸烟,Y代表肺癌。这可能是关于理论是什么的最广义理解。但是,这个理论也可能是解释性的。例如,假设X表示种族,Y表示身份。你不太可能认为种族**导致**身份,但你很可能认为这是它的一个表达式。不管是哪种情况,你都不会认为这表示种族由身份形塑。然而,也许你不确定是X形塑Y,还是Y形塑X,或者你假设两者是相

第二章　为什么需要概念框架

互影响的。在这种情况下，你的理论主要是相互关联的。不管X和Y之间的关系类型如何，所有这些理论都有两个共同点。首先，它们是概念碎片的逻辑组合（Morse, 2004）。安法拉和默茨（Anfara & Mertz, 2015）提出，这些概念碎片始于感觉，然后给它们命名（成为概念），再分组（成为构念），再让它们相互关联（成为观点），最后按逻辑排序（理论）。在我们的场景中，图2.1既有可能表示观点也有可能表示理论，这取决于X和Y代表什么，以及它们之间关系的复杂性。其次，它们受图2.1中的内容的限制。概念X和概念Y作为独立的构念存在，它们被视为研究对象，在表面上或多或少能被接受。在上面的例子中，这意味着人们认为我们对种族和身份（或吸烟和癌症）有大致相同的看法，或者至少对构成它们的概念建构模块是什么有大致相同的看法，这种对概念及其之间关系的看法通常被称为**后实证主义**（Creswell, 2013）。这一术语已成为一个学术政治的烫手山芋，那些希望更充分地参与这一争论的人将被邀请评议（许多）支持或反对后实证主义的出版物。为了我们的目的，我们将简单地指出，这一理论观点的定义特征是，它关注的是**被认为存在**的概念或构念，而不重视它们如何或为何被认为这样存在。

虽然X和Y之间的关系可能是最明显的，但在你面前，这只是理论在这种情况下发挥作用的众多领域之一。另一个领域考虑到这样一个事实，即是**你**绘制了方框和连接线，并且是**你**正在查看图表。要想发生这种情况，你必须接受，至少有条件地接受有X这样的东西，有Y这样的东西，以及它们相互联系的一些方式。在这个公式中，这些东西的意义取决于你如何看待它们；除非你解释它们，否则它们没有任何意义（图2.1）。

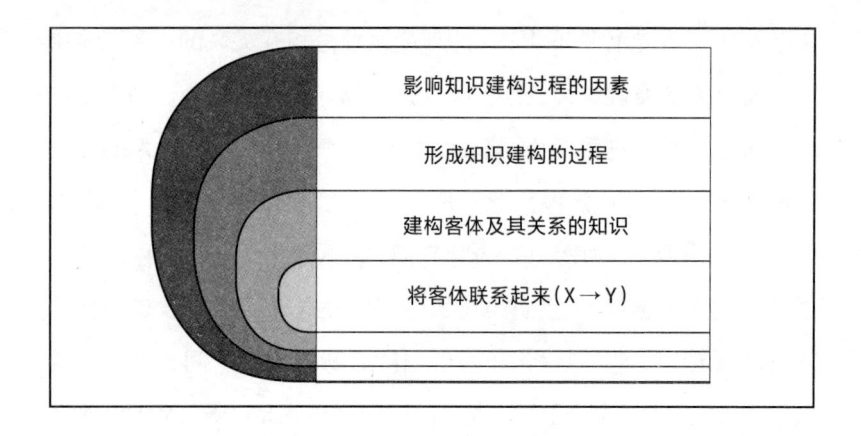

```
┌─────────────────────────────────────────────┐
│                                             │
│         影响知识建构过程的因素               │
│                                             │
│         形成知识建构的过程                   │
│                                             │
│         建构客体及其关系的知识               │
│                                             │
│         将客体联系起来（X→Y）                │
│                                             │
└─────────────────────────────────────────────┘
```

图 2.1 理论的多重层次

当X和Y表示种族和身份等抽象概念时，这是相当容易想象的，但值得指出的是，它们同样适用于上面给出的第一个例子，因为**吸烟**和**癌症**都有足够的解释空间，可以实质性地改变它们之间的假设关系［理论家伊万·伊利奇（Ivan Illich）曾经纠正一位记者关于他患癌的提问。他解释说，他实际上被**确诊**为癌症］。第一个领域关注的是X和Y之间的关系，而第二个领域关注的是你和图表之间的关系。它主要关注一些**认识论**问题——个体如何通过提问建构知识。虽然这一层次上的理论，就假定的思考者和思考之间的关系而言，毫无疑问是假设的，但它经常在哲学术语中被提及（Crotty, 1998; Guba, 1990）。这部分是因为它是作为对实证主义和客观主义的批判性回应而出现的，后者认为，科学探究的定义特征是，像X和Y这样的构念可以被客观地观察到，与理论没有关系（Schwandt, 2015）。但它的含义超出了批评的范围。它鼓励研究者不仅把自己看作科学程序的追随者，而且把自己看作科学程序的解释者和生产者。它还

第二章 为什么需要概念框架

明确地将研究定义为一个解释过程：我们收集和分析资料的方式是一个**创造**而非**发现**意义的过程。这种知识生产观是解释主义和解释学的基础，它们是指导社会调查的两大范式（Creswell, 2013; Denzin & Lincoln, 2003）。

如果你承认图表是你思维的延伸，而不是"现实"的客观形象，那么下一个问题是，你为什么会这样想？是什么影响了你创造意义的过程？毕竟，你如何将X和Y概念化不仅仅是你自己的怪癖造成的。你对X和Y（以及它们之间的关系）的理解取决于你是谁，而你是谁又取决于你周围的世界。你是谁可能会依据下列因素被概念化：年龄、种族、性别、语言、民族、社会阶层、性别认同，或者你的社会身份的任何其他方面。它可能是根据你的经历被概念化的。它也是流动的。你如何看待自己，或者你自己的哪些方面影响了你对某事的理解，这两点很可能取决于你的背景。理论的第三个领域将图表视为对你自己的认知或象征延伸，因此它关注房间外的世界与你之间的关系。这是解释学的重点，它试图理解"解释"为什么会发生，以及影响意义形成的语言和历史过程的类型（Gadamer, 1989; Ricoeur, 1973）。它还导致了"批判性"理论的产生，如女权主义理论、酷儿理论、批判理论、批判种族理论和马克思主义理论的各个方面，这些理论认为，与性别、文化、种族和社会阶级（及其交叉性）有关的、更大的社会结构和过程深刻地影响了我们如何理解社会现象（Hill-Collins, 1998, 2000; Parker & Lynn, 2002; Skeggs, 2001）。

现在回到我们场景的细节，理论的第四个领域关注你所处的空间，以及它的位置（具体的和广泛的）和特性如何影响你的图表生成。例如，假设X指的是人类活动，Y指的是全球变暖。人们很容易想象（或观察到正在进行的有关气候变化的政治和文化斗争），对两者的定义以及它们之间的关系在性质和复杂性上都会有很大的不同，这取决于假设的机构环境。具体地说，我们可以假设，某些制度环境，它们本身嵌入在更大的世界中，使得人们可以或多或少了解X与Y的含义以及二者之间产生关系的方式。像米歇尔·福柯（Michel Foucault）这样的理论家毕生致力于探索社会机构（如教堂、医院、精神病院和监狱）的发展和演变如何从根本上改变概念范畴（如美德、健康、理智和安全），当个体使用概念范畴来体验和解释他们周围的世界时他们能够使用的这些概念范畴也限制了他们的选择（Mills, 2003）。后结构主义和后现代主义等哲学传统都有一个相似的关注点，那就是质疑"真理"和"理性"的产生及其社会意义（Lather, 2006）[在恶作剧式的分析中，贝克尔（Becker, 1993）指出，关于社会探究认识论的争论所依据的术语，本身就是学术学科或学术领域的社会组织的产物]。

它是谁的理论，从何而来

到目前为止，我们主要关注的是理论是关于什么的。使事情更加复杂的是，存在它是谁的理论的问题。对理论的描述范围从非正式的直觉到正式的命题集，这些命题已经指导广泛的实证探索并受到其影响（Lytle & Cochran-Smith, 1992; Noffke, 1999; Schön, 1995）。施万特（Schwandt, 2015）认为，理论涵盖了从关于事物为何以这种方式运行的非正式**概念**到用于辨识、建构和解决问题的**理论导向**，到专注于具体内容而不仅仅是关系的**实质理论**，再到**形式理论**——

形式理论在本质上是具有一定普遍性的实质性理论(p. 302)。同样,马歇尔和罗斯曼(Marshall & Rossman, 2011)区分了**默会理论**(tacit theory)和**形式理论**(formal theory)——前者指的是关于事物如何运作的个人观点,后者指的是在研究文献中发现的既定理论。马克斯威尔(Maxwell, 2013)采用了类似的观点,他注意到,虽然**现有的**理论为研究过程提供了框架和信息,但研究者在研究过程中进行思考时所持的推测和试探性假设本身构成了理论。在谈到一个学生对亲子互动感兴趣的故事时,施拉姆(Schram, 2003)认为:

> 我们可以沿着一个延伸的连续体来确定理论,从正式的解释性公理[鲍尔比(Bowlby)的依恋理论(Attachment Theory)],到试探性的预感("母亲和婴儿之间的互动似乎有些不对劲"),再到任何指导行动的一般观念("更合适的做法是先问母亲")。(p. 42)

换言之,理论可能假定一种形式上的关系,指研究者或观察者持有的预感,或者反映一套关于如何研究主题本身的观念。

这些理论的任何层次或特征都没有错。每一个都是有用的;每一个都说明了我们如何去弄清楚世界的运作方式以及影响这个过程的因素。问题是,它们之间确实有很大的不同,但是它们都有相同的名字。弗林德斯和米尔斯(Flinders & Mills, 1993)对结果进行了精辟的总结:

> 当研究者谈到理论时,他们自然会想当然地认为他们

会在他们想要的理论层次上被理解。然而,由于这些意义的不同层面同时发挥作用,研究者认为理所当然的东西可能不会被其他人分享。他们有时发现自己在某个层面上谈论理论,而他们的同事则在另一个层面上思考。最好的情况下,这会导致沟通混乱。最坏的情况下,研究者不禁会想,聪明的人竟会迟钝到误解他们的意思。(p.14)

当一位教授告诉你,你的工作缺乏"理论框架"时,他可能指的是上述任何理论领域,或是某些领域的混合。学生们常常对理论何处、何时以及如何指导他们的工作感到困惑,这有什么奇怪的吗?

在本书中,我们旨在强调理论(在不同层面)如何使用不同的方法,为来自不同领域的学者的概念框架提供信息。虽然所有的研究者都使用理论来假设概念之间的关系,但是,他们在研究过程中明确地将自己(以及他们所居住的世界)理论化的程度之间存在很大差异。正如我们将看到的,这是由多种因素造成的,包括问题的性质、目标群体、研究者工作的领域和倾向以及研究者自己的工作流程。

假设你能弄明白教授所说的理论是什么意思,下一步你怎样弄明白它是如何影响你的工作的呢?考虑到你的兴趣,哪些理论(以及哪些层次的理论)适用?要回答这些问题,你需要从别人的工作中学习。但在这里,我们遇到了第二个同样严重的困惑:学术界对文献综述的定义和描述各不相同,对文献综述目的的观点也不一定一致。

什么是文献综述，它的目的是什么

当开始撰写本书的时候，我们请来自全国各地的十几位同行（他们都是大学里的学者和研究者）告诉我们他们如何更广泛地看待文献综述在学术研究，以及在硕士论文和博士论文中的作用。他们给出了各种各样的答复，其中许多答复相互矛盾。对一些人来说，撰写一篇全面的文献综述似乎反映了他们对自己研究生经历（积极的和消极的）的一种再创造：他们要求学生撰写文献综述，因为他们认为这是一种对研究新手有益的成年礼；这是项艰巨和耗时的工作（基础训练和情境化实践），这是使博士工作严谨而需要做的事情。这种观点之所以持续存在，是因为那些经历过这种过程的人，反过来更有可能要求他们的学生经历同样的过程。对于其他人来说，文献综述的目的是展示关于特定主题的专业知识。这一方面是出于了解自己学科的需要，另一方面是出于一种学术交换感——如果你想让别人关心你的想法，你需要表明你也关心他们的想法，并且你知道许多不同的学者的想法。还有一些人认为，文献综述是一个过程，把人们想研究的东西放在一个更大的信息和思想框架内，本质上是解释目前的实证工作如何为文献中未解决的问题或空白提供信息。

我们的几个同事用了一个常见的隐喻来描述文献综述：对话。然而，在对话的框架设计的一些重要方面，他们意见不一：第一，如果文献综述是学者之间的对话，那么学生或作者是对话的参与者还是观察者，还是兼而有之？第二，如果学生是一个参与者，他可以在多大程度上对这个话语群体进行反馈，又以什么方式反馈？例如，他的角色是坐在桌旁，问问题，郑重点头，还是可以自由地探究他认为有问题的假设或想法,并提出批评?

就像对概念和理论框架的困惑一样,文献综述在学术研究中的作用也让许多学生、新手学者和更广泛的研究者感到困惑。这方面的文献虽然相当多,但并不一定能改善这种混乱的状况(Bruce, 1994; Boote & Beile, 2005)。即使学者们能够就文献综述的目的达成一致,我们也往往无法充分解决对学生来说最重要的问题:文献综述如何与研究设计和研究实施更普遍地联系起来?本书的中心目的是向你展示如何使用文献综述来建构你的概念框架,而这个框架反过来又为你的工作的其他方面提供信息。

相关性与彻底性

虽然实际上有十几种不同形式的文献综述(Booth, Papaioannou and Sutton, 2012),但它们通常以两种方式来定义。首先是作为学术写作的子体裁。在这个意义上的文献综述是关于某一特定主题的所有研究文献的综合。通常情况下,作者会根据在同行评议的期刊上发表的文章,或根据资料或方法学,制定哪些研究需要包括进来的标准。这种类型的写作目标是向读者呈现一个明确的概念领域内的知识轮廓和断层线:对于一个特定的主题,有哪些广泛的共识,哪里有分歧,为什么会出现分歧?什么问题没有回答?从积累的文献中可以得出哪些总体结论和教训?这一观点表明,对研究领域的掌握——博士级别工作的先决条件——需要综合所有与该领域相关的文献。这不仅是为了学习相关的内容和理论,而且是为了培养吸收和综合学术工作的技能(Hart, 1998; Boote & Beile, 2005)。

定义文献综述的第二种方式更具体地涉及硕士论文和博士论文。在这个意义上,文献综述最常见、最普遍的定义是,它是对与某一主题相关的研究文献的讨论(Bruce, 1994; Nunan, 1992; Hart, 1998)。这种观点认为,文献综述的范围应限于与该研究的研究问题最相关的作品。

这些定义中的每一个都是有意义的。问题是,学者们对于这是否属于两种不同的事物往往意见不一。马克斯威尔(Maxwell, 2006)讨论了"整个教育研究界内部对作为论文和论文开题报告的一部分的文献综述的恰当形式和目标的划分"(p. 29)。他认为,这种划分涉及教师的期望,一些教师的观点是文献综述必须是彻底的和全面的,而另一些教师的观点是对特定领域内和跨特定领域的文献进行有选择性的、有重点的综述。他认为,这种不一致是围绕体裁、目标和用途产生混乱的核心所在。马克斯威尔从文献综述的角度提出了**相关性**比**彻底性**更重要的观点。他这样定义相关性:"相关作品是指那些对研究的设计、事实或解释有重要影响的作品,而不仅仅是那些涉及研究主题的作品,或是在研究领域中明确的实质性领域的作品。"(p. 28)他反对布特(Boote)和贝尔(Beile)对文献综述的"基础主义"观点,他认为文献综述是一个锚或工具,声明"文献综述是一个必要的工具,任何研究者必须学会熟练地使用它"(p. 30)。

过程与结果

大多数研究者会爽快地承认文献综述既是一种结果,也是一种过程(Ridley, 2012)。然而,根据我们的经验,人们有一种偏向前者的强烈倾向。文献综述被过多地强调为博士论文或已发表的研究成果的一个组成部分——一项需要完成和检查的任务——而不是一个有助于研究者在现有的各种理论和学术体系内部和它们之间进行综合和整合的、有积极意义的创造性过程。文献综述的目的在于**学习**。这是一个过程，在此过程中，你可以了解到某一特定主题的已知内容、未知内容，以及其他人如何试图回答与该主题相关的问题。从这个角度看，彻底性-相关性关系从一种看似二分法的关系转变成了一种发展性的关系。回顾文献的目的在于理解什么是与研究领域和研究设计最相关的东西。通往相关性的路穿过了彻底性。与沿途所学到的知识以及这些知识对工作的影响相比，剩下的问题——要在最终成果中包含多少文献综述——让我们觉得已经没有那么重要和有趣了。

将文献综述作为结果来关注造成文献综述与论文的其他要素（包括概念框架或理论框架和方法论）的人为分离。回顾一下论文草稿，除了"文献综述"一章外，我们还可以找到"问题陈述""概念框架""理论框架"和"研究方法"等独立章节。实际上，它们都回顾了文献！

更令人烦恼的是，人们常常把"问题陈述"或"研究目的"与更广泛的文献综述分开。例如，一个撰写论文开题报告的常用指南将问题陈述定义为对研究的介绍，描述"你想要解决的重要问题"（Biklen & Casella, 2007: 56），而文献综述（作为一种事实而不是一种过程呈现）成了对"与你的主题相关的现有对话"的总结(p. 76)。我们认为这是有问题的，原因有二：第一，如上所指，对研究的重要性的论证应该是文献综述的结果，而不是一个平行的活动；第二，暗示你研究中的这一小部分是指定的论证部分，而其余部分不是这样的论证。然而，至少到现在为止，很明显，我们认为你的整个研究就是一个论证,其中大部分是文献综述过程的产物。

如果把概念框架看成是有关研究的重要性和严谨性的论证,文献综述的定义和目的就会变得更加清晰。文献综述是研究者借以为其工作建构论证的一个过程。因此,我们将其优先定义为过程,而不是结果。虽然比起彻底性我们无疑更倾向于相关性标准,但我们认为彻底性是相关性的先导。此外,我们认为,相关性不是简单地与主题有关,而是那些具体文献(专题的和理论的)建构和推进了关于研究主题与研究方法的论证——概念框架。

如果这样来理解的话,作为过程的文献综述主要有两个目的。首先,它有助于理解关于你的主题的已经发生的"对话",以及你需要为该对话添加什么内容。研究是一项集合性的、累积的事业。研究的最终目标是知识的扩展,因此有理由认为,新的研究应该从一个主题或问题被明确定义或明确理解开始。舒尔曼(Shulman, 1999)声称,**生成性**——或"善借他山之石"(p. 162)——是学术工作扎实的一个主要标准。他将**生成性**定义为学者们对先前的学术和研究做出的复杂的、批判性的解释,以便将我们自己的工作置于一个既存的环境中。舒尔曼(Shulman,1999)指出:"坚持有纪律的、公开的和包括同行评议程序的工作的主要理由是,我们每个人都在努力站在同行的肩膀上,也要为其他人提供一个坚实的基础,让他们在自己的努力之上取得成就。如果教育学术的大厦以完整性为目标,那么调查作为工作的主体,本身就必须具有完整性。"(p. 162)

其次,文献综述体现了研究者们试图思考和研究你现在正在处理的问题的所有不同方式。哈特在他被广泛使用的书《做一篇文献综述:释放社会科学研究的想象》(*Doing a Literature Review:*

理性且严谨：概念框架如何指导研究

Releasing the Social Science Research Imagination)(Hart, 1998)中提出了这样一个观点：

> 综述的一个主要好处是它确保了在开始"恰当的"研究之前，你的主题是具有"可研究性"的。有太多刚开始做研究的学生把研究的广度和价值等同起来。初始的热情，加上这种普遍存在的误解，往往导致他们的开题报告过于宽泛、笼统和野心过大。正是通过文献综述逐渐收窄研究主题，使得大多数研究成为一种比较现实的深思。(p. 13)

从这个意义上说，文献综述有助于一个人从实质上专注于自己的研究主题和研究范围，而不仅仅是将研究主题和研究问题情境化。同样，布特和贝尔（Boote & Beile, 2005）认为，全面的文献综述对于发展理论和方法论的复杂性至关重要，因为这种复杂性是研究者在研究设计和研究方法论上做出正确决策所需要的。他们认为文献的这种用法常常被忽视。

> 目前的举措和教师们的关注点都忽视了文献综述在研究准备中的中心地位，这反过来又削弱了教育研究的质量。我们认为，这种疏忽的根源在于对文献综述的理解过于狭隘——认为其仅仅是对以往研究的详尽总结——并误解了其在研究中的作用。良好的文献综述是理论和方法论复杂性的基础，从而可以提高后续研究的质量和用处。(pp. 3–4)

总的来说，这些目的表明文献使研究者能够做到以下三点：（1）理解相关领域内和跨领域已经发生的对话；（2）弄清楚如何为这些对话增加内容；（3）确定理论上和方法论上的最佳方法（Glesne, 2016; Hart, 1998; Ravitch & Carl, 2016）。

结语：需要概念框架的理由

本章重点讨论了为什么学生和新手研究者总是迷失在研究过程的所有不同要素中。总而言之，我们认为，学生之所以往往感到困惑，不是因为他们不知道理论是什么以及文献综述的作用是什么，而是因为虽然有太多关于它们的看法，却没有明确的机制或框架来整理它们或将它们相互联系起来。人们关于理论和文献如何为研究提供信息以及如何建构研究的分歧加剧了这种混乱。一些学者（Anfara & Mertz, 2015; Dressman, 2008）唤起了一种"现成可用的"理论观点，我正在使用社会再生产理论来研究中美洲第二代移民的教育经历就是其中一例。另一些人则告诫学生抵制这种方法，认为过早采用或过度依赖理论会迫使研究者缩小关注范围，使他看不到工作中可能的探究途径（Anderson & Jones, 2000; Avis, 2003; Van Maanen, 1988）。如前所述，有很多关于文献综述的分歧，主要是关于文献综述的范围、文献对研究设计和研究方法的影响程度，以及文献综述作为过程与作为结果的区别。

整体上的混乱和缺乏连贯性不能通过重新给事物命名（或者更糟糕的是，为哪些事物应该得到哪些名称而展开争论）来解决。如果研究者能够尽可能清楚和明确地了解我们为何选择以及如何选择研究一个课题,并且能够利用文献综述的过程来开发、改进和发展这些论证,会非常有用。本书旨在提升这种透明度和连贯性。在接下来的章节,我们将重点介绍和分析6位学者的作品,他们各自说明了如何建构和论证其研究的相关性和目的,以及如何让这些论证为他们的实证过程提供信息,并从中有所收获。

第三章

概念框架的形成：坚毅的诞生

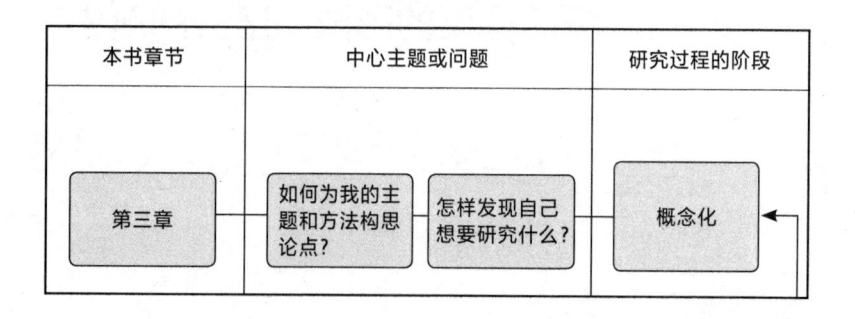

本书章节	中心主题或问题	研究过程的阶段
第三章	如何为我的主题和方法构思论点？ 怎样发现自己想要研究什么？	概念化

在本书中，我们认为，好的研究是建立在一个强大的概念框架之上的。接下来的章节将特别关注概念框架是如何影响研究设计、资料收集、资料分析和写作的。但是，好的概念框架从何而来？你如何弄清楚什么对你来说是重要的，以及做到这一点之后，你又如何将它形成一个框架来指导你的研究？

在本章中，我们从概念框架最早的化身一直追踪到了其最终的出版形式。我们重点关注了《坚毅：对长期目标的坚持和激情》（Grit: Perseverance and Passion for Long-Term Goals），由安杰拉·达克沃思、克里斯托弗·彼得森（Christopher Peterson）、迈克尔·D. 马修斯（Michael D. Matthews）和丹尼斯·R. 凯利（Dennis R. Kelly）撰写

（Duckworth et al., 2007）。这是达克沃思第一次发表关于坚毅的文章，该理念对心理学和教育学的研究、政策和实践产生了深远的影响。因此，这是一个理想的案例，可以用来研究下列问题：想法从何而来？它们是如何演变成概念框架的？我们首先将这篇文章放在达克沃思工作的大背景下，然后介绍已发表文章的摘录。接下来要讨论的问题是这项工作是如何取得成果的。特别是，我们把坚毅作为一种理念来关注——它是如何从不同的研究路线中产生的。我们特别强调了思考和直觉、经验、文献综述、方法论选择、资料收集和分析，在形成坚毅的核心概念及对其重要性的论证中的相互作用。

安杰拉·达克沃思博士是美国宾夕法尼亚大学心理学副教授，2013年麦克阿瑟奖获得者。达克沃思于1992年从哈佛大学获得神经生物学学士学位，并作为一名马歇尔学者，获得了牛津大学神经科学硕士学位。她从宾夕法尼亚大学获得了心理学博士学位。在从事研究工作之前，达克沃思为贫困儿童创办了一所非营利性质的暑期学校，该学校获得了马萨诸塞州的"更佳政府"奖，并荣选为哈佛肯尼迪学院研究案例。她还担任过麦肯锡公司的管理顾问，并在旧金山、费城和纽约市的公立学校担任了5年的数学教师。

背景和情境：重点作品概述

在为坚毅命名之前，安杰拉·达克沃思已经充分认识到了坚毅的重要性。在其担任数学教师的5年里，她见惯了学生们的成功与挣扎。成败看似与他们的能力有关，实际上与他们是否愿意付出努力并坚持到底关系更大。她常常为没能帮助一些学生走完"最后一公里"而感到沮丧和失望。"在5年的课堂实践中,我有一个强烈的直觉,许多学生会过早放弃。"她在接受我们的访谈时说,"我能看到山那边有什么,但我无法让他们和我一起翻过山,他们也无法看到另一边的美景。从开始读研究生时我就知道,我想研究坚持。"

然而,坚持并不是达克沃思最初研究的重点。她最初研究的是自我控制——她直觉上认为,这是学生在课堂上取得成功的关键品质,也是她一直以来的研究重点。这两个问题的核心都是一个常见而又古老的问题:为什么有些人成就更多,而另一些人成就更少?更具体地说,如何解释即使这些人生活在相似的社会环境中且拥有相似的能力,但他们的成就却大不相同?

在论证坚毅是影响个人成就的重要因素之前,她不得不先给坚毅下个定义,表明它有别于其他特征,如能力或"大五人格"特质("Big Five" personality traits)。本章重点介绍这篇文章如何试图做到这一点。这项工作有3个重要的目的:定义和解释坚毅,确定它是一个独特的构念,证明它的重要性。

达克沃思的研究属于一个范围更广的工作领域,近年来,该领域在政策界得到了稳步的关注。在教育领域,研究长期专注于一套相对狭窄的结果衡量指标,这些指标既可以用来评估项目,又可以用来确定那些能预测成功或奋斗的因素。同样地,政策高度关注标准化的考试成绩,以此作为评估学校和教师的一种手段。与此同时,关于工作场所的研究,一直在试图搞清楚是什么让一些人成功,而另一些人却不得不在困境中挣扎的问题,其中大多数研究关注的是认知能力或个性特征(Heckman & Rubinstein, 2001)。

但是最近,社会学家们开始质疑这种狭隘的观点,对于是什么预示着学生能在学校和工作中取得成功提出了不同但相关的理论。芝加哥大学劳动经济学家詹姆斯·赫克曼（James Heckman）自2000年以来出版和发表了一系列书籍和文章，他提出的论点是，坚毅等"非认知"技能对教育成功和劳动力市场的成功至关重要，而狭隘的成就衡量标准对长期结果的预测很不理想（Heckman & Rubenstein, 2001; Heckman, Stixrud and Urzua, 2006; Heckman, 2014）。斯坦福大学的心理学家卡罗尔·德韦克（Carol Dweck）认为"心态"——一个人对能力是固定的还是可变的的信念——实际上比能力更能预测成功，而心态是可教和可学的（Dweck, 2006）。2012年，芝加哥学校研究联合会发表了一份报告，一定程度上认为等级评价比考试分数更能衡量学术成绩，这在很大程度上是因为它们包含了非认知因素，如学习行为和持久性（Farrington et al., 2012）。总的来说，这项工作促使教育工作者、政策制定者和商界领袖重新思考应该优先考虑哪些技能或能力，以及如何衡量这些技能或能力。

在接下来的部分，我们首先介绍了对《坚毅：对长期目标的坚持和激情》的摘录。该摘录聚焦于这篇已发表的作品中的文献综述和方法讨论。在摘录之后，我们将论证分解为一系列逻辑步骤，使论文的概念框架清晰明了。然后我们将转到本章的重点：坚毅作为一个概念的演变过程，以它为中心开发的框架，以及为这种开发提供信息的过程。

我们重点关注理念本身的演变，突出了创造和定义"坚毅"这一术语的过程。重要的是，这个过程借鉴了3种不同的研究形式：文献综述、访谈和调查设计。每一种形式都有助于塑造和完善这一概念，并支持对这一概念的论证。概念和方法之间的相互作用也非常重要:对坚毅的定义决定了研究坚毅的方法,反过来也成立。每一项都反过来帮助建构一个论证:坚毅是真实的和重要的,概念框架是这一重要和有影响力的作品的基础。

资料来源:Duckworth, A. D., Peterson, C., Matthews, M. D., and Kelly, D. R. (2007). Grit: Perseverance and passion for long-term goals. *Journal of Personality and Social Psychology, 92*(6), 1087–1101。

天赋与成就

[1] 智力是最好的有据可查的成绩预测指标(Gottfredson, 1997; Hartigan & Wigdor, 1989)。可靠而有效的智商测量方法使得受智商影响的各种成就结果得以记录,包括本科和研究生院的平均学分绩点(例如Bridgeman, McCamley-Jenkins and Ervin, 2000; Kuncel, Hezlett and Ones, 2001)、加入美国大学优等生荣誉学会(Langlie, 1938)、收入(Fergusson, Horwood and Ridder, 2005)、职业潜力和工作绩效(Kuncel, Hezlett and Ones, 2004),以及职业选择(Chown, 1959)……

[2] 然而,在推孟(Lewis Terman)对"智优"儿童的纵向研究中,最有成就的男性的智商仅比最没有成就的男性的智商高5分(Terman & Oden, 1947)……在推孟的研究中,一些特定的非认知性品质(毅力、自信和对目标的整合)比智商更

能预测一个有天赋的人能否成长为一名有成就的教授、律师或医生(Terman & Oden, 1947: 351)。推孟和梅利塔·奥登(Melita Oden)是凯瑟琳·考克斯(Catherine Cox)的亲密合作者,他们鼓励进一步探究为什么智力不总是等于成就:"为什么会这样?什么样的环境会影响有天赋的人取得成就?这些都是非常重要的问题,我们应该用各种方法来研究这些问题,以尽量减少我们的无知。"(p. 352)

个性与成就

[3] 关于通过哪些个人特征可以预测成功,"大五人格"模型为许多当代实证研究提供了描述性框架(Goldberg, 1990; John & Srivastava, 1999; McCrae & Costa, 1987; Tupes & Christal, 1992)。在1991年的一项综合分析中,巴里克(Barrick)和芒特(Mount)得出结论:相较于该模型中的外向性(Extraversion)、开放性(Openness to Experience)、神经质性(Neuroticism)、亲和性(Agreeableness),责任心(Conscientiousness)与工作绩效的关系更为密切(Barrick & Mount, 1991)。根据职业类别的不同,责任心与工作绩效之间未经校正的相关系数范围为$r=0.09$到$r=0.13$。在一项以人格测量作为工作绩效预测标准的验证性研究的元分析中,泰德、杰克逊和罗思坦(Tett, Jackson and Rothstein, 1991)观察到责任心与工作绩效之间的样本加权平均相关系数为$r=0.12$。

［4］从这些元分析中我们可以得出结论：在最好的情况下，任何特定的个性特征在成就差异中所占的比例都不到2%。如果是这样，与智商相比，个性就显得无关紧要了。另一种可能是，通过五大因素中定义更狭义的方面能更可靠地预测特定的成就结果（Paunonen & Ashton, 2001）。也有可能存在重要的个性特征，而没有表现为"大五人格"的某些方面……

［5］尽管我们认识到了"大五人格"分类法作为描述性框架的效用，新个性特征应该被置于框架中，但我们并不认为它提供了一个值得研究的详尽的特征列表。

［6］有责任心的人的特点是做事彻底、仔细、可靠、有组织、勤奋和自控。虽然所有这些品质似乎都对成就做出了贡献，但它们的相对重要性可能因所考虑的成就类型而异。例如，高尔顿（Galton, 1892）认为，自我控制能力——抵制诱惑和控制冲动的能力——是一个糟糕的预测最高成就的指标……

［7］霍夫（Hough, 1992）区分了责任心的成就方面与责任心的可靠性方面。根据霍夫的观点，成就导向型的人是努力做好工作、完成手头任务的人，而可靠的人是自我控制力强和传统的人（p. 144）。在一项元分析中，霍夫发现衡量成就导向的量表在预测工作熟练度（$r=0.15$）和教育成功率（$r=0.29$）方面要好于可靠性量表（分别为$r=0.08$和$r=0.12$）。

［8］坚毅与责任心的成就方面有重叠之处，其不同之处在于，坚毅强调的是长期耐力而不是短期强度。有毅力的人不

仅能完成手头上的任务，而且多年来都在追求一个既定的目标。坚毅也有别于责任心的可靠性方面（包括自我控制），体现为保持一贯目标和兴趣。例如，自我控制能力强但坚毅力适中的人可以有效地控制自己的脾气，坚持自己的饮食，抵制工作时上网的冲动——但每年都要换工作。正如高尔顿（Galton, 1892）所说，长期投身于某一职业（或业余爱好）并非源于压倒一切的"每小时的诱惑"。

[9] 坚毅也不同于对成就的需求。麦克莱兰（McClelland, 1961）将其描述为完成可管理目标的动力，可管理目标允许对绩效进行即时反馈。那些对成就有高需求的人追求的目标既不太容易又不会太难，而那些意志坚定的人会有意为自己设定极其长远的目标，即使没有正面的反馈，他们也不会偏离目标。第二个重要的区别是，从定义上来说，成就需要是一种对隐含式奖励活动的无意识驱动。因此，不可能用自我报告的方法来衡量（McClelland, Koestner and Weinberger, 1992）。相比之下，坚毅可能意味着投身于要么显性的，要么隐性的奖励目标。此外，我们也没有发现人们对自己的坚毅水平缺乏认识的理论原因。

坚毅量表的开发

[10] 上述推理表明，坚毅可能和智商一样对取得高成就至关重要。特别是坚毅，而不是自我控制或责任心，可能会让那些出类拔萃的人脱颖而出。詹姆斯认为，他们最大限

度地发挥自己的能力。为了检验这些假设,我们探索了一个简单的、独立的、符合以下4个标准的坚毅测量方法:心理健全的证据,青少年和成年人在不同领域(不仅仅是工作或学校)追求目标的表面效度,高成就人群中天花板效应的低可能性,最重要的是,与坚毅构念的精确吻合。

[11] 我们回顾了一些已发表的自我报告的衡量标准,但没有找到任何符合我们4个标准的其中一项。我们发现的唯一一个衡量毅力的独立标准是儿童毅力量表(Lufi & Cohen, 1987),它对成人来说是无效的。激情量表(Vallerand et al., 2003)评估的是对一项主观上重要的活动的承诺,而不是毅力。鲍姆和洛克(Baum & Locke, 2004)使用的韧性量表来源于加特纳、盖特伍德和谢弗(Gartner, Gatewood and Shaver, 1991),是为企业家开发的,不适用于青少年。同样,职业发展抱负量表(Desrochers & Dahir, 2000)指的是对自己的"职业"和"公司"的态度。卡西迪和林恩(Cassidy & Lynn, 1989)开发了一个成就需求问卷,该问卷调查了工作道德和对卓越的渴望,这与坚毅构念相一致,但也有一些不相关的品质,比如对金钱的需求、对他人的支配、对于竞争对手的优势,以及社会地位。最后,霍伦贝克、威廉斯和克莱因(Hollenbeck, Williams and Klein, 1989)编制的目标承诺量表,评估的是状态层面(state-level)的目标承诺,而不是特质层面(trait-level)的目标承诺。

[12] 在缺乏足够的现有措施的情况下,我们开发并验证了一

份自我报告问卷,称为坚毅量表。我们期望坚毅与"大五人格"模型中的责任心和自我控制相联系,但是,随着时间的推移,在强调专注的努力和兴趣时,它对高成就的预测效度比其他构念高。

[13] 我们还检验了毅力与智商无关的假设。虽然研究个性和智商的文献很多,但当代的调查很少将这两种测量方法结合起来。因此,我们惊讶地发现,我们对个性特质和智力之间的关系以及它们对绩效的相对贡献所知甚少。这一趋势也有明显的例外(参见Ackerman & Heggestad, 1997; Chamorro-Premuzic & Furnham, 2005),但一般来说,心理学忽略了韦克斯勒(Wechsler, 1940)、R. B. 卡特尔和布彻(Cattell & Butcher, 1968)的建议,他们认为,将非认知或认知的个体差异排除在外的独立研究将是不完善的。

方　法

[14] **坚毅量表的开发**。一开始,我们生成一个由27个条目组成的条目池,来开发坚毅这个构念。开发量表的首要目标是捕捉高成就个体的态度和行为特征。我们在早期对律师、商人、学者和其他专业人士的探索性访谈中获得了关于高成就个体的描述。我们有意地写下了一些对青少年和成年人都有效的条目,但没有具体说明生活领域(如工作、学校)。我们纳入了一些能够在逆境中保持努力的项目(例如,"我克服了挫折,战胜了一个重要的挑

战""我做事情有始有终")。我们还认为,有些人之所以保持努力,不是因为主观兴趣,而是因为他们害怕改变,是为了遵从他人的期望,或者不知道有其他选择。因此,好几个坚毅量表的项目询问了兴趣随时间的推移的一致性。例如,两个反向评分条目分别是"我的兴趣每年都在变化"和"我很难将注意力集中在需要几个月才能完成的项目上"。这些条目按5分制评分,从1(我一点都不喜欢)到5(我很喜欢)。

[15] 我们考虑了条目总体相关性、内部信度系数、冗余度和词汇的简单性,消除了10个条目。在剩下的17个条目中,我们对随机选择的一半观察资料($n=772$)进行了探索性因素分析。我们找到了一种解决方案,可以满足对多个因子的检验(例如,卡特尔的碎石检验),保留5个或更多的条目,载荷至少为0.40,产生了有心理上的意义的内在一致性因素,最接近简单的结构。一个采用promax斜交旋转法的双因子模型满足这些条件。关于12个保留条目和校正条目与每个条目各自因子的总相关性,见表1(本书未收录)。我们考虑了这两个因子是积极评分和消极评分条目的产物的可能性,但我们相信因素结构反映了两个概念上不同的维度。第一个因子包含的6个条目,表示一致的兴趣;第二个因子包含的6个条目,表示不懈的努力。因为我们期望兴趣和努力维度上的耐力是相关的,所以我们接受了这个模型,在这个模型中,这两个因子的相关系数为$r=0.45$。

[16] 为了检验最后的双因子模型的完整性,我们确认了每个因子的特异性(即不被其他因子共享的可靠方差的部分)大于该因子的误差方差。此外,对我们样本中剩余的773个观察资料进行的验证性因素分析,支持这一种双因子模型(比较拟合指数为0.83,近似值的均方根误差为0.11)。由此产生的12条目量表显示,在总体量表和各因子(一致的兴趣为0.84;不懈的努力为0.78)上具有较高的内部一致性(0.85)。在随后的分析中,其中任何一个因子对结果的预测都并非始终优于另一因子,而且在大多数情况下,两个因子加在一起比单独一个因子的预测更准确。因此,我们继续使用12个条目的量表的总分作为我们对坚毅的衡量标准。

目前的研究

[17] 在现有措施不足的情况下,我们开发并验证了一个自我报告问卷,称为坚毅量表。我们期待坚毅与"大五人格"责任心和自我控制相关,但是,在强调努力和兴趣的同时,随着时间的推移,我们期待,比起其他构念,它对高成就有递增的预测有效度……我们还检验了坚毅与智商无关的假设。

论 证

正如我们所定义的那样,概念框架是一个有根据的论证,它论证了为什么一项研究的主题对它的各个领域和经常交叉的领域很重要,为什么用于探索该主题的研究方法是有效的,以及如何确保研究设计的恰当性和研究方法的严谨性。在《坚毅:对长期目标的坚持和激情》中,作者首先介绍并定义了这个术语:

> 我们把坚毅定义为对长期目标的坚持和激情。意味着努力面对挑战,尽管遭遇失败、逆境和停滞不前,仍然长期保持努力和兴趣。坚持不懈的人取得成功的过程就像坚持跑完一场马拉松比赛,他的优势是耐力。当失望或无聊向其他人发出信号,提示他们改变行为轨迹、减少损失时,坚持不懈的人会坚持到底。(pp. 1087–1088)

然后,作者提出了一个初步假设,即坚毅是"取得高成就的必要条件",并为这一立场建构了一个论证。这一论证可概括如下:

1. 虽然智力衡量指标已经被证明可以通过多种方式预测成就,但其影响比我们预期的要小,其他非认知因素如坚持不懈和自信也起着重要作用(第[1]—[2]段)。

2. 另一个潜在的成就预测因素是性格。然而,所谓的"大五人格"特质并没有以任何有意义的方式预测成就(第[3]—[4]段)。

3. 这很可能是因为有一些重要的特征没有包括在"大五人格"框架里。具体来说,责任心包含了一系列不同的特征,其中一些特征似乎比整体构念更能有力地预测成就(第[5]—[7]段)。

4. 坚毅与其中一些特征重叠,但实际上也与之不同,特别是在强调追求长期目标方面(第[8]—[9]段)。

5. 因此,我们有理由认为坚毅比其他特征更能有力地预测成就。然而,目前还没有关于坚毅的衡量标准(第[10]—[11]段)。

6. 开发坚毅量表是为了确定坚毅是否能与其他特征区分开来,以及它是否能更有力地预测成就(第[12]—[13]段)。

7. 开发量表包括首先创建一组自我报告条目,这些条目使用各种术语和表达共同描述了坚毅的核心原则。去掉多余或令人混淆的条目,并采用因子分析法建构了最终量表,其中包括两个相关维度:一致的兴趣和不懈的努力(第[14]—[16]段)。

8. 分析6项不同研究的资料,回归分析被用来衡量坚毅与各种领域成就之间的关系,以及坚毅在多大程度上比能力或责任心更能预测成就(第[17]段)。

在这个论证结构中,文献综述和方法之间的关系象征着一个强有力的概念框架。达克沃思和她的合著者在讨论关于预测或解释成就的已知内容时,利用文献表明:虽然我们对这一重要主题的理解还不完整,但我们对图画中缺失的部分的形状和大小有了一些了解。这就建立了一个论点,即坚毅可能就是缺失的部分,但这个论点也为其所采用的方法确立了强有力的理论依据。如果文献表明,**应该有一种不同于性格(特别是责任感)和智力的构念,比它们二者中的任何一种都能更好地预测成就**,那么收集和分析资料的模式应该允许作者检验这两种猜想。有鉴于此,作者建议使用因子分析法(确定大量调查条目的潜在内聚因素)开发一份量表,与已确定的智力和性格衡量标准一起进行测试(以证明它不同于两者),并分析新构念(坚毅)预测成就高于前两者的程度。通过资料收集和分析,对文献中讨论过的推测想法进行实证检验和验证。

起源:与死者和生者的对话

虽然这篇文章的方法论细节可以自成一章,但我们最关心的是概念框架的想法从何而来。哪种类型的思维方式或过程形成了这里出现的论证?作者在准备给出答案之前问了哪些问题?

量化研究通常与逻辑实证主义相关:愿意接受事物本来的客观面目。然而,这是一种过于简单化的观点,在这个例子中显然不是这样。作为一个概念,坚毅根植于经验、直觉和质性方法。正如我们前面所描述的那样,关注坚毅和自我控制的最初动力来自达克沃思的教学经历,以及她对是什么让一些孩子成功的直觉。作为与马丁·塞利格曼(Martin Seligman)合作的宾夕法尼亚大学研究生,她对坚毅的想法主要是通过与他人就成功和成就的对话而形成的。她告诉我们:

> 我每周都会和马蒂(Marty)见面,谈论我们认识的成功人士。像威廉·詹姆斯(William James)的老式扶手椅心理学那样,我们在一起聊心理学问题,比如:"你的朋友莎拉·Z(Sarah Z)怎么样,能否告诉我她的情况?"我会对马蒂说:"是什么让罗伯特·斯滕伯格(Robert Sternberg)如此富有成效?"从我们个人的观察中,我们有一种直觉,这种非凡的毅力促使人们在很长一段时间内保持的单一目标,

第三章　概念框架的形成：坚毅的诞生

是那些真正在自己的领域内处于领先地位的人的一个典型特征。这种品质不同于天赋。

这些谈话有助于达克沃思和塞利格曼了解他们真正想知道的是什么，即他们需要问的问题。下一步是让更多的人参与他们的讨论。达克沃思与各个领域的领袖进行了一系列访谈，问了他们一组她和塞利格曼彼此相互问过的问题。她与其合著者在文章中是这样解释的：

> 在对投资银行、绘画、新闻、学术、医学和法律专业领域的人士进行访谈时，我们得出一个假设，即坚毅是成功的关键。当被问及在各自领域中，杰出人士的特质是什么时，这些人经常用坚毅或它的同义词来回答，它出现的次数与天赋几乎一样频繁。事实上，许多人对某些同龄人的成就有敬畏感，他们一开始看起来不像其他人那么有天赋，但他们为实现自己的抱负所付出的不懈的努力是非同寻常的。许多人惊讶地发现，一些天赋异禀的同龄人最终并没有进入他们领域的上层。(p. 1088)

尽管达克沃思没有受过访谈培训，但她还是凭直觉知道了访谈的一个基本前提：邀请参与者讲故事，描述特定的人或情况，然后让他们解释这些思索。这样一来，访谈就包括了要求参与者回想他们所在领域中非常成功的人，描述他们，然后思索促使他们获得成功最重要的品质或特点。

这些访谈都是探索性的，目的是解决同样出现于达克沃思与塞利格曼谈话中的主题和问题。这些访谈还使她了解人们用来描述她最终称之为坚毅的语言，包括激情、耐力、兴趣和努力等词语。这些对一个共同概念的不同框架建构将为研究过程下一阶段的条目的开发提供信息。然而，在此之前，达克沃思面临的问题是，什么时候从探索性访谈转到撰写调查条目。事实证明，早期心理学家的工作为回答这些问题提供了一个有用的视角。"历史读物对我影响很大，"她回忆道：

> 我回顾了弗朗西斯·高尔顿（Francis Galton）和艾森克（Eysenck）的著作，许多伟大的心理学家已经研究过这个问题：谁在生活中取得了成功？因此，我读凯瑟琳·考克斯、威廉·詹姆斯的著作时发现，坚毅也出现在了他们的论述中。我想，如果我没有在我的访谈中和对已去世多年的心理学家的观察中看到这种共鸣，我可能会（在访谈中）摸索更长时间。

这种思索为我们提供了两个重要的借鉴。首先，在阅读文献时，人们往往对最新的文献有偏爱。特别对于研究生来说，最新的文献综述反映出最流行的主题和方法。然而在许多学科中，一些最有影响力的作品却是最古老的作品。古老的作品往往更可能关注大的、普遍性的问题（比如是什么使人在生活中获得成功），因为在详细的专业化成为学术著作的标志之前，这些作品就已经完成了。

第二个借鉴主要是趋同的思想，既包括文献综述也包括资料收集。达克沃思不断访谈,直到她在访谈中听到的和早期文献中看到的内容之间找到一个共鸣点为止。从本质上说,这意味着她到达了一个阶段,在这个阶段,访谈中出现的主题得到了很好的界定,并与她在文献中看到的内容相一致:她对她的概念已心中有数,收集额外的资料并没有以任何显著的方式改变它或对它有所补益。她指出:"我认为,如果下一个资料点由于你已经看过而不能让你学到很多东西,这似乎就是新资料的边际回报。"文献综述也是如此:从现实的角度来看,当文献无法再告诉你任何关于你的主题的新东西时,你就知道你已经做得够多了。

建立概念:从交谈到询问

这些访谈使达克沃思对成功人士的品质有了更多的了解,加强了她对这些品质的思考,并让她能够以不同的方式来描述这些品质。使用不同的框架和描述来谈论一组共同的想法的能力对她下一个阶段的研究——写出坚毅量表的调查条目——至关重要。

最初,她并没考虑开发一个坚毅量表。在塞利格曼的强力促动下,达克沃思首先提出了这样一个假设:不应该通过自我报告的问卷调查来研究坚持,而应该通过某种表现性任务来研究它。她最初的探索性工作包括设计不同的练习,观察孩子们完成练习的过程。这种方法从基本原理上来说是合理的:基于人们实际所做的事情的测评,应该比自我打分的调查更可靠,因为人们往往不会客观地评估自己的能力或特点。

然而,表现性任务的方法却不适合达克沃思想研究的东西。问题出在时间上。通过阅读文献和进行访谈,她确信,要真正理解坚持,她需要一个衡量标准,这个标准应该包括长期的——数年而不是数小时——兴趣和努力。用测评方法无法获得这一要素。她回忆说:"作为一名以前当过教师的人,我感兴趣的那种坚持不是……你能否坚持10分钟或半小时,我所说的那种坚持是,当你度过了糟糕的一天,第二天起床后你仍然朝着目标努力。"

这一认知强调了概念框架工作的一个重要方面:**研究对象**和**研究方法**之间的联系。随着她对坚持的理解逐渐演变为对目标的长期追求,达克沃思最初设想的研究方法变得不可行,这促使她放弃正在做的工作,重新考虑自己的选择。一年后,当她重新回到这个问题上时,开发一个量表,这一最初被否定的方案,现在看来是最合理的方法。

撰写调查研究的量表条目在某种程度上与制作香肠类似。相对于接下来各阶段的精确分析,条目撰写本身是主观的、解释性的,甚至是文学性的。开发量表的根本原因是,人们对单词和短语的理解是不同的。因此,任何单个条目都会受到研究者意图以外的解释的影响。将多个条目组合在一起,目的是不受不同解释影响,以更稳定的方式来衡量总体概念。

达克沃思用她在访谈中听到的语言设计她的调查条目初稿,如文中所述(第[14]段),目标是开发适用于不同年龄,不依赖特定背景和环境的条目。通过访谈和阅读文献,达克沃思知道她需要既考虑到兴趣又考虑到坚持的条目。但是,即使她使用了在访谈中听到的内容,事实证明,找到合适的语言也是一项挑战。她说:

第三章 概念框架的形成：坚毅的诞生

> 我想传达的是长久持续的激情，但作为二年级的研究生，我想到的条目是长久持续的兴趣。在某种程度上，持续的激情与稳定的兴趣是有差别的。虽然兴趣和激情之间有明显的重叠，但我认为人们不会说它们完全是同义词。

为了领会构成坚毅的理念基础，她还做过另一些尝试，它们被证明过于主观，不适合做调查条目。早期的尝试包括参考短跑和马拉松、龟兔赛跑。这些文化参考对某些人有意义，但对其他人没有意义。就像所有的表达一样，它们的力量在于暗含的意思，而不在于它们的字面定义。但是，这些含义并不能被所有人理解到，因此不能很好地转化为条目建设。

达克沃思最初设计了27个条目，有10个条目被删除了，因为它们要么是多余的，要么过于主观，无法得出一致的测量结果。然后，她对剩下的17个条目做了因子分析。简单地说，因子分析可以让研究者看到不同的调查条目相对于其他条目的表现，重点关注哪些条目是聚集在一起的。通过观察条目反应如何相互关联来确定和衡量的这些集群被称为因子。正如该文章所解释的那样，因子分析得出了一个"双因子模型"，也就是两个条目集群。从最初的17个条目中删除了5个条目，因为它们的"因子载荷"（它们与两个因子中的一个的关联强度）不足以使其被纳入进来，结果最终的量表只包含了12个条目。

达克沃思将这两个因子称为"一致的兴趣"和"不懈的努力"。实际上，命名和描述这些因子的过程本身就是一种解释。双因子模型的出现，实际上影响了达克沃思对坚毅是什么的思考。"我首先感

理性且严谨：概念框架如何指导研究

兴趣的是这些因子在说什么，以及我能否辨别因子1和因子2有什么不同，"她回忆道，"然后，当然，紧接着的想法是这些东西是什么？"

通过查看被问及的具体条目，达克沃思能够快速地从因子1和因子2过渡到"一致的兴趣"和"不懈的努力"，这是她提炼坚毅概念的重要一步。她在访谈中说道：

> 我可以看出有两个主要因子，兴趣因子与努力因子是不同的。这是一个在观察资料和思考之间来回的过程。先思考，然后再看看那些帮助我理解坚毅的是什么资料。但同时，也要运用对坚毅的理解，然后以我的方式分析资料。虽然这很难区分，但我认为，这大体上是正确的。我认为很少有人会说："嗯，我考虑（它）5年了，我已经非常清楚了，接着我做了所有这些研究，然后我又想了一遍。"我觉得它更应该是："今天我想了很多，第二天我读了一堆资料，这些资料让我对这个问题有了一些不同的看法，接着我继续思考，然后再看资料。"

虽然达克沃思特别提到了在思考核心理念（坚毅）和开发量表（通过条目撰写和因子分析来完成）之间的来回切换。有趣的是，这种切换通常被认为更多地属于质性方法的范畴，基于观察结果集群（在本例中是执行类似操作的调查条目）创建和命名范畴的归纳过程也是如此。在描述她开发一个构念和测量它的工具的过程时，她再次提醒我们，方法论途径之间的界限比我们想象的要模糊。

形成和推进论点

简单地说,达克沃思在文章中提出的论点是,有一种东西叫坚毅,它不同于其他东西,而且它很重要。建立坚毅量表是推进这一案例的必要前提,但要真正验证它,达克沃思还需要一种方法来区分坚毅与其他被认为与成就相关的构念,如能力或个性特征。她还需要用一种方式来证明,坚毅实际上能预测成就。

她实现这一点的方法出人意料地简单。建立了一个衡量坚毅的工具之后,她和她的同事们进行了一系列研究,考察了坚毅、天赋、性格特征和成就之间的关系。尽管他们在不同的环境和不同的人群中小心地进行这些研究,他们使用的分析工具是相当一致的:回归模型,它们测量了坚毅预测成就(在时间1测量坚毅,并在时间2测量成就)的程度,与其他预测因素相关的强度,以及坚毅和其他预测因素的共变程度。在这篇文章中,达克沃思将其研究结果总结如下:

> 在6项研究中,坚毅方面的个体差异解释了成功结果中显著的递增方差已无法用智商解释,智商与之不存在正相关……与通常观察到的"大五人格"责任心相比,坚毅在结果中所起的作用更大。在第一项和第二项研究中,我们发现,在同一年龄段,更加坚毅的个体比不那么坚毅的个体获得了更高的教育水平。年龄较大的个体比年轻个体更坚毅。这表明,坚毅的品质在个体之间有一个稳定的差异,但可能会随着年龄的增加而增加。正如我们所预料的那样,比同龄人更坚毅的人换工作的次数更少。在第三项

研究中,一所精英大学的本科生,SAT分数较低但在坚毅方面得分更高的人的平均绩点也高于同龄人。在第四项和第五项研究中,在自我控制或西点军校招生委员会使用的学员素质总结衡量标准方面,坚毅能更好地预测西点军校第一个夏季的保留率。然而,在坚持到秋季学期的学员中,自我控制能更好地预测学习成绩。在我们的最后一项研究中,在全美拼字比赛(Scripps National Spelling Bee)中,更加坚毅的参赛者比同龄的不那么坚毅的参赛者排名更高,至少部分原因是他们做了更多的练习。(p. 1098)

从经验上看,这6项研究的结果证实了达克沃思关于成功的原因的许多原始直觉,这些直觉产生于她的课堂,通过阅读威廉·詹姆斯及其同时代人的作品加以提炼,通过与塞利格曼对话和对其他专家的访谈加以充实,最后通过创建和验证坚毅量表而变得深刻。她了解到,坚毅不同于智商、能力和性格特征(正如"大五人格"特质所测量的),它预测了在这些变量之外的环境中,她所观察到的成功。除了证实了她的许多假设,早期的研究也给她带来了意外收获,丰富了她对什么是坚毅,为什么它很重要,以及它如何适合用来理解成就这个更大的难题。在描述她从这6项研究中学到的东西时,达克沃思解释道:

对成功的另一个常见的解释是天赋;有些人做事情做得更好,学得更快,他们会成为赢家。有一句话是"天赋会胜出",你知道,奶油会浮到上面。我想直接测试一

第三章 概念框架的形成：坚毅的诞生

下。所以我认为，在几乎所有这些研究中——当然是指在那些含有坚毅的研究中（前瞻性的纵向坚毅能够预测其他东西）——都有一些关于天赋的衡量标准……你的西点军校"考生全部分数"（Whole Candidate Score），或在拼写竞赛中的智商。我所期待的一件事是，坚毅可以超越（或超出以上范围）这些衡量标准去预测成功，比如，别除天赋这个受控因素，你仍会得到一个预测（坚毅变量对成功的预测）。但有一点我没想到会在资料中表现得如此清晰，那就是你永远不会发现坚毅与天赋呈正相关。你经常会发现它们呈负相关或零相关。

在验证了她的许多原始假设之后，文章中建构概念框架的最后一步，也是在她随后关于这个主题的研究的最后一步，是修辞问题：从资料中找到一种方法，讲述清晰而引人注目的故事。

这个故事的早期阶段，首先侧重于描述作为一种新构念的坚毅的基本原理。这是一个论点，认为我们在理解是什么导致人们成功的过程中缺失了一些东西。在后面的阶段，报告并讨论了这篇文章包含的6项研究的结果，说明坚毅为什么重要和如何重要。

在那篇文章中，这6项研究恰好是按时间顺序进行的。但是，这并不是按时间顺序介绍它们的主要原因。这样做更重要的原因是，需要以合乎逻辑的方式呈现研究结果，并逐步得出一个具体的结论。达克沃思对同事的作品赞赏有加，她解释说，写得好的研究读起来就像一个故事，其中的叙事元素是相互建构的。

理性且严谨：概念框架如何指导研究

> 我真的很向往那种写作方式，你给读者讲一个故事，给他们一个背景，故事就这样展开了。这既是自然的，又是有预期的。就像他们在某种程度上参与其中，他们期待着读下一段。

这篇文章对研究发现和讨论部分讲述得很仔细，首先从第一项研究到第三项研究确立了坚毅与成功之间的紧密联系，然后系统地提出证据，证明这种联系可能不是第四项研究到第六项研究中其他未观察到的因素的结果。"我在添加哪些协变量上受到了影响，因为我认为在纵向工作中，你总是担心X预测了Y，但这是其他原因造成的，"达克沃思解释说，"有第三个变量Z，因此你逐渐希望消除可能存在的Z。"

达克沃思发表了许多关于坚毅的文章，这是其中的第一篇，现在到了这篇文章故事的结尾。值得注意的是，从学术角度来看，文章结论其实是相当谦虚的。在总结了他们的发现后，作者指出了到当时为止他们工作的局限性，将他们所了解到的内容与文献联系起来，并给出了一些政策和实践方面的启示，以便展开进一步的研究来证实他们的发现。没有宏大的理论，也没有试图对一系列广泛的人类行为或特征发表声明。这在一定程度上是研究者的性格使然，同时也凸显了积累实证证据和建构理论之间的相互作用。正式的理论研究实际上往往是自上而下的，作为分析资料的手段强加于资料之上。相比之下，实证研究通常是自下而上的：资料点被收集和整合，直到更大的图景或模式出现。回顾10年来对坚毅和自制力的研究，达克沃思解释说，她是经过了很长一段时间才得出这个理论的：

我确实有一个理论，但它的发展非常缓慢。我认为，在某种程度上，以我的个人经验来看，女孩比男孩有更强的自我控制能力，这就是她们会取得更好的成绩的原因……有些孩子更容易做到延迟满足，原因之一是他们有能起帮助作用的策略。这些都只是小小的个人见解。我的理论来得有点晚了，我想很多人都是从理论开始的，这样做有很大的推动作用。但对我来说，这更应该是自下而上的。

要记住一个重要知识，特别是对于那些刚开始做学术研究的人来说：**一个强大的概念框架并不总是需要一个强大的理论框架**。正如我们将在接下来的章节中看到的那样，有许多地方，理论框架可以帮助你推进思考和研究，在这些情况下，你应该将它们包含进来。但在某些情况下，你不必将理论视为唯一的起点，令你的工作不必要地复杂化。正如本文（及其作者）所示，这个知识通常也可以是一个结论。

结语：概念化框架

本章讨论了概念框架从何而来。《坚毅：对长期目标的坚持和激情》是一个特别有用的可检验实例，因为本文的重点实际上是概念框架的制订和表达。这篇文章本身部分讲述了这一框架是如何形成的，正是达克沃思对她自己的研究过程和学习的反思，才真正阐明了这一点。这个故事提供了3个主要教训。首先，与我们在第一章中

理性且严谨：概念框架如何指导研究

对个人兴趣、目标、身份和定位的讨论一致，坚毅的故事表明经验和直觉很重要。文献综述（无论是专题研究还是理论框架）在形成和完善概念框架的过程中起着关键作用，但它不一定是产生概念框架的原因。如果你在这个过程中小心谨慎且深思熟虑，那么你将有足够机会根据需要完善和重新思考你的直觉和假设，就像达克沃思所做的那样。

其次，非正式的方法——思考问题、写日记、和同事讨论——事实上是学习过程的关键部分。对达克沃思来说，观看关于成功人士的纪录片或非正式地观察人们对她思维的影响，不亚于甚至超过了正式的研究。她回忆道："我确实会反复查看资料，但老实说，我认为我从交谈、观察、做梦和思考中学到的至少和我从单因素方差分析（ANOVA）和协方差分析（ANCOVA）中学到的一样多。"记住，研究和思考一样重要。在这个过程中有一些步骤是正式的和技术性的，这些往往是发表在文章中和出版在书籍中的。但如果你过早、过多地关注这些方面，那么你就有可能在提出问题和解决问题的基本工作上偷工减料，而正是这些基本工作最终让你的工作变得有意义。

最后，正如你将在本书中看到的，由于概念框架的表达影响了研究者对方法的选择，研究结果也会反馈到概念框架中。当你经历这个过程时，请记住，虽然学术工作关乎论点的形成、陈述和证实，但它也与你身为一名研究者自身的学习相关。

思考题

1. 你为什么想研究这个问题？

2. 为什么这一主题和背景对你个人来说很重要？为什么它可能对其他人也很重要？

3. 谁对问题（或主题）的思考对你自己的思考产生了影响，为什么？

4. 如果你能够就你研究的主题与思想伙伴进行对话，以此来促进你的思考，谁的意见和观点可能会挑战和发展你的意见和观点？你会问他们什么问题？

摘录参考文献

Ackerman, P. L., and Heggestad, E. D. (1997). Intelligence, personality, and interests: Evidence for overlapping traits. *Psychological Bulletin, 121,* 219–245.

Barrick, M. R., and Mount, M. K. (1991). The Big Five personality dimensions and job performance: A meta-analysis. *Personnel Psychology, 44,* 1–26.

Baum, J. R., and Locke, E. A. (2004). The relationship of entrepreneurial traits, skill, and motivation to subsequent venture growth. *Journal of Applied Psychology, 89,* 587–598.

Bridgeman, B., McCamley-Jenkins, L., and Ervin, N. (2000). *Predictions of freshman grade-point average from the revised and recentered SAT I: Reasoning Test* (College Board Report 2000–2001). New York: College Entrance Examination Board.

Cassidy, T., and Lynn, R. (1989). A multifactorial approach to achievement motivation: The development of a comprehensive measure. *Journal of Occupational Psychology, 62,* 301–312.

Cattell, R. B., and Butcher, H. J. (1968). *The prediction of achievement and creativity.* Oxford, England: Bobbs-Merrill.

Chamorro-Premuzic, T., and Furnham, A. (2005). *Personality and intellectual competence.* Mahwah, NJ: Erlbaum.

Chown, S. M. (1959). Personality factors in the formation of occupational choice. *British Journal of Educational Psychology, 29,* 23–33.

Desrochers, S., and Dahir, V. (2000). Ambition as a motivational basis of organizational and professional commitment: Preliminary analysis of a proposed career advancement ambition scale. *Perceptual and Motor Skills, 91*(2), 563–570.

Fergusson, D. M., Horwood, L. J., and Ridder, E. M. (2005). Show me the child at seven II: Childhood intelligence and later outcomes in adolescence and young adulthood. *Journal of Child Psychology and Psychiatry, 46*(8), 850–858.

Galton, F. (1892). *Hereditary Genius: An inquiry into its laws and consequences.* London: Macmillan.

Gartner, W. B., Gatewood, E., and Shaver, K. G. (1991). Reasons for starting a business: Not-so-simple answers to simple questions. In G. E. Hills and R. W. LaForge (Eds.), *Research at the marketing/entrepreneurship interface* (pp. 90–101). Chicago: University of Illinois, Chicago.

Goldberg, L. R. (1990). An alternative "description of personality": The Big-Five factor structure. *Journal of Personality and Social Psychology, 59,*

1216–1229.

Gottfredson, L. S. (1997). Why g matters: The complexity of everyday life. *Intelligence, 24,* 79–132.

Hartigan, J., and Wigdor, A. (1989). *Fairness in employment testing: Validity generalization, minority issues, and the general aptitude test battery.* Washington DC: National Academy Press.

Hollenbeck, J. R., Williams, C. L., and Klein, H. J. (1989). An empirical examination of the antecedents of commitment to difficult goals. *Journal of Applied Psychology, 74,* 18–23.

Hough, L. M. (1992). The "Big Five" personality variables—construct confusion:Description versus prediction. *Human Performance, 5*(1–2), 139–155.

John, O., and Srivastava, S. (1999). The Big Five trait taxonomy: History, measurement, and theoretical perspectives. In L. A. Pervin and O. P. John (Eds.), *Handbook of personality: Theory and research* (pp. 102–138). New York: Guilford Press.

Kuncel, N. R., Hezlett, S. A., and Ones, D. S. (2001). A comprehensive meta-analysis of the predictive validity of the graduate record examinations: Implications for graduate student selection and performance. *Psychological Bulletin, 127,* 162–181.

Kuncel, N. R., Hezlett, S. A., and Ones, D. S. (2004). Academic performance, career potential, creativity, and job performance: Can one construct predict them all? *Journal of Personality and Social Psychology, 86,* 148–161.

Lufi, D., and Cohen, A. (1987). A scale for measuring persistence in children. *Journal of Personality Assessment, 51*(2), 178–185.

McClelland, D. C. (1961). *The achieving society*. Oxford, England: Van Nostrand.

McClelland, D. C., Koestner, R., and Weinberger, J. (1992). *How do self-attributed and implicit motives differ?* New York: Cambridge University Press.

McCrae, R. R., and Costa, P. T., Jr. (1987). Validation of the five-factor model of personality across instruments and observers. *Journal of Personality and Social Psychology, 52,* 81–90.

Paunonen, S. V., and Ashton, M. C. (2001). Big five predictors of academic achievement. *Journal of Research in Personality, 35* (1), 78 –90.

Terman, L. M., and Oden, M. H. (1947). *The gifted child grows up: Twenty-five years' follow-up of a superior group*. Oxford, England: Stanford University Press.

Tett, R. P., Jackson, D. N., and Rothstein, M. (1991). Personality measures as predictors of job performance: A meta-analytic review. *Personnel Psychology, 44*(4), 703–742.

Tupes, E. C., and Christal, R. E. (1992). Recurrent personality factors based on trait ratings. *Journal of Personality, 60*(2), 225–251.

Vallerand, R. J., Blanchard, C., Mageau, G. A., Koestner, R., Ratelle, C., and Léonard, M., et al. (2003). Les passions de l'Âme: On obsessive and harmonious passion. *Journal of Personality and Social Psychology, 85,* 756–767.

Wechsler, D. (1940). Nonintellective factors in general intelligence. *Psychological Bulletin, 37,* 444–445.

第四章

挖掘问题：
概念框架、研究问题和研究设计

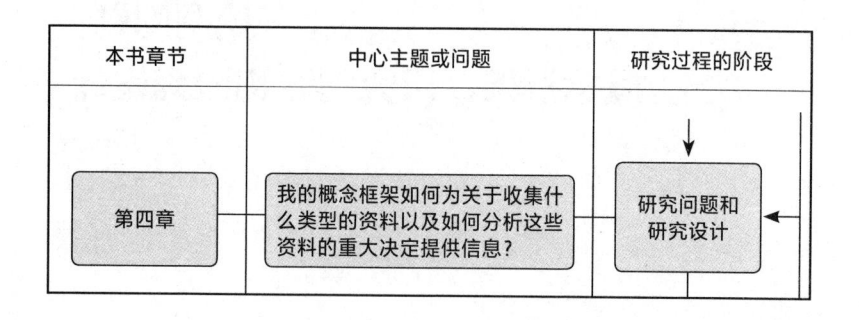

本书章节	中心主题或问题	研究过程的阶段
第四章	我的概念框架如何为关于收集什么类型的资料以及如何分析这些资料的重大决定提供信息?	研究问题和研究设计

在上一章,我们深入研究了安杰拉·达克沃思对坚毅的研究来检验概念框架是如何形成的这一问题——它是直觉和经验、非正式方法、文献综述、正式方法和资料解释的混合。在本章和接下来的3章中,我们将从研究问题和研究设计入手,重点介绍研究过程的具体阶段。

毫无疑问,研究问题塑造了研究设计,但这类问题并不是简单地通过学术空谈实现的。套用温斯顿·丘吉尔(Winston Churchill)的话,提出你的研究问题与其说是结束的开始,不如说是开始的结束。你必须付出大量的智力劳动才能做到这一点。我们认为,概念框架在细化对探究领域和研究问题的理解的整个过程中,起着指南和压舱石的作用。

挖掘研究问题

开发研究问题的过程从根本上来说是一个**挖掘**的过程。你踏上的是一片广阔的智力领域，其中有你关心和感兴趣的东西、你接触过的和工作的领域，以及关于某些问题的已知的、能激发你兴趣的知识。你的研究问题就隐藏在这些大量的兴趣、关注点和公开资料中。要找到这些问题，你必须深入挖掘大量的书面材料：那些特别适合你的研究领域的文本，以及那些与你的研究问题没有直接关系但可能有助于将研究问题置于某些背景中以便理解的文本。在这个过程的开始阶段，你会对宽泛的主题加以区分，帮助你弄清楚哪些是和你正在进行的研究的中心主题有关的，哪些是无关的。以此为切入点，你将转向领域内与你的主题相关的问题，它们是一些关于已知的和已经确立的内容的问题。这个涉猎（理解）那些相关领域的过程（与你正进行的研究有关并框定你正在进行的研究），有助于你确定在这些领域中哪些是已知的，哪些是未知的。你正是从这儿开始建构你的概念框架。已经知道的东西，以及它是**如何被知道**的，成了你研究的问题，最终成为你的研究设计的基础。从这儿往后，就成了一个搜索过程（并且敏感度和熟练程度不断增加），即寻找想法、理论和方法，从而帮助你找出什么对你来说是最重要的问题，如何以最好的方式提出这个问题，以及如何建构一个实证研究，以便你能够以基于资料的方式回答你的研究问题。

在本章中，我们将借助詹姆斯·斯皮兰（Spillane, 2002）的文章

理性且严谨：概念框架如何指导研究

《教师改变的地方理论：学区政策与计划的教育学》(Local Theories of Teacher Change: The Pedagogy of District Policies and Programs)阐述概念框架、研究问题和研究设计之间的相互联系。我们首先提供该文章的知识背景和情境，以及已发表作品的摘录，之后，我们将详细分析构成其概念框架的论证。然后，我们将解释所选择的概念框架如何反过来影响研究设计，从而以各种方式直接影响资料收集和分析的。最后，我们讨论概念框架的相互关联和演变性质，以及其与研究设计的关系。

在教育政策研究领域，当代学者很少有人像詹姆斯·斯皮兰那样具有创新性或影响力。他与密歇根州的同事合作，与一组学者一起开创了政策执行的新观点，重点关注教育系统各个层面的行动者如何理解政策，以及他们对政策的理解如何反过来影响其政策的执行。斯皮兰对这项工作的具体贡献包括：分析教师对政策的思考和学习的社会性和互动性本质(Spillane, 1999)，探索地方官员如何通过解释国家和其他地方的各种"信号"来制定政策(Spillane, 2000, 2004)，以及关于教师如何学习的地方官员理论(Spillane, 2002)。斯皮兰还开创了一个关于学校领导的**分布式观点**，这一观点从根本上改变了教育研究者（以及许多从业者）对学校领导工作的思考方式。

除了对教育政策领域做出了许多概念和理论贡献外，斯皮兰也是研究方法的重要创新者。他的研究采用了大量的资料收集和资料分析策略，包括传统的观察和调查研究、重要活动的实时电子日志和量化的社会网络分析，作为衡量学校沟通和人际影响的策略。他发表了大量关于在混合方法研究方面的创新文章。

詹姆斯·斯皮兰是西北大学教育与社会政策学院学习与组织变

革领域的"斯潘塞·T. 和安·W. 奥林教授"(Spencer T. and Ann W. Olin Professor)。他还是西北大学政策研究所的人类发展与社会政策教授、学习科学教授、管理与组织教授和助理教员。斯皮兰发表了大量关于教育政策、政策执行、学校改革和学校领导的文章。他的工作探讨了州、学区、学校和课堂层面的政策执行过程,重点是政府间的和政策实践的关系。他还研究组织领导和变革,将组织领导概念化为一种分布式实践。最近的项目包括研究学校组织基础设施和教学咨询之间的关系以及新校长的社会化。他的工作得到了国家科学基金会、教育科学研究所、斯潘塞基金会和纽约卡内基公司的支持。他著有多部著作,包括《标准偏差:学校是如何误解教育政策的》(Standards Deviation: How Schools Misunderstand Education Policy)、《分布式领导》(Distributed Leadership)、《实践中的分布式领导》(Distributed Leadership in Practice)、《学校改进的诊断与设计》(Diagnosis and Design for School Improvement),以及大量的期刊文章和著作章节。

背景和情境:重点作品概述

所有政策执行的核心是改变人类行为的复杂过程。社会政策本质上是一种计划,旨在让人们——无论是教师、医生、消费者,还是选民——以有益于他们自身或他们所服务的人的方式行事。政策执行是将这些计划付诸行动的过程。很长一段时间以来,思考执行问题的主要框架是建立在经济学和政治学的概念之上的:奖励或制裁的引入方式为理性选择提供了依据。

但是，如果执行政策的人与制定政策的人对政策的看法完全不同呢？那该怎么办？如果每个人都对政策的实质的基本理解相同，那么执行一项政策的激励或抑制措施可能对我们有效，但如果不是这样呢？如果他们对政策的理解完全不同呢？如果政策执行不像是阅读脚本，而更像是解读一个图像呢？如果是这样的话，政策执行面临的根本挑战将不是激励，而是对政策的理解。

本章讨论的文章旨在更好地理解政策执行是一个教与学的过程。本章分析了《教师改变的地方理论：学区政策与计划的教育学》这篇探讨学区执行者的教师学习理论与课堂实践的关系的文章。这篇文章最初出现于《师范学院记录》(Teachers College Record)，是斯皮兰对"全州系统倡议"(Statewide Systemic Initiative, SSI)广泛研究的结果，这项早期的州级改革注重对数学和科学科目进行标准化改革。这项更广泛的研究在许多文章（参见Spillane, 1996, 1998, 1999, 2000）和斯皮兰2004年出版的书《标准偏差：学校是如何误解教育政策的》中都有详细的描述。本书介绍的这篇文章起源于SSI研究即将结束时进行的一系列分析。虽然下面介绍的文章有自己的具体概念框架，但它是在更广泛的研究框架的基础上产生和发展而来的。SSI研究将政策解读视为政策执行的一个关键方面。换言之，教育工作者如何理解一项既定政策，直接关系到他们执行政策时所采取的行动。在《标准偏差》这本书里，斯皮兰专门批评了一项研究，该研究将执行视为忠诚度问题（即政策被有意识地遵循或拒绝），或者采用了一种理性选择模型，在这个模型中，当地参与者有意地选择接受、拒绝或修改政策。斯皮兰说道：

> 传统的说法认为，地方官员是在遵循或无视政策制定者的指示之间做选择。他们假设当地人得到了预期的政策信息。但这种假设是有问题的，因为为了做出选择，地方参与者必须弄清楚政策的含义。无论是要决定无视、修改还是采纳决策者的建议，地方官员都必须对政策信息有一个理解。（Spillane, 2004: 6）

此外，斯皮兰认为，理解政策的方式是一个复杂的情境化过程。实际上，他提出了这样一个观点：学区执行者不是简单地执行政策，而是在制定政策。他声称，他们这样做的过程基于对各种来源的信息的整合和解读，包括官方的国家政策。在做这项研究的时候，对执行层面的思考是相对较少的。传统的观点仍将重心放在"理性选择"上，并假定人们对政策信息的理解是符合预期的。但是，斯皮兰和20世纪90年代初密歇根州的一群学者，开始以新的和开创性的方式思考这个过程。在研究加利福尼亚州数学框架的采用时，大卫·科恩（David Cohen）、德博拉·鲍尔（Deborah Ball）、苏珊娜·威尔逊（Susanna Wilson）、佩内洛普·彼得森（Penelope Peterson）和其他人开始将教师对政策的执行视为一种学习形式，而不是追随（或抵制）的问题（参见Cohen & Ball, 1990）。从这个角度来看，执行与忠诚度无关，而是教师（或校长）的一个学习的过程。这一想法对斯皮兰制订的SSI研究和"教师改变的地方理论"的概念框架产生了影响。

在方法学上，斯皮兰对于政策解读的关注需要一种质性研究的方法，因为他需要资料，使他能够审查和了解系统内各级执行者如何理解和解读政策。但他面临着一个挑战：特意询问国家政策可能会在访谈中受限,从而得到斯皮兰所反对的规范性回复。因此,在访谈部分,他采用了一种更开放的、结构性不强的、更具指导性的形式。例如在学区层面,他使用滚雪球抽样——根据主要受访者给出的还有哪些人将提供有价值观点的建议,建立参与者人才库——试图找到每个学区数学和科学教学方面的权威人士。在访谈中,开放式、半结构化的方案主要关注学区官员是如何思考和支持标准和教学的。目标是创造必要的条件,让受访者以自己的方式公开谈论数学和科学教学。

同时,SSI研究的一部分是评估新国家标准是如何影响实践的。在评估环境中研究教学是一项富有挑战性的工作。记录教学中的变化需要足够的细节和理解的深度,才能对这些变化保持敏感,还需要足够的规模来衡量其广度和意义。有足够资源这样做的研究项目很少,因此必须加以权衡。对于这种情况,权衡的方法是通过调查获得教师教学实践的总体感觉,随后对子样本进行密切观察,尝试获得关于教学是如何形成的更细致的观点。这就需要以归纳的方式来探索参与者是如何参与和思考这些问题的,它在很大程度上取决于这项研究最终能获得怎样的关于学区和教师的访谈资料,以及教师层面的调查和观察资料。

正如摘录所指出的,"教师改变的地方理论"既建立在SSI研究的概念框架之上,又扩展了指导SSI研究的概念框架。它使用更广泛的研究结果设定了一组新的、情景化的研究问题,虽然它依赖的资料集与原始研究相同,但它根据概念框架的修改采用了新的分析方法。在本章的剩余部分,我们将先展示已发表文章的摘录。接着,我们将重点介绍文章的概念框架,并指出它是如何建立在更广泛研究的论证之上的。然后，我们阐明改进后的框架是如何产生一套新的分析方法的，并且我们在概念框架和研究设计之间建立了更广泛的联系。这一分析突出了概念框架和研究方法之间的关系以及框架本身的演变和动态性质。

资料来源：Republished with permission of Teachers College Record, from Spillane, J. P. (2002). Local theories of teacher change: The pedagogy of district policies and programs. *Teachers College Record, 104*, 377–420; *Teachers College Record*, Columbia University; permission conveyed through Copyright Clearance Center, Inc。

作品情境：理论基础

[1]如果教师要执行教学改革提案，就必须将压力与支持相结合，压力包括官僚控制和问责机制，支持表现为课程材料和专业发展（Elmore & McLaughlin, 1988; McDonnell & Elmore, 1987）。在分段式、去中心化的美国教育体系中，许多政府和非政府机构通过提供支持（有时通过施加压力）来指导教师的实践。尽管施加压力是必要的，但对于地方执行来说还不够（Elmore & McLaughlin, 1988）。支持是最根本的，并且因为地方工作环境更接近课堂，可能是支持教师的最有影响的环境。

[2]在执行基于标准的改革方面，支持尤为重要，因为这些改

革提案所特有的复杂的教学变化需要那些预期要执行这些变化的人进行大量学习(Cohen & Barnes, 1993)。教师总会不自觉地将教学改革的提案理解为只涉及他们现有的教学、学习和学科的微小变化(EEPA, 1990; Spillane & Zeuli, 1999)。即使教师建构改革信息的方式与其意图一致,他们也可能缺乏将其付诸实践的必要知识。因此,教师必须学习大量知识,才能成功地执行基于标准的改革所带来的巨大教学变革(Cohen & Barnes, 1993; Schifter, 1996)。无论是对教师还是对教他们的人来说,这种学习都是困难的,因为新的学科内容和教学法对教师现在的教学方式和他们在学校的学习方式来说,是一个巨大的转变。此外,这种学习在某种程度上取决于地方官员(行政人员和首席教师)促进教师学习和了解标准的能力。地方官员对教师从标准中学习和了解标准的支持,不仅取决于他们对这些改革所提出的教学理念的理解,还取决于他们如何将这些理解传达给教师,也就是他们对教师学习的信念和了解。自己理解政策信息并不意味着就能帮助他人理解政策信息。

[3] 然而,教师必须学习才能执行标准所推进的教学改革的说法,尚无具体的说明,也没有经过充分的探索,因为学习可以用不同的方式概念化。一般来说,学习,特别是教师学习,根据每个人的概念视角,可能有不同的含义(Richardson, 1999)。因此,在指出执行需要学习的同时,有必要探究学习的本质。为了做到这一点,我使用格里

第四章 挖掘问题：概念框架、研究问题和研究设计

诺、科林斯和雷斯尼克(Greeno, Collins and Resnick, 1996)开发的类型学来研究学习理论。他们提出了认知和学习的三种理论观点——行为主义、认知观和情境-社会历史观。

[4] 与斯金纳(Skinner)有关的行为主义观点认为，工作中的思想不能被观察、测试或理解。因此，行为主义者把行为作为认知、教学和学习的途径。知识由教师传递，由学生接受，但不是由学生来解释。传递是一种教学模式，为了促进有效且高效的传递，复杂任务被分解为组件子技能的层次结构，这些子技能必须按照从简单到复杂的顺序掌握(Gagne, 1965)。学习是由外部奖励驱动的，需要对外部刺激做出正确的反应。在设计学习机会时，组织良好的日常活动、清晰且不断反馈和强化的教学目标，以及从简单到复杂的技能排序都很重要。

[5] 情境-社会历史观(Hutchins, 1995a, 1995b; Lave, 1988; Pea, 1993; Resnick, 1991; Vygotsky, 1978)认为，个体与他们的社区和环境密不可分。这种观点认为知识分布在社会、物质和文化环境中。认知是个体参与社区(如数学社区)实践的能力。学习包括发展在特定的社区和情境中受重视的实践和能力。参与学习的动机体现在发展和维持学习者在其所在社区的身份认同上。因此，需要组织学习机会，以鼓励参与探究和学习实践，支持学习者熟练探究者的身份，并使学习者能够开发话语和论证的学科实践。学习机会需要以对学生有意义的问题为基础。

[6] 认知视角(Piaget, 1970)试图理解和描述大脑的运作。根

据这个观点，知识包括反思(Brown, 1978)、概念增长和理解、问题解决(Newell & Simon, 1972)和推理。学习包括主动重建学习者现有的知识结构，而不是被动地同化或死记硬背，学习者利用个人资源(包括他们以前的知识和经验)来建构新的知识(Anderson & Smith, 1987; Confrey, 1990)。根据这个观点，参与学习是很自然的行为。学习的动机是内在的。此外，外在动机会破坏内在动机(Lepper & Greene, 1979)。学习活动激发学生的兴趣和先前的知识，为他们的观念发展排序，并向学生介绍某个领域的核心原则。这种学习观类似于理查森(Richardson)所说的教师学习的规范性再教育观，即通过反思自己的信仰和知识来实现改变。

资料收集

[7] 1989年至1996年间收集的州一级资料包括：对州政策制定者的访谈记录，州立法案、教育部(MDE)和州教育委员会政策文件，州教育委员会会议记录和媒体报道。学区资料包括对学区官员的访谈记录和地方政策文件，还包括课程指南、年度报告、政策声明和专业发展研讨会清单。访谈中，我们采用滚雪球(抽样)技术来确定参与了教学政策制定过程的本地教育工作者。每个学区的受访者包括学区办公室及学校的行政人员、参与制定教学政策的教师、当地学校董事会成员和家长。我们完成了165场访谈。

[8]访谈协议用于确保在9个地点收集可比资料。这些协议针对的问题包括：关于学区的一般特征、学区办公室改革数学和科学的程度和性质、学区办公室改革倡议支持下的数学和科学教学理念，以及州和联邦政策在学区办公室改革中所起的作用。访谈问题是开放式的，访谈时间从45分钟到2小时不等；除两人外，对其他人的访谈都被录音和转录。基于对第一轮访谈（1994年秋季收集）的分析，第二轮资料收集于次年春季展开。访谈询问了学区官员一系列问题，以了解他们对教学改革和教师学习的看法，这是有关标准和官员所在学区标准的执行情况的更加广泛的对话的一部分。

[9]研究的课堂部分使用了第三次国际数学与科学研究（Third International Mathematics and Science Study, TIMSS）的"人口1（三年级和四年级）和人口2（七年级和八年级）教师问卷"，对9个学区的所有三年级和四年级教师以及所有七年级和八年级数学与科学教师进行了调查。通过确定一组与数学标准相关的项目，我们建构了一个改革实践量表，并根据教师对这些条目的反应，观察和交互观察了一个教师子样本，他们报告的教学更符合数学和科学标准。我们对样本进行分层，以确保样本分布于不同类型的学区、州内不同地点以及在我们的改革量表中得分较高的教师中，然后我们从报告教学与标准一致的教师中随机选择，大约是我们样本中排名前10%的教师。关注那些以与标准相一致的方式进行教学的教师，使我们能够理解课堂实践

的本质,这样的课堂实践样本更可能符合标准和教师面临的执行挑战。

[10] 被选来观察和访谈的子样本包括来自9个区中6个区的32名教师。在这32名教师中,有18名三年级、四年级数学教师,7名七年级、八年级数学教师。我们对每一位教师进行了两次观察和访谈,但有一位老师由于时间问题只被观察了一次。在访问这些课堂的过程中,我们使用了观察协议,详细记录了练习和课堂录音部分。每次观察后,我们都会写观察现场笔记,包括对我们观察到的课程的详细叙述,这些课程解决了协议中确定的每一个分析问题。我们还在每次观察之后对老师进行了访谈,并对每次访谈录音。

资料分析

[11] 所有的访谈资料都采用计算机编码。第一轮用了5个类别编码:现场背景信息、学区办公室政策支持的数学和科学理念、地方政策的一致性和权威性、教师了解学区教学的机会、地方对州和联邦政策的看法。对第二轮访谈也进行了编码,编码信息涉及教育工作者对下列情况的了解:为"所有学生"开设的数学和科学科目、数学课的"问题解决"、科学课上的"动手实践",以及家长的参与。

[12] 考虑到本文的目的,我们重新分析了样本中那些学区官员的访谈资料,他们在为教师选择或设计学习机会方面起

核心作用。最初，我们从44名学区和学校行政人员、首席教师和学科专家的访谈记录中确定了所有关注教学改革和教师学习的段落，他们都定期参与促进学区的教学改革。我们不光查看了学区官员对明确聚焦于他们对教师学习和教学改革的看法的问题的回答，还查看了他们的全部记录，以获取相关资料。然后，我们使用4个类别对每个被调查者的资料进行编码，重点关注他们对如下事情的看法：教师培训、教师学习、供教师学习的课程，以及激励教师学习和改变。44名被调查者中有4人被排除在样本之外，因为有关他们对教师学习的看法资料不足。然后，两位研究者对剩下的被调查者的资料进行编码，使用了3个类别——行为主义、认知主义和情境-社会史观——对每个被调查者关于教学变革和教师学习的理论进行分类。评分员间的信度为75%，两名编码员最初对40名被调查者中的30人的分类达成了一致。在讨论了其余被调查者的资料后，两位编码员同意对其中9人进行分类，并委托第三位研究者对其余被调查者进行分类。

[13] 对第三阶段的质性资料进行分析，并与问卷资料相结合，考察教学中哪些方面与标准相一致，哪些因素影响着教师对标准的执行。课堂观察和访谈资料采用两个类别编码，一个是与美国全国数学教师委员会（National Council of Teachers of Mathematics, NCTM）提出的内容和教学标准相对应的类别，另一个是"所有学生"类别（涉及种族、班级、性别和残疾情况等问题）。资料的编码包括根据编

> 码类别来解释和组织课程的叙述性语句和教师的访谈反馈。这些分析结果为每位教师设置了40页至90页的单行距的分析备忘录。此外,这些资料被编码为一系列因素,这些因素相互作用从而影响教师对于实践进行修正的尝试,这些因素包括政策、专业、私人和公共部门,以及与教师个人经历和他们的学生相关的影响。

论 证

根据我们的定义,概念框架是有根据的论证,论证为什么一项研究的主题对它的各个领域和经常交叉的领域很重要,为什么用来探索该主题的方法论途径是有效的,为什么研究设计是恰当的,为什么研究方法是严谨的。《教师改变的地方理论》的论证如下:

1. 改革的执行是一种压力和支持的共同作用。地方一级提供的支持最为有效(第[1]段)。

2. 基于标准的改革,侧重于教学改变,需要教师进行大量学习(第[2]段)。

3. 因此,地方支持要求学区能有效地促进教师学习(第[2]段)。

4. 学习不是一个简单的过程。学区如何支持和促进教师学习在很大程度上取决于学习是如何概念化的(第[3]段)。

5. 研究文献提出了关于学习的3种理论观点:行为主义、认知主义和情境-社会史观(第[3]段)。

6. 为这项研究收集的资料可用于分析学区执行者如何概念化教师学习,以及教师子样本的教学实践(第[7]—[10]段)。

7. 资料分析的重点是:(1)地方官员的学习理论可划分为行为主义、认知主义和情景-社会史观的程度;(2)这些学习理论与盛行的、符合改革预期的教学实践之间的关系(第[11]—[15]段)。

这一论证的几个方面有必要进一步考虑。首先是什么被假设了的问题。为了让第一步变得有意义或显得重要,读者需要记住什么?那么,我们所假定的是执行很重要。我们假设读者知道,改革的成功取决于改革的执行,这是一个不小的壮举。有大量的研究文献支持这一点,但作者并未详述这一点,而是以一个简洁的概述开始,说明是什么使执行奏效(压力和支持)。

任何论证都是从这样的表述开始的:你的读者已经知道什么?他们关心什么?在这种情况下,斯皮兰假设他的读者(特别是《师范学院记录》的读者和更普遍的教育学者)关心学校改革,知道执行很重要,而且很复杂。如果他在学校辅导员或家长的会议上宣读这篇论文,他就必须从头说起,来证明自己是有道理的。听众不仅可能根本不熟悉学校改革,而且可能对理论(纸面上的改革)和执行(实践中的改革)之间的关系持不同的看法。

审视概念框架的构成也是很有用的。具体包括3个部分:(1)之前关于学校改革执行的实证研究;(2)作者以前对执行的性质和过程进行的研究;(3)关于学习是如何发生的理论作品。对之前研究的介绍,旨在支持由压力和支持所指导的执行理念,课堂执行取决于教师的学习。对于前一种情况,一个被广为阅读和引用的原始资料(Elmore & McLaughlin, 1988)被用来支持这一相当宽泛的主张。对于后一种情况,斯皮兰引用了他自己以前的作品以及他的同事大卫·科恩和卡罗尔·巴恩斯(Carol Barnes)的作品,在SSI研究进行的同时，他们正在加利福尼亚州研究数学改革的执行。这是一个很好的例子，说明了文献讨论是如何展开的：从一般到具体，从被广泛阅读和接受的作品到更细致的和地方性的研究。通过两个段落，斯皮兰将读者从一些关于改革的最普遍的观察带到一个关于执行情况的具体概念。

更微妙的是，斯皮兰还让读者了解到了他自己关于执行的思考的最新发展。与他在密歇根州的同事一样，斯皮兰先前也将课堂执行作为一种学习形式进行了探索，并大胆提出了有关学习发生的背景和过程的理论（Spillane, 1999）。他还深入研究了学区官员学习国家政策的方式，并从理论上阐述了国家政策对执行的影响（Spillane, 2000）。然而，在《教师改变的地方理论》发表时，他并没有分析系统某一层次的执行者如何思考系统其他层次的执行者是如何学习政策的。他推断，这种想法很可能植根于地方官员关于学校层面执行的想法中，但在2002年之前，这还不是他研究的重点。

科恩和巴恩斯（Cohen & Barnes, 1993）曾将政策的执行视为学习，而现在将其视为教育，好比把教育的硬币翻了个面。如果所有的政策都需要某种教育的话，他们会问：

> 教育政策为政策制定者提供了什么样的教育？政策教育学是什么？要回答这些问题，我们必须询问政策制定者实际上是如何试图教育教师以不同的方式授课的，而要做到这一点，我们必须将政策视为一种指导。（pp. 209–210）

在所有关于如何教学的对话中，隐性的（有时是显性的）都是关

第四章　挖掘问题：概念框架、研究问题和研究设计

于人们如何学习的假设。斯皮兰在《教师改变的地方理论》中重点关注的正是政策"教育"的这一面。因此，文章中提出的概念框架既可以视为斯皮兰之前工作的延伸，也可以视为科恩和巴恩斯对政策"教育学"的分析的延伸。

开发概念框架的一个有用的思考方法是，作为作者，你正在引导你的读者走上一条道路。在路的尽头，你想向他们展示你的实证研究，正如你的研究问题所定义和框定的那样。但是，你得先把他们送过去。路上的每一步也是论证中的一步。在《教师改变的地方理论》(第[3]段)中，斯皮兰已经让他的读者们走了一半的路。他有力地证明，政策的成功执行取决于当地官员如何看待教师学习。从这个意义上说，他已经满足了一个好的概念框架的两个主要要求中的一个：他已经有力地论证了他的主题很重要，此外，还为它的重要性提供了理论依据。他还没有做的是说明他想如何探讨这个主题。

概念框架与研究设计

当研究者对如何进行研究产生疑问时，有时人们会倾向于假定我们已经从对主题的讨论转到对方法的讨论上来了。事实上，并没有那么简单。你开展一项研究的方式与你对它的看法有关。你的研究问题和研究方法都受你接触的文献的影响。在文章中，斯皮兰说服读者相信他的方法正确的第一步是通过理论证明。正如他所指出的，仅仅说学习的概念是执行的核心是不够的：

教师学习……有不同的含义，它取决于一个人的概念

角度(Richardson, 1999)。因此,在指出执行涉及学习的同时,有必要探究学习的本质。(Spillane, 2002: 379)

这就使得斯皮兰需要面临一个关键问题:如何"探究学习的本质"?回想一下,更广泛的SSI研究采用的主要分析方法是归纳法。斯皮兰探索并考察了地方官员和教师如何在自己的实践背景下制定政策。一种选择是继续这样做,分析访谈资料,着眼于开发本地学习理论的类型学。如果有足够的资料来定义和支持这样一种类型,这是完全合理的。但是,斯皮兰不确定是否有必要这样做。在我们对他的访谈中,当问及《教师改变的地方理论》这篇文章和他更广泛的工作时,他说道:

> 你通常会面临这样一种难以定夺的情况。我们需要扎根理论吗?有太多关于学习和改变的文章了,有太多关于学习理论的著作,也有很多关于老师学习的文章。所以我想我也不清楚是否有必要坚持扎根理论,并让这些想法在我脑海中浮现。

除了归纳式的方式(让想法"冒泡"),还可以通过应用先前开发的或先验的一组主题或类别以演绎法来分析资料。这些主题几乎都来源于研究文献;就斯皮兰的情况而言,是大量的、多学科的学习理论文献。具体来说,斯皮兰采用了由格里诺、柯林斯和雷斯尼克(Greeno, Collins and Resnick, 1996)开发的类型学,该分类法本身就是关于学习是如何发生的文献的综合。在我们对概念框架的工作定义

第四章 挖掘问题：概念框架、研究问题和研究设计

中，这是一个很好的例子，说明了一个**理论框架**（格里诺等人的类型学）是如何被置于一个更大的概念框架（关于研究的重点及执行的总体论证）中的。如第[4]段至第[6]段所述，这种类型学对学习提出了3种明确界定的、不同的观点，每种观点都有丰富的经验传统。因此，它为斯皮兰提供了一个"探索学习的本质"的有用工具，一个指导他的思想和方法论的工具。

从归纳分析法转向演绎分析法有两个原因。首先，正如社会学家安德鲁·阿博特（Abbot, 2004）所说，研究是一个建构、重构和试图解决难题的过程。我们自己的智力是解决这些难题的工具之一，同时其他人的智力也是。实证研究的一个关键组成部分，也是在研究的开始阶段查阅文献的一个主要原因，是利用别人的想法来解决我们的问题。正如斯皮兰在我们的访谈中所说的："这有助于你解读资料，毕竟，这也是我们拥有概念框架的原因。"他继续说道：

> 在这里，你看到的是一种转变，想法开始占据主导地位——都是关于学习的想法——它们站到了前面，并在许多方面用证据指导对话。我反复阅读这些资料并试图理解它们，然后认识到这一转变并非轻而易举出现，我需要一些概念和分析工具来指导它们，在这之后，转变才会到来。

从归纳分析法转到演绎分析法的第二个原因是，通过局部归纳工作形成的类型学有丰富的细节和细微的差别，但由于它们是新出现的，可能没有被明确定义。使用一个已建立的类型学使得斯皮兰能够利用一个更明确和强大的分类系统。

为人们如何看待学习提供了强有力的理由之后(第[3]—[6]段),斯皮兰的论证中剩下的一步就是解释他的研究是如何将学习的不同观点与执行结果联系起来的。他已经证明了这一点,但为了让读者完全相信这项研究的可行性和严谨性,他需要阐明他是怎样探究这项研究是否真的重要以及实际上如何重要的。所以,讨论从理论焦点(第[4]—[6]段)转移到了方法论焦点(第[7]—[13]段)上。

你如何组织研究取决于你如何思考一个给定的主题和你想问的研究问题的类型。SSI研究主要关注的是地方官员如何解释和制定政策,以及这一过程如何影响学校或课堂层面发生的事情。资料收集也是围绕这一重点组织的。"这是一种非常线性的思维方式。"斯皮兰解释说:

> 我们从分析与数学和科学相关的国家政策环境开始。然后转向这个学区,接着下一步就是看看课堂里发生了什么。我们希望能从课堂里了解一些关于这个学区的事情。其中很多都是围绕着这样一个概念,即人们的想法会反映在学区政策中,而这反过来又会影响课堂教师。

在本文提供的资料收集描述中,这一总体逻辑很明显。在第[7]段和第[8]段中,斯皮兰概述了州和学区一级的资料收集策略。他描述了参与者选择的逻辑和过程,访谈的结构和重点,以及访谈本身的一般特点。作为严谨的论证,这些段落完成了3件事。第一,它们确定研究者收集了足够和适当的州级资料,以了解政策是什么。第二,它们确定研究者根据研究的重点访谈了合适的人。第三,他

第四章 挖掘问题：概念框架、研究问题和研究设计

们强调向地方官员提出的问题是一般性的和开放性的；访谈集中在一系列主题上，目的是引出参与者对所在学区的数学和科学改革的想法。斯皮兰指出，第二轮访谈是以第一轮的初步调查结果为基础的，从而进一步表明了该研究的归纳分析方法。

在第［9］段和第［10］段中，斯皮兰概述了课堂资料收集程序，包括调查、观察和访谈。这么做有两个目的。第一，他确立了他在课堂层面所寻求的在数学和科学领域执行具有改革思想的教学实践——实际上是兴趣的结果。这是对资料是否适合研究问题的论证。第二，通过描述样本和所使用的一系列资料收集策略，他指出了检查教师实践研究的深度和规模。这是对文章中关于教学的陈述的可信度的一个论证。

文章中关于资料收集的部分（第［7］—［10］段）试图说服读者，为研究收集的资料既聚焦于恰当的主题，又是实质性的，足以产生可信的结果。在接下来的段落（第［11］—［13］段）中，斯皮兰对资料分析展开了一系列类似的论证，目的是向读者展示该研究通过清晰而严谨的过程，探讨和界定地方官员的教师学习理论，并审视这些理论与课堂实践之间的关系。为了实现前者，斯皮兰向读者介绍了为减少资料并将资料集中于地方官员关于教师学习的理论而采取的步骤（第［11］—［12］段）。为了解决后者，他概述了如何根据教师实践与面向改革的数学教学相一致的程度，将来自多个资料来源的、关于教师实践的资料合并到案例中，并对这些资料进行编码（第［13］段）。[1]

总之，斯皮兰的研究设计被反映在他的概念框架上；如何界定自己的主题决定了他研究的方式。他认为，理解地方官员的学习理

论是政策执行的一个重要方面,但尚未得到充分的探索。斯皮兰列出了有关这种驱动信念的抽样、资料收集和分析计划,表明了他打算如何建构调查。他认为,教师改变的地方理论可能会影响课堂教学,然后概述了他将如何试探性地分析和探讨这种关系。他收集的资料与他的概念框架(即地方官员对政策的理解和数学教师的教学实践)中的主要想法一致。他的分析将这些资料提炼为更具体的结构(地方官员关于教师学习理论的几个方面和数学中具体的教学改革实践),并探讨了它们之间的关系。

概念框架与研究设计的共同演变

当你在出版物中看到概念框架时,像这里讨论的那种好的概念框架似乎已经完全形成。概念框架得到了全面的论证,与研究问题和研究设计紧密相连。这对读者是有帮助的,它使研究更加可信和清晰,但也掩盖了概念框架的演变方式。在大多数研究中,这是一个非线性的迭代过程。你查阅文献,确定你想探讨的主题和问题,建构论证,提出问题,设计研究,然后开始工作。而在研究中,"工作"有一种不完全按照你期望的方式展开的倾向。在某些情况下,你可能误解了你希望学习主题的一些基本内容。不过,更多的时候,你会学到一些原本不打算学的东西,这会改变你思考问题或主题的方式。这反过来又会反馈到你的概念框架中,从而改变你的研究方法。那些期望这一过程以一种线性、整洁的方式发生的人很快就会发现(逐渐领会,希望如此)它是杂乱无序的。

《教师改变的地方理论》提供了一个有力的例子,说明这种生成

第四章　挖掘问题：概念框架、研究问题和研究设计

过程是如何工作的。斯皮兰并没有从地方官员关于教师学习理论很重要的观点开始SSI研究，它们来自一组更广泛的资料，集中于地方官员如何理解（从而制定）政策。这使他把注意力集中在学习是如何发生的这一问题上，这反过来又使他回到文献，并转向格里诺等人（Greeno et al., 1996）的类型学，将其作为他这篇文章的理论框架。上述概念框架是批判性反思和迭代过程的结果。

把文献综述看作一个工作成果，而不是一个过程造成的问题之一是它会让你认为框架是静态的，接下来的步骤是线性的。你进行文献回顾、收集资料、分析资料、报告结果，并讨论这些结果的含义（这仍然是社会科学期刊的主要出版形式）。这通常会导致一种假设，即如果你的发现与你的文献综述不完全相关，你可能会认为你的研究出了问题。或者你只能报告那些与你现有文献综述相符的发现，而不是回到文献中去思考你的资料中可能发生了什么。这种心态使文献程式化，从而减少了你积极参与创作过程的可能性。这些文献非但没有加强和充实你的研究，反而阻碍了它的发展。

《教师改变的地方理论》之所以成为一篇文章，正是源于概念框架的演变。对斯皮兰来说，这不是一个问题，而是这项研究和任何研究生命周期中一个必不可少的阶段。他向我们解释说：

> 一方面，你建构了一个框架，从外部指导你的研究设计和资料收集。在我的研究中，从来没有哪个研究仅靠最初的框架就让我完成资料分析和写作的。换句话说，在某些特定的方面，我总是会遇到"这个框架不够好"的问题。这可能是因为刚开始的时候，它太宽泛了，无法提供这种

细粒度分析，而这种分析对于这样的问题是必要的。或者有时我会遇到一些我一开始没想到会写的东西，但现在我在写，而框架没有足够明确地说明它。这篇文章就是这种情况。"政策教育学"或"作为教师教育工作者的学区政策制定者"的概念，我想那是……含蓄的，且据我所知，这并不是一个明确的焦点。相反，我认为这是突然出现的东西——看起来很有趣。我怀疑这里发生的事情是，我们根据他们对事情的看法进行资料编码……他们在思考教师学习和改变，然后我需要一些东西来帮助缩小范围和真正分析……在那下面编码的资料。所以这是一个很好的例子，我认为在每一项研究中，我都有其他的想法，而最初的框架作为一个工具是有局限性的。我需要重新查阅文献。

因为概念框架与研究设计紧密相连，开发其中一个会引起另一个的开发。在这篇文章里，当斯皮兰提出教师学习理论时，资料收集已经完成，因此概念框架的转变并没有改变研究的这一方面，但这对如何分析资料有着重大影响。如上所述，本文是从归纳分析方法转变到演绎分析方法的产物，这种转变是将一个新的理论框架（学习类型学，learning typology）（Greeno et al., 1996）纳入了更大的概念框架所促成的。因此，《教师改变的地方理论》是一个很好的例子，说明你思考一个主题的方式的变化是如何引发新问题的，而这些新问题又需要新的方法论工具来进行拆解和检查。

结语：概念框架与研究设计

两个基本的研究问题引发了对《教师改变的地方理论》这篇文章的分析：(1)地方官员如何看待教师学习？（2）地方官员的教师学习理论对课堂实践有何启示？斯皮兰在研究资料、发现新的难题，并最终回到文献中试图解决这些难题的过程中，发现了这些问题。正是通过将以前的工作和现有研究结合在一起，你才会发现——从已知的东西中挖掘——新的研究问题，而这些问题反过来又会启发你思考应该收集什么样的资料，以及如何分析这些资料。在好的研究中，我们在出版物中看到的概念框架为这些问题提供了令人信服的论证。但是，开发这些框架的过程才是最重要的——与你了解你的主题的过程同样重要，这是一个非常复杂的过程。

思考题

1. 当你思考你的研究的论证时，你能像斯皮兰在他的文章里做过的那样，把它分解成一系列逻辑命题吗？这些命题能否得到主题研究或理论框架的支持？

2. 当你思考符合你的概念框架的"知识库"（借用迈尔斯和休伯曼的术语）时，你需要收集什么样的资料来填满这些知识库？你的研究设计考虑这些资料的收集吗？

3. 你的资料分析计划对你将要收集的资料有效吗？它是否与你的概念框架所提出的关系或假设一致？

摘录参考文献

Anderson, C., and Smith, E. (1987). Teaching science. In V. Richardson-Koehler (Ed.), *Educators' handbook: A research perspective* (pp. 84–111). New York: Longman.

Brown, A. (1978). Knowing when, where, and how to remember: A problem of metacognition. In R. Glaser (Ed.), *Advances in instructional psychology* (pp. 77–165). Hillsdale, NJ: Lawrence Erlbaum.

Cohen, D. K., and Barnes, C. A. (1993). Pedagogy and policy. In D. K Cohen, M. W. McLaughlin, and J. E. Talbert (Eds.), *Teaching for understanding: Challenges for policy and practice* (pp. 207–239). San Francisco: Jossey-Bass.

Confrey, J. (1990). A review of the research on student conceptions in mathematics, science, and programming. In C. Cazden (Ed.), *Review of Research in Education*, Vol. 16. (pp. 3–56). Washington DC: American Educational Research Association.

EEPA. (1990). *Educational Evaluation and Policy Analysis. 12*(3).

Elmore, R. F., and McLaughlin, M. W. (1988). *Steady work: Policy, practice and the reform of American education.* Santa Monica, CA: Rand.

Gagne, R. (1965). *The conditions of learning.* New York: Holt, Rinehart and Winston.

Greeno, J., Collins, A., and Resnick, L. (1996). Cognition and learning. In D. Berliner and R. Calfee (Eds.), *Handbook of educational psychology* (pp. 15–46). New York: Simon and Schuster.

Hutchins, E. (1995a). How a cockpit remembers its speeds. *Cognitive Science, 19*, 265–288.

Hutchins, E. (1995b). *Cognition in the wild*. Cambridge, MA: MIT Press.

Lave, J. (1988). Situating learning in communities of practice. In L. Resnick, S. Levine, and L. Teasley (Eds.), *Perspectives of socially shared cognition* (pp. 63–82). Cambridge, MA: MIT Press.

Lepper, M., and Greene, D. (1979). *The hidden costs of reward*. Hillsdale, NJ: Lawrence Erlbaum.

McDonnell, L.M., and Elmore, R. F. (1987). *Getting the job done: Alternative policy instruments. Educational Evaluation and Policy Analysis*, 9 (2), 133–152.

Newell, A., and Simon, H. (1972). *Human problem-solving*. Englewood Cliffs, NJ: Prentice Hall.

Pea, R. (1993). Practices of distributed intelligence and designs for education. In G. Salomon (Ed.), *Distributed cognition: Psychological and educational considerations* (pp. 47–87). New York: Cambridge University Press.

Piaget, J. (1970). *Science of education and the psychology of the child*. New York: Orion Press.

Resnick, L. (1991). Shared cognition: Thinking as social practice. In L. Resnick, J. Levine, and S. Teasley (Eds.), *Perspectives on socially shared cognition* (1–20). Washington DC: American Psychological Association.

Richardson, V. (1999). Teacher education and the construction of meaning. In

G. Griffin (Ed.), *The Education of Teachers, 98*(1). Retrieved from http://nsse chicago.org/Yearbooks.asp

Schifter, D. (1996). *What's happening in math class? Vol. 2: Reconstructing professional identities*. New York: Teachers College Press.

Spillane, J. P., and Zeuli, J. S. (1999). Reform and mathematics teaching: Exploring patterns of practice in the context of national and state reforms. *Educational Evaluation and Policy Analysis, 21*(1), 1–27.

Vygotsky, L. (1978). *Mind in society: The development of higher psychological processes*. Cambridge, MA: Harvard University Press.

注 释

1. 这次讨论中的摘录并没有充分反映斯皮兰是如何分析教师教学实践的。关于分析的附加讨论见《教师改变的地方理论》第399—402页。我们选择不将这一部分包含进来，是因为对方法的讨论与他对研究结果的讨论交缠在了一起。完全包含这一部分的全部内容则超出了本章的范围。有关教学实践分析的附加讨论，请参见斯皮兰（Spillane, 1999, 2002）和斯皮兰和泽乌利（Spillane & Zeuli, 1999）。

第五章

概念框架
在资料收集和田野调查中的作用

本书章节	中心主题或问题	研究过程的阶段
第五章	我的概念框架如何为样本或参与者选择、调查模式和资料收集策略提供决策信息?	资料收集和田野调查

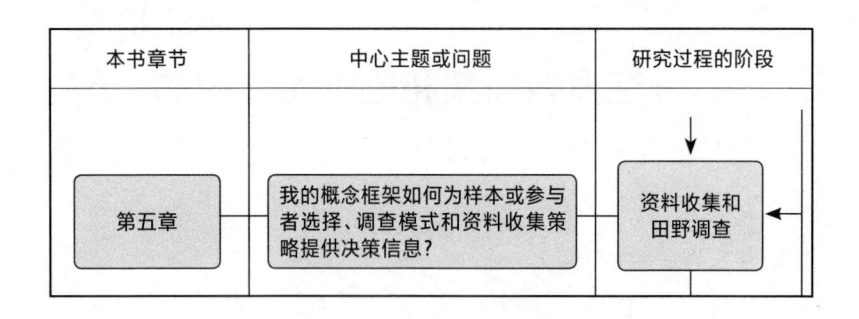

本书的中心目标是阐明和解释概念框架在整个实证研究过程中的作用。本章聚焦概念框架的特殊影响和含义,因为它涉及资料收集和更广泛的田野调查方法。我们强调研究者为研究的相关性和重要性所进行的论证与我们为研究的严谨性所进行的论证之间的密切关系。**简单地说,你选择研究什么和你如何研究是紧密相连的**。概念框架的一个中心目的是使研究内容和研究方法清晰明了,并向你和你的读者提供一个基本原理,清楚地解释整个研究过程中的方法论选择。

然而,方法论并不是一个简单的问题。你如何思考做这件工作以及你如何执行都需要仔细考虑下列事情:你作为一个研究者的角色，你如何看待这个世界（以及你自己），在资料收集和分析中应该强调什么（或不强调什么），以及如何展示你自己、你的工作、研究背景和参与人员。你设法解决这些复杂问题的方式将影响你的概念框架，同时，它们也受概念框架的影响（Golafshani, 2003; Maxwell, 2013; Norris, 1997）。

你是谁，你是怎么思考的，你研究什么

设计和开展研究所面临的一个重大挑战是批判性地审视目标、信念、参考框架、指导性概念和理论，以及影响你的工作的初步假设，并使它们透明化（Anderson & Saavedra, 1995; Chawla, 2006; Peshkin, 1988; Ravitch & Carl, 2016）。在我们对研究生的教学和指导工作中，我们经常发现在他们的研究中，好像方法和结果之间很少有联系或根本没有联系；他们自己的主体性、重点事项、理论方向，与设计和方法之间几乎没有联系。正如埃默森、弗雷茨和肖（Emerson, Fretz and Shaw, 1995）所说，研究者必须明白"方法和结果的不可分割性"。这在一定程度上意味着，一个人如何处理其资料收集——以及，再补充一点，他会给整个研究的设计和框架带来什么——与他的资料的质量和内容有很大关系，因此会对他的分析和发现产生重大影响（Peshkin, 1988; Ravitch & Wirth, 2007）。但这在操作上意味着什么呢？你如何概念化并分析这些关系，并利用这种理解更好地选择方法论？你的指导性假设、信念（理论的和政治的）、信仰体系、与参与者的关系和背景、研究主题和研究焦点人群的概念框架如何影响你田野调查的各个组成部分和维度？

理性且严谨：概念框架如何指导研究

通过聚焦米歇尔·法恩和塞尔丘克·西林（Selcuk Sirin）的文章《将连字符自我理论化：在有争议的政治背景下研究青年发展》（Theorizing Hyphenated Selves: Researching Youth Development in and Across Contentious Political Contexts）（以下简称：《将连字符自我理论化》），我们将在本章集中讨论概念框架与资料收集和田野调查之间的关系。法恩是一位国际公认的质性研究专家，专门从事参与式行动研究和其他应用质性方法论（这些方法论处于心理学、教育学和社会学的交叉点）研究。她因冷门研究而闻名，她以深度参与的方式工作在社会边缘群体之中，如失学青年和被监禁的妇女。对于我们的目的来说，最重要的是，法恩是一个深刻的思考者，她思考了我们研究什么和我们如何研究它之间的密切关系。她不像许多研究者那样把自己看作社会和政治局势的观察者，而把自己看作其中的一个参与者。同样，在法恩看来，进行研究绝不是价值中立的。正如本章讨论的文章所显示的那样，法恩认为人们对什么是"正常"或"客观"的假设有助于使某些群体或行为合法化或有效化，同时使其他群体或行为边缘化。在挑战这些假设的同时，她也质疑了这些假设是如何产生的——这一过程又回到质疑研究的作用和她自己作为一个研究者的作用上来了。布迪厄（Bourdieu, 1989, 1990）关于人作为具身化的历史（embodied histories）的观念能够帮助我们理解法恩对自己作为研究工具的反身性立场（reflexive stance）。总之，在法恩看来，任何对社会过程或现象的探究都是对自我的探究。她能够概念化、清晰地表达，并在方法论上解决她自己的历史和意识形态信仰如何影响自己的研究问题——包括她选择探索什么和她如何建构这些探索——这种能力使她能够在理论上和方法上取得突破。

第五章 概念框架在资料收集和田野调查中的作用

在本章中,我们首先讨论《将连字符自我理论化》这篇文章的知识背景和情境,然后是文章本身的摘录,以及文章的第二版(由同一作者撰写)。第二版更全面地阐述了文章所处的更广泛的概念领域。接着,我们总结了法恩和西林的论证,并分析了论证的建构方式和资料收集方式的关系。我们探讨了这项研究的概念框架是如何形成的,研究主题与研究者立场之间的关系,以及这种立场如何影响资料收集的具体选择。最后,我们讨论了概念框架的迭代和不断发展的性质,因为它们通过反身式地参与田野调查而被开发、质疑和反驳。

米歇尔·法恩是纽约大学研究生中心批判心理学、女性研究、美国研究和城市教育领域的杰出教授。作为一名大学教师、教育活动家和研究员,她致力于社会正义项目,工作于青年、狱中男女、教育工作者之中,并实际参与社会运动。1981年至1991年,她在宾夕法尼亚大学任教,是当时费城学校合作组织的联合主任,反对强奸妇女组织和保护被殴打妇女全国联盟的成员。她撰写了许多"经典之作"——探析高中辍学和青少年性行为的书籍和文章——被称为"缺失的欲望话语",她的写作还涉及狱中大学的影响,囚徒子女的奋斗和辉煌,以及美国穆斯林青年的智慧。她写的是高风险考试中的不公正做法、同性恋青年,以及对有色人种大规模监禁的种族虐待行为。在研究中,她喜欢与一些年轻人接触,因为他们对社会不公造成的伤痕和在纽约街头求生时遭受的嘲笑有很深的感受。作为青年参与式行动研究(participatory action research, PAR)领域的先驱和公共科学项目的创始者,法恩参与了一系列针对不同种族、族裔和社会阶层背景的青年和老年人的参与式研究,研究被剥夺的权利和压迫下的反抗。

法恩是一名在性别、性行为和种族歧视教育案件中备受欢迎的专家证人,在一场女性要求获得进入要塞军事学院的权利的诉讼中,法恩的研究和证词对胜诉产生了很大的作用。她在威廉姆斯诉加利福尼亚州案中也产生了很大的影响。这是一个集体诉讼,起诉加利福尼亚州剥夺了城市有色人种青年享受充分教育的权利。最近,法恩、玛丽亚·埃琳娜·托尔(Maria Elena Torre)和一个包括贝德福德山惩教所(Bedford Hills Correctional Facility)妇女在内的参与式行动研究小组发表了名为《改变思想:大学对狱中妇女的影响》(Changing Minds: The Impact of College on Women in a Maximum-Security Prison)的文章,成为全美公认的当代大学狱中运动的主要实证基础。

她的工作在美国国内和国际上得到了认可,所获得的奖项包括美国心理协会妇女心理学部颁发的2013年斯特里克兰·丹尼尔斯指导奖、2013年美国心理协会公共政策研究奖、社会心理学和人格学会颁发的2012年亨利·默里奖、社会问题心理学研究学会颁发的2011年库尔特·勒温奖、前服刑成人大学和社区奖学金项目颁发的2010年社会公正和高等教育奖、跨文化冬季圆桌会议的2008年社会公正奖、美国教育研究协会颁发的2007年威利斯汀·古赛尔奖、2005年第一届莫顿·多伊奇奖、2002年银行街学院授予的教育和社会公正荣誉博士学位,以及2001年美国心理协会颁发的卡罗琳·谢里夫奖。

背景和情境:重点作品概述

跟大多数人一样,研究儿童和青少年发展的人员倾向于从个体的角度来考虑。**发展**意味着变化,但这种变化通常被认为主要发生在年轻人**内部**。这一变化所处的更广泛的社会环境即使能够被看到,也仅仅被视为一个背景。

不过有时候,背景的变化是如此之大,以至于看待和对待人的方式一天之后都会截然不同,这种变化对发展有着深远的影响。2001年"9·11"事件前后,美国穆斯林青年的境遇就是这样。除了内在价值和叙事能力,他们的故事也很重要,因为这群年轻人身份的颠覆和重塑,充分说明了美国更广泛的社会以及他们的生活和经历所处的权力结构。

然而,这个故事并不容易讲述。研究者和那些更广泛地参与青年发展的人,如何了解青年是怎样建构他们的身份的(特别是当青年来自社会和政治争议环境中的边缘群体时)?鉴于青年人身份的所有变化部分以及塑造他们的社会、政治、家庭和制度背景,我们如何理解青年人社会、心理、情感和学术发展中的矛盾和逆流?

此外,如果一个人的研究试图调查权力、霸权和不平等对边缘化和受压迫人口的认同发展的影响,这个人的研究方法必须阻断将研究参与者的声音边缘化的广泛的社会趋势,特别是考虑到权力结构及其在研究过程中实体化和被付诸实施的方式。这是一个重大的挑战。通常情况下,研究者往往受雇于(因此也是它们的一部分)这些机构,而这些机构的解释强化了这些人口的边缘地位。这是一个不容易解决的矛盾。

米歇尔·法恩的工作处于这些学科、理论和意识形态的交叉点。法恩的研究在其设计中嵌入了多重情景的理论的、意识形态的和方法论的概念和手段,这些概念和手段对调查和理解青少年身份建构的变化领域,以及个人、社会、家庭和制度对这些内在的和交互的心理过程的影响是必要的。为了跨越这个概念的、理论的、相关的和跨学科的领域,研究者需要建构寻求复杂性和混杂性的概念,而不是对现状和对焦点现象的规范性理解。在这个概念环境中,**连字符身份**的概念已经成为法恩实证工作的核心,因为它允许一种概念和方法上的创新,这种创新建立在经过深思熟虑的社会批判之上,这种批判来自学科和领域的交叉。法恩的工作为关于青年自我认同发展的论述增加了复杂性,原因在于青年自我认同发展这个概念的复杂性和丰富性,及其理论框架和方法论考虑之间的生成性矛盾。

在法恩的研究生涯中,连字符这个概念——作为一个积极的、高度个性化的意义创造和身份形成过程的标记和象征,调用并涉及复杂的社会和政治力量——是一根线,被植入批判性的、反身性的和关系性的研究,也是用来进行研究的一种方法。连字符既有隐喻性又有分析性。框架概念允许法恩主张一种严谨的方法论的途径,这种方法显示的是对人们生活和身份的复杂性的忠实,而不是对方法的教条主义的坚持(研究中的常态)(Harrison, MacGibbon and Morton, 2001)。她敦促研究者将所有人——而不仅仅是那些拥有权力地位的人——视为意义创造者和与他们自己经历有关的专家(Brooks & Davies, 2007; Jacoby & Gonzales, 1991; van Manen, 1990),以审视人们身份的各个方面如何与更大的社会和政治力量相交叉,从而产生复杂且难以准确分类的身份反应(Chilisa, 2012; Ravitch,

2000)。法恩的工作要求研究在人际关系上真诚可靠,对主流观点保持谦恭的批判态度,这些主流观点将研究参与者(以及研究者)的生活本质化、弱化和过于简单化,尤其是那些在社会和政治上处于边缘地位的人的生活。

连字符作为社会过程或现象以及研究过程本身的隐喻,一直是米歇尔·法恩著作中的一个主题。它的起源既是生平性的,也是知性的,由多种影响(学科、概念、关系和生活经验)构成,同时也形成了她将新问题和背景概念化的方式。在我们针对她的研究进行的访谈中,法恩说:"我认为所有的研究都是由生平、理论、欲望和背景驱动的。"法恩解释道:

> 也就是说,**连字符自我**(hyphenated selves),作为一个概念,从生平的角度来看,对我而言很安心,因为我对任何要求承诺同质性或从一而终的地方都有极大的不适,而且从风格上来说,我可能在异质的问题正在发生,并有待争取的地方,感到最舒服。有一些关于所谓**本质主义**的谈论,不仅在思想上冒犯了我,而且就我本人而言,它使我感到恐慌。所以,帮助我取得成就的方面是我和我的父母都是来自波兰的波兰裔犹太移民,尽管他们从来不说"波兰语",波兰只是一个中途停留的地方,他们艰难地赶过去,却被当成废弃物一样对待,让他们从另一端走出去,我妈妈现在95岁了,是18个孩子中最小的一个……我爸爸卖水管用品。他被邀请到(大学)校长家,却不知道该用哪把叉子。所以,我对我们赖以生存的连字符很感兴趣。事实

上，我发现它们既是我焦虑的根源，也是我最好的思考。所以我认为，从美国穆斯林的著作中产生的术语"连字符自我"，在我自己的身体里有更长的轨迹。

正如这段摘录所说明的，法恩将她的个人背景与她从事研究的方式联系起来了。她专注地将自己定位为价值观、视角和研究条件的塑造者。但是，连字符的概念并不仅仅是法恩个人故事的产物。这也为她提供了一种思考身份建构的有用方法，身份建构是她所有作品的中心主题。对法恩来说，连字符自我概念考虑到了理解人们对自己身份建构的观点的复杂性，并抵制对缺医少药的边缘化人口的霸权主义式理解和表现。在描述她与高中"辍学者"打交道的早期工作时，法恩描述了她自己对连字符自我概念的思考的演变。

我记得，当我探索《定义辍学者》(Framing Dropouts)(Fine, 1991)这本书时，我一直在访谈辍学的聪明孩子……我的很多工作关注那些被赶出学校的孩子，或被关进监狱的女人，据此我认为，还存在另一种正在发生的完整的认识……所以，我认为这是在自我和他者之间，而且……我认为在所有这些场合中，我一直在研究这个问题，即"我们的方法在多大程度上再现了我们对**他者**的幻想，而不是质问我们自己的特权观点的复杂性以及被视为**他者**的人的复杂性？"

在这段话中，法恩将自我和"他者"的关系复杂化，作为一种手

第五章 概念框架在资料收集和田野调查中的作用

段,抵制对**他者**含义的轻蔑的、霸权主义的观点。这是一个思考、反思、行动的递归循环——她有意地在这个概念和方法的交叉点上展开工作,作为对她的信念的回应。因为她相信,在与人接触的过程中,真正地探索他们生活的方方面面,以及他们的观念和社会身份随着时间的推移而形成和改变的条件,是很有意义的。

为了更好地理解《将连字符自我理论化》这篇文章所依据的概念框架,考虑一下产生这篇文章的更大范围的研究是有帮助的。2003年,法恩和他的几位同事开始对美国穆斯林青年进行探索性研究,探讨他们在2001年9月11日美国遭受袭击前后的自我认同发展。在制订和执行这项研究的过程中,他们创造了**连字符自我**这一概念,作为一个理论框架(我们的术语)来解释在复杂甚至充满焦虑的政治和社会背景下身份建构的动态过程。具体来说,这项研究调查了"9·11"事件后,美国公众对穆斯林的看法发生巨大变化后,美国穆斯林青年中的个人和他们之间的身份协商。虽然美国穆斯林青年先前被当成法恩和其他人所谓"东方化凝视"(orientalizing gaze)的对象,但他们在美国的种族景观中却被视为相对"普通"。"9·11"事件后,美国穆斯林青年很快发现自己的社会定位发生了变化,他们突然遭受怀疑、监视、敌视和暴力。在一篇单独的文章中,西林和法恩(Sirin & Fine, 2007: 151–152)对这个主题的重要性进行了论证:

> [1] 青春期是一个发展时期,在此期间,年轻人形成然后改造他们的文化身份(Erikson, 1980; Fine & Torre, 2004; Fine, Burns, Payne and Torre, 2004; Helms, 1990; Solis, 2003; Way & Robinson, 2003)。这对于生活在特定环境或特定历史时

期的年轻人来说,可能是一项特别复杂的心理任务,因为他们多样化的种族、民族、国家、宗教、性起源会引起矛盾(Willis, 2002)。当一个人的社会身份通过正式制度、社会关系和媒体受到主流话语的激烈质疑时,我们可以看到首先受到心理、社会和政治影响的一个方面就是年轻人的生活。正如威利斯(Willis, 2002)所指出的,青年代表并体现了构成全球政治的经济冲突,我们还可以加上文化冲突。青春期恰恰是国际、国家、社会和个人"危机"最公开且自然地爆发的时期,不幸的是,这些危机往往被误解为个人、荷尔蒙、纪律或发展"问题"(Abu El-Haj, 2005; Appadurai, 2004; Fine et al., 2004; Sen, 2004; Sirin et al., 2004; Sirin & Rogers-Sirin, 2005)。在被法扎勒·里兹维(Rizvi, 2005)称为伊斯兰恐惧症(Islamophobia)的环境中成长的美国穆斯林青年为我们提供了一个视角,让我们能够了解生活在全球冲突断层线上的青少年所面临的发展挑战。这些青少年用自己的背包和灵魂背负着国际危机。

[2] 对于生活在美国的穆斯林青年来说,"9·11"事件之后,在不同的文化背景下协商他们的身份无疑变得更具挑战性(Cainkar, 2004)。一方面,他们的生活和其他美国人一样受到了攻击。另一方面,他们被视为邻里安全的潜在威胁。由于在意识形态上被视为一种威胁,自"9·11"事件以来,"他们"——穆斯林美国人——一直受到监视、拘留、驱逐和入侵,以保护和拯救"我们"——非穆斯林美国人。就在他们的"母国"爆发国际和国内冲突时,这些年

轻人和他们的家人开始被视为美国国家安全的潜在威胁。这种情况并没有随着"9·11"袭击事件的过去而消失，它在今天依然存在，并且每当出现安全威胁的新闻时都会强化它。在美国历史上的这一时刻，这些年轻人开始笃信宗教，而无国家归属感，身系两国却无家可归（Bhabha, 2005; Levitt, 2000）。

[3] 自"9·11"事件以来，我们对美国对待穆斯林和其他文化的态度有了很多了解（参见Gerges, 2003），但是，一个因宗教恐怖和全球冲突而四分五裂的世界，对年轻人发展的影响还有待确定，特别是对于负担最沉重的穆斯林青年——至少在美国是这样。我们认真对待年轻人见证性和批判性地回应全球、国家、文化和经济矛盾的经历（Fine et al., 2004），相信他们为正在进行的、不断变化的文化形态带来了激情、失落、欲望和批评行为。我们认为，这些年轻男女提供了一个了解许多青年群体的理论视角，他们正在对抗经济压迫和文化压迫、自我的霸权表征（Deaux & Philogone, 2001; Solis, 2003），以及"9·11"事件后美国背景下自我机会的减少。

[4] 在我们努力建立一个概念框架来指导我们的研究时，鉴于对美国穆斯林的具体研究的匮乏，我们获得了关于少数民族移民青年的3个领域的相关研究的见解。对移民青年的研究表明，将自己的文化和主流文化成功融合，会带来更积极的发展成果（Berry, 1997; Berry & Kim, 1988; Nesdale, Rooney and Smith, 1997; Oppedal, Røysamb and Sam, 2004;

Oppedal, Røysamb and Heyerdahl, 2005; Phinney, Cantu and Kurtz, 1997），而边缘化，即脱离两种文化，与移民青年的心理健康问题有关。以前对少数民族青年的研究（Fisher, Wallace and Fenton, 2000; Lorenzo, Frost and Reinherz, 2000; Romero & Roberts, 2003），特别是对移民青年的研究（Berry, 1997; Nesdale, Rooney and Smith, 1997; Suarez-Orozco, 2005），有强有力的证据表明，少数民族的压力（即歧视和与社会地位相关的压力）会导致抑郁、焦虑和心身失调等心理健康问题。因此，移民青年的发展过程不仅产生于协调多种文化参照系统的挑战，而且产生于少数民族地位所带来的歧视和压力（LaFramboise, Coleman and Gerton, 1993）。

[5] 此外，通过理论上借鉴阿马蒂亚·森（Amartya Sen, 2004）的著作，我们也认识到文化只是自我的一个方面，与自我的其他复杂维度相互作用；这种文化"不是同质的属性"，而是充满了不和谐的紧张和喜悦；"文化绝对不会静止不动"和"文化相互作用，不能被视为绝缘结构"。我们补充了森的工作定义，指出当一种文化受到围困时，对于那些生活在散居地的人来说，比如美国的移民穆斯林，这会变得特别突出。当"母国"在冲突中崩溃时，当一个人的文化被恐怖分子劫持时，当新国家把你列为嫌疑犯时，社会和心理矛盾就会加剧。正如尤瓦尔-戴维斯（Yuval-Davis, 2001）所指出的，在紧张和冲突的时期，文化的二元性和对立会激增。美国对穆斯林的刻板印象和非人化强烈地

> 反映了这种动态。正是在青少年生活的精髓中，我们才能看到文化和全球政治如何进入美国青年的身体和灵魂（参见Rao & Walton, 2004）。

资料来源：Sirin, S. R. and Fine, M. (2007). Hyphenated selves: Muslim American youth negotiating identities on the fault lines of global conflict *Applied Development Science*, 11(3), 151–163; reprinted by permission of the publisher (Taylor and Francis Ltd, http://www.tandfonline.com)。

《将连字符自我理论化》这篇文章建立在这一论证的基础之上，但更明确地聚焦于连字符自我应该如何被研究。利用我们自己对概念框架的定义——关于要研究的主题具有重要性，以及使用的研究方法恰当而严谨的论证——这篇文章以"这个主题是重要的"这一论点为出发点，并深入探讨了为什么使用的方法是恰当的，鉴于这个主题，甚至是必要的。因此，这篇文章体现了本章的中心主题：你选择研究什么和你如何着手研究它之间的密切关系。因为我们已经广泛地引用了作者关于研究这个主题的基本原理，所以我们选择了下面的摘录来集中讨论他们是如何进行研究的。然后，我们强调了更大的概念框架对两件工作产生影响的不同方式，即作者将研究过程概念化的工作和资料收集的实际工作。

资料来源：Fine, M. and Sirin, S. R. (2007) "Theorizing Hyphenated Selves: Researching Youth Development in and across Contentious Political Contexts." *Social and Personality Psychology Compass*. (1) 1–23. © 2007 Blackwell Publishing Ltd. Used with permission of John Wiley and Sons Inc。

连字符自我的研究方法

[6] 我们对连字符进行了深入的研究,连字符被理论化为一个动态的社会心理空间,政治安排和个人主观性在此交汇。我们逐渐了解到,连字符的心理结构主要是由历史、媒体、监控、政治、原籍国、性别、生平、渴望、想象和损失决定的,无论年轻人是否知道或说出它。通过绘图、访谈和调查,我们可以看到年轻人对自我、他者,以及他们如何在不同环境中——在公共汽车上、机场、餐桌上、学校和清真寺——协商连字符的各种体验。有人说连字符是一堵坚固的不信任之墙,也有人说它是一层多孔膜……一些人把连字符描绘成一个创伤检查点,而另一些人则把它描绘成一个谨慎合作、公共教育或(正如你将在下面看到的)自信对抗的空间。对少数人来说,这是一个耻辱的空间;对许多人来说,这是一个焦虑的场所;而对其他人来说,这是一个创造新自我的机会。

[7] 然而,连字符自我方法实际上并不是一个概念框架,但它具有方法论意义。如果研究者要将年轻人置于历史、文化和政治背景中,或跨越历史、文化和政治背景,将身份的叙述与遥远的地方政治安排联系起来,并质问"群体"内

部的交叉性和广泛的可变性,那么我们将面临研究设计方面的问题(参见Shohat, 2006)……我们在这里反思我们为理解连字符的复杂性所选择的方法,尽管我们始终对这些决定持怀疑和谦虚态度,并非常清楚这些决定的局限性、野心,以及当它们在年轻人快速新陈代谢的身体中循环时"捕捉政治"的不可能性。

[8]我们从纽约和新泽西地区召集了一批年龄从12岁到18岁的美国穆斯林青年,他们有着不同的经历和观点,帮助我们改进了研究问题,阐明了研究设计和研究方法,并思考研究了政治弱势青年的伦理。从研究设计上看,参与式行动研究项目基于的是这样一个假设,即社会研究应该通过受不公正待遇和斗争所影响的年轻人和成年人所拥有的知识来塑造。

[9](这些年轻人)帮助我们设计了一个混合的方法——调查、焦点小组、制图、个人生活故事——以最好的方式捕捉关于美国穆斯林青年个人和集体的复杂而多层次的故事,他们在"9·11"事件后"反恐战争"的政治背景下逐渐成熟了。他们警告我们要注意道德问题,批评传统的压力测量方法和年轻人的"冒险"行为,嘲笑我们考虑使用的"约会量表",并温和地教育我们。

关于混合方法

[10]在方法论上,我们试图开发一个研究设计,它可以延伸到

揭示在政治争议环境中成长的年轻人的分层复杂性,包括个人和群体建构的质性和量化信息,这些信息告诉我们深深印在他们脑海里的、埋藏在个人和集体潜意识中的过程,记录了当地的情况和遥远的安排如何影响自我的故事和与他人的关系。然后,我们试着制订一个分析计划,让我们能够按性别、原籍国、父母的教育水平、社区的异质性、学校类型、宗教信仰等情况来综述资料。虽然连字符自我理论似乎与质性方法最相容,但我们发现自己对有意地混合质性和量化的方法感兴趣。

[11] 我们收集了来自不同社区(主要是纽约和新泽西地区,但也有一些来全美其他地方)的200多名年轻人的样本,要求他们进行绘图、参加焦点小组、参加访谈,以及完成调查(包括一些开放式问题和一套经心理测量学验证的措施)。考虑到身份形成的发展转变,我们在两个年龄组(12—18岁和18—25岁)的青年中取样,完成了他们的量化调查,该量化调查评估了对"穆斯林社区"和"美国主流社会"[1]的多重社会和文化认同、他们受歧视的经历和对歧视的反应,以及心理健康和健康的标准化举措。在我们的青年咨询小组的鼓励下,这项调查还包括了与他们正在阅读的书籍以及他们生活中来自家庭和学校的压力有关的问题,以及富有想象力的开放式问题,询问了他们在美国穆斯林青少年的音乐电视节目中会包含哪些信息。我们的混合设计让我们记录了美国穆斯林青年的共同经历,同时也能挖掘这群年轻人之间的丰富差异。通

过调查，我们能够得出描述性统计资料以及歧视与种族认同强度之间的相关性，帮助我们将美国穆斯林青年和其他边缘化群体的一些经历加以定位，并阐明不平等权力关系如何影响青年发展的理论。同时，通过访谈、绘图和开放式问题，我们能够超越最典型的经历，以他们自己的语言、图画来理解这群年轻人之间的丰富差异。除了从每个方法中（每次一个）了解情况外，我们还通过研究问题将这些多重方法的各个方面结合起来。例如，为了考察年轻人如何协商连字符自我，我们用3个绘图元代码制作了调查回应的交叉表：在连字符处存在综合生活的证据、平行生活的证据，以及生活之间的冲突和矛盾的证据。这些混合方法的结果不仅回答了我们的研究问题，而且还用先前确定的量表验证了新方法（本例中的绘图）。我们的观点很简单：连字符自我理论不仅对概念框架有影响，而且对研究设计、研究方法和分析也有影响。

[12] 在针对学校、社区、青少年中心的不同青少年群体和美国穆斯林青少年的研究中，我们依赖的是一种古老的社会心理学方法，即个人身份绘图。这种方法长期以来一直被埋没，并且值得复苏。这种投射方法的变体源于温尼科特、谢泼德和戴维斯（Winnicott, Shepard and Davis, 1989）的精神分析，并已被环境心理学家（Lynch, 1960; Saarinen, 1973）、激进地理学家（Geiseking, 2007; Hart, 1981; Harvey, 2001; Katz, 2003）和社会心理学家应用，最著名的是米尔格拉姆和若德莱（Milgram & Jodelet, 1976）。

图5.1 青春绘图：记录自我的层次

资料来源：Fine, M. and Sirin, S. R. (2007) Theorizing Hyphenated Selves: Researching Youth Development in and across Contentious Political Contexts. *Social and Personality Psychology Compass*, (1) 1–23. © 2007 Blackwell Publishing Ltd. Used with permission of John Wiley and Sons Inc。

[13] 尽管提示可能会因研究项目——画出城市、你自己、你生活中的安全和危险空间、你生活中的冲突、你到新国家或未来的旅程——而有所不同，但是在各个项目中，年轻人都会接受创造力方面的邀请，并付诸实践。对于美国穆斯林青年，我们要求他们简单地按照自己的感受画出自己［即学生、女儿/儿子、运动员、穆斯林、美国人（见图5.1）］。我们给了他们蜡笔、记号笔、纸，以及大约15分钟的时间。迄今为止，我们已经收集了200多张这样的绘图。正如威利斯所说，这些绘图揭示了年轻人生活与政治事件、社会安排、宗教和文化传统、大众媒体和青年文化、人际关系、个人的渴望和恐惧，以及对原籍国和美国的幻想之间的各种联系。

[14] 我们还利用调查来评估年轻人如何协商他们作为穆斯林美国人的身份。为了避免产生——和衡量——一个错误的二分法，即建立一个框架迫使研究参与者选择一个身份，我们允许存在两个不相关身份的可能性。从表面上看，在我们的调查中，我们创建了平行的表格，通过一组问题衡量年轻人对穆斯林社区的认同程度，使用的是集体自尊量表（Luhtanen & Crocker, 1992）和另外一种形式——我们使用同一组问题来捕捉他们对美国主流社会的认同程度。在这种典型的调查项目里，参与者被要求在双向连续体（即从穆斯林到美国人的双向连续体）中选择自己的位置，甚至更糟，只能选择一个。不同于这种项目，我们让他们独立地给每个身份打分。当然，这两种

形式有可能具体化了这些身份之间的区别，特别是对于那些寻求"融合"自我的人，但是通过这种测量策略，我们能够直接测试著名的"文明冲突"假说，看看这两种形式的身份认同是如何兼容的。以这种方式考察连字符，也使我们能够创建一个心理模型（即所谓的批判多元主义），理解"穆斯林集体认同"的基础和"美国主流集体认同"的基础。

[15] 在这些青年完成问卷调查和绘图之后，一部分人被邀请参加焦点小组。在这里，我们可以问一些问题，例如，在上面显示的绘图中，伊斯兰教和努力保持核心平衡的意义、问题的来源、外部影响的分量，以及是什么使平衡成为可能和是什么威胁着平衡。正如威尔金森（Wilkinson, 1999）以及威尔金森和基辛格（Wilkinson & Kitzinger, 1995, 2000, 2003）在他们关于焦点小组和对话分析的经典论文中所说，焦点小组使研究者能够将对自我的理解与对年轻人的分析（他们如何融入和体验现实**社会环境**，以及在现实**社会环境**中表现）联系起来。焦点小组提供社交空间，在这里"差异"被激活，接触得以介入；在这里，研究者可以见证自我的主体间表现，他人的疏远、投射、结盟和对抗。

[16] 绘图和焦点小组提供了解释性的材料。因此，可以按照呈现的材料的本来面目进行分析，但也可以用分析的眼光来寻找缺失的东西，这使得研究者能够立即分析**哪些内容说过了，哪些内容没说过**。

第五章 概念框架在资料收集和田野调查中的作用

论 证

在西林和法恩2007年发表的文章（第[1]—[5]段）中，作者阐明了研究后"9·11"时代美国穆斯林青年身份认同发展的明确理由。《将连字符自我理论化》这篇文章聚焦于这种选择的方法论含义。因此，论证转向了不同的方向，重点在于说服读者：研究主题和研究问题的选择需要一套不同的方法论考虑事项。文章开头指出，这是一个在概念上具有挑战性的领域，关于如何研究这一问题的任何方法论选择都需要做出让步和权衡（第[6]—[7]段）。这里存在一个内在矛盾：作者试图说服读者跟随他们进入不熟悉（也许不舒服）的领域，同时承认这么做可能涉及思想、社会和政治风险。这种二元论是她作品中反复出现的主题。在这种二元论中，法恩寻求以更引人注目的方式来定义这个世界，同时对自己在其中所扮演的角色保持怀疑。她和她的合著者随后概述的方法论是法恩从事参与式行动研究的结果。法恩选择（并改进）了参与式行动研究，因为它寻求在研究者和参与者之间建立一个动态的、可生成的、公平的交流和互动竞技场，以引导和支持资料收集的每一个阶段，尽可能地使之民主化并具有探索性。这种方法对于目前的研究尤其重要，正如法恩在访谈中所解释的那样：

（参与式行动研究）坚持认为那些知识就在桌边，并且有助于形成研究问题、研究方法、研究设计和解释……所以，我认为整个过程是从认识论或方法论开始的——比如，我们如何设计我们的研究，使我们不再重复他人的研究——后来发展到理解身份的面纱和表现，特别是认识被边缘化的群体。

在将自己定位为研究的一部分之后，作者们展示了这种定位——结合他们的选题——是如何影响他们的方法论选择的。该论证的目的是，展示他们的方法的具体方面如何反映上述立场。因此，它是根据关于总体研究设计的选择以及具体的资料收集策略而制订的：

1. 为了防止美国穆斯林青年成为研究对象，参与者加入了关于收集什么样的资料以及如何收集这些资料的决策（第[8]—[9]段）。

2. 由于参与者是多样化的，资料收集和分析策略力求从他们的故事和经历中找出个人的细微差别，同时允许进行横断面分析或比较分析。因此，将调查与各种质性技术相结合的混合方法设计是最合适的（第[10]—[11]段）。

3. 身份建构既是个人的（个体的微妙差异）也是关系的（在社区、家庭、社会、文化的背景下），由个人自我意识的显性和隐性两方面组成。因此，身份绘图被用来确定质性资料收集（第[12]—[13]段）。

4. 为了确保调查不强迫受访者进入人为对齐或二分的类别，设计调查问卷时充分考虑到了多重识别（multiple identifications）（第[14]段）。

5. 为了解释和增加身份绘图的深度，他们与焦点小组的参与者进行了讨论。之所以选择焦点小组，是因为他们的社会性、互动性和表现性，使研究者能够观察和倾听关于身份建构的解释（第[15]段）。

第五章 概念框架在资料收集和田野调查中的作用

在下面几节中,我们将首先讨论概念框架的演化和迭代性质,并重点讨论在法恩的作品中,连字符自我这个概念是如何演变成一个理论框架(她总体概念框架的一个子集)的。然后,我们将更全面地探讨该作品中,概念框架和资料收集之间的联系,聚焦过程中的3个关键方面:研究立场、研究设计和资料收集模式。最后,我们简要讨论法恩的方法论中严谨的性质和意义,以及法恩的概念框架是如何塑造和影响研究方法论的。

在深入研究这篇文章之前,要注意的是,在上面引用的文章(第[4]段)中和接受访谈时,法恩使用**概念框架**一词的方式与我们在本书中使用的方式有所不同。具体来说,她对概念框架的工作定义就是我们所认为的(和所指的)**理论框架**,也就是理论的结合和整合(第[1]—[5]段),这些理论阐明了特定的研究主题、研究问题或现象。正如我们在第一章中所提到的,一些研究者在领域内或领域间以不同的方式使用这些术语,甚至是互换着使用,这是一个很有帮助的例子,因为当我们专注于一个特定的研究时,我们可以叙述并使用它们来明确这一点。此外,标签没有定义重要。在本章的剩余部分,当法恩和西林将**连字符自我**作为一个概念框架时,我们将按照他们的定义来引用。然而,在我们自己的分析中,我们将继续根据第一章中的定义使用**概念框架**和**理论框架**。我们在这里包含了每个术语的定义,以便你在阅读本章时牢记这一点。

作为理论框架的连字符自我

"连字符自我"这个概念是法恩从20多年的研究经历中发展出

来的,研究对象是被美国主流社会边缘化的各种群体。以递归的方式,连字符自我包括了法恩对自己的背景如何影响研究的建构的思索,也就是她创建最广泛的作为调查工具和分析框架的概念集的过程。在她的整个研究中,参与者的声音、现实、需求、强加的限制和参与者的可能性是法恩在不同人群和环境中从事的研究工作的一个核心方面(第[7]—[10]段)。法恩对美国穆斯林青年的研究表明,概念框架既可以积极开发,也可以继续发展。她的概念框架处于边形成边完善的状态,它是研究的基础,虽然它在发展的过程中也积极地从研究中获得有益的东西。

虽然连字符自我的概念是从法恩自己的工作中产生的,但它并不是在真空中发展起来的。和所有的研究一样,法恩的研究也加入了一个已经在进行中的对话——一个她发现在许多方面令人不安的对话。"早期对我们很重要的一个问题是考虑我们的目标群体。"她解释说:

> 我们写的是一个有争议的问题:一群年轻人,他们被视为爱国主义、恐怖主义和种族压迫研究的潜在主体,但"9·11"事件后,他们很快被怀疑成恐怖分子。所以,我们不是在真空中写作……所以,考虑加入有争议的目标群体有点像听天书……你知道,很难弄清楚什么时候进去,什么时候是安全的。所以,对我来说,我们真的要考虑的第一个连字符是表示"我是谁?"的连字符……因此,这个概念框架迫使我,我们,把历史看作一种方法。然后知道我们打算把他们放在哪段历史中……所以我认为,把他们放在流亡青年和被流放的发展后果的历史中,对你的读者来

第五章　概念框架在资料收集和田野调查中的作用

说,是一个非常重要的理论举措,这是很重要的……这与你如何选择你的文献综述有很大的关系……除了穆斯林儿童之外,所有关于穆斯林的研究都是关于**头巾**的。你知道,就像恋物癖。所以,我们不打算复制恋物癖。所以,弄清楚你想提出什么样的论点是非常重要的。然后,人们必须弄清楚,文献是重新记录占主导地位的文献,还是帮助你提出不同的论点。

这一陈述有助于阐明法恩如何看待她和西林针对美国穆斯林青年的研究提出的中心论点:如何调查边缘化人群的政治、社会和人际关系问题,以公平对待个人和群体内部存在的复杂性,以及研究者(特别是那些属于主流群体的成员)如何克服挑战:识别和对抗对他们的研究选择产生影响的霸权暗流。法恩和西林对美国穆斯林青年的参与性研究批判性地审视了跨多个学科的先前研究,以探索如何定位他们的研究,从而质疑或挑战对美国穆斯林青年不太具有批判性的研究的主导地位(第[3]—[5]段)。法恩和西林提出了连字符自我的概念,作为一个新的理论框架(再次强调,这是我们的术语),以便"在有争议的政治环境中更好地理解青年身份"(p.1)。

在阐述了连字符自我的框架的理论基础之后,法恩和西林接着讨论了这种框架的方法论的含义和面临的挑战,并反思了他们在自己的作品中运用该框架的一些经验教训。在接下来的讨论中,我们将重点讨论连字符自我概念和这个作品的方法论途径之间的交叉点,阐明概念框架如何影响方法论途径,正如它同时又受方法论途径影响一样。

作为方法的连字符：位置性与实践性

"连字符自我"这个概念的框架化在研究的设计中例证了自身，并需要关注资料收集。正因如此，法恩和西林针对穆斯林美国青年所面临的问题——政治、社会和心理景观的变化，对他们的社会和身份认同发展既有外部影响，也有内部影响——要求他们在参与式调查模式中使用多重交叉的方法，即在一开始和整个资料收集过程中要求参与者提供真实、深入的反馈，让参与者参与资料收集方法的建构(第[7]—[9]段)。

在法恩对美国穆斯林青年的研究中，最有趣的一个地方是，连字符自我的概念是如何扎根于她的方法论途径并为其提供营养的。她的反身立场融入她的方法论中，促成研究方法的开发和测试，这些方法能够清晰地揭示参与者的复杂性。正如她在接受我们的访谈时所说的：

> 在认识论、反身性和研究设计之间的某个地方，存在着这样一个问题："你如何看待你、你的作品、你所面对的目标群体，以及与你一起工作的参与者之间的关系？"我认为，连字符这个概念在他们的每个节点中都是充满活力的。就好像关系疗法是从精神分析学中分离出来的一样。我认为连字符说明了我们工作的关系方式……我们这些从事批判性工作的人有一个真正的义务，那就是努力确保这项工作不会陷入霸权主义的逆流。所以，在各个层面上，我认为——至少对于我来说——连字符既让我们犹豫不

第五章　概念框架在资料收集和田野调查中的作用

决,同时也给了我们勇气。

之所以使用这种方法,部分是因为法恩对传统研究方法的质疑,以及随后对其局限性的承认,这种方法为参与者创造了必要的条件,使他们在研究中具有能动性和发言权。因为认识到主流研究的理论和方法限制,法恩最终采用(并适应)了参与式方法,这使得研究本身具有更大的真实性、能动性和复杂性(Chilisa, 2012)。这一过程反映了理论和方法相互交织的本质。法恩对连字符两边存在的二元区别感到不安,同时她对传统研究方法使这些区别复杂化的能力表示怀疑。使用参与式方法为解决这些复杂性问题提供了空间和机会。

一个概念框架,就像一个知识的、政治的和美学的体验,对吗?但它假定学术和政治是建构的,不是被动的,不是扁平的,不是即将出现的下一个问题。我的意思是,这就是我喜欢参与式行动研究的原因。因为我们可以创造玛丽亚·托尔(Maria Torre)所说的**接触区**。然后我们要弄清楚,好吧,如果我们不从校长的角度来写高中的故事,或者从美国大学预修课上的黑人男孩的角度来写,那么从谁的角度来写呢?……如果你真的尝试协调不同种类的知识,会发生什么呢?

正是研究者知识"中间人"这一地位,使法恩和西林的方法论既有创新性又具复杂性,并突出了在与参与者、背景和主题的关系中,他们自己扮演的角色的连字符性质。一方面,他们寻求让美国穆斯

理性且严谨：概念框架如何指导研究

林青年——他们研究的重点群体——深入参与资料分析和解释的过程。另一方面，他们仍然清楚自己的学科背景和制度，并最终在作品中回应了这些背景和制度。它既利用又批评收集和分析资料的技术，就这种意义而言，其结果是这一方法本身成了一个"连字符"。

正如我们在第一章中所讨论的，概念框架的一个重要功能是它允许你对你的方法做出理性的、可辩护的决定。到目前为止，在这一章中，我们密切关注了作者如何概念化他们的研究主题和他们作为该主题研究者的角色和地位之间的关系。现在，我们转向研究本身，特别关注作者的概念框架和他们采用的资料收集策略之间的关系。

在了解他们作为研究者的立场，以及立场与概念框架的关联方式之后，两位作者面临着巨大的挑战，即如何找到一种能够反映他们立场的方法进行研究。整个过程的指导前提是方法论应该是透明的（事实上，《将连字符自我理论化》的发表可以看作使方法论透明化的一种努力）。至于其目的，法恩解释说，是基于主题的复杂性和研究者的立场，弄清楚方法论的决定是如何做出的。

> 我认为这是自我意识，因为我们试图变得非常透明。也就是说，列出尽可能多的我们所做过的小决定。因为特别是在质性工作中，感觉就像是没做过什么，一切看起来就像魔术一样。

这样做的第一步是思考应该如何设计资料的收集：应该问什么问题，如何问，以什么顺序问，在什么情况下问？对于法恩和她的同事来说，与研究参与者合作开展这项工作非常重要。他们担心，参

第五章　概念框架在资料收集和田野调查中的作用

与性低的、以个人为中心的方法,无法公正地处理这些年轻人生活的复杂性。因此,考虑到她的价值观和优先事项,这个方法将不是一种可接受的参与式研究的手段。鉴于此,法恩和西林介绍了这项研究的方法,指出了年轻人在开发和完善问题、主题和工具方面发挥的关键作用(第[8]—[9]段)。法恩和西林关于参与式研究必要性的观点的一个核心信念是,必须给青年人自己空间,积极挑战研究者潜在的、根深蒂固的、片面的观点。要想做到这一点,需要把他们视为和对待为自己生活和情景意义生成的专家。为了探究美国穆斯林青年在他们的生活和研究所处的有争议的环境中建构身份意义的过程,年轻人自己需要把法恩和西林引入研究中的理论构念复杂化,并将探究方法复杂化。下面是法恩的分享:

> 我们很清楚,这将必须具有参与性,哪怕是温和的参与;年轻人将必须帮助我们塑造我们将提出的问题、我们将进行的分析、我们将使用的语言。在这一点上,我的大部分工作都是高度参与性的。我这么做不只是因为我是一个"左翼分子",也不是因为我觉得这很好,也不是因为我喜欢文章上有7000个人的名字。我这么做是出于……可能被称为有效性的原因。我这里涉及的两个领域是专家效度和构念效度。我认为专业知识是分布式的。我认为合法性不是,但我认为专业知识是。我想用最丰富的专业知识做研究。而且,我认为我们在心理学和教育学上的构念通常是从一个特权的角度发展起来的,我们甚至不知道这一点。因此,我非常感谢人们的慷慨,他们为我们的工作和

理性且严谨：概念框架如何指导研究

研究机构付出了代价，他们帮助我重新配置我们所谈论的构念。所以，当我现在谈论**剥夺文凭**而不是辍学时，我正在转移分析的单位，对吗？我说的是那些不给年轻人颁发文凭的政策，而不是"哦，你不是很有动力"，对吧？所以，这个项目是参与性的，因为我们有一群年轻人真的帮助我们思考了方法、问题和语言，尽管我们经常争吵……所以，参与性元素真的帮助我们理解了这些连字符在他们生活中产生影响的方式。

下一步是确定要收集什么样的资料。法恩和西林首先阐述了收集资料的挑战，这将使他们能够深入探讨在有争议的情境中的连字符自我的概念（第[10]段）。在简要描述了参与者之后，作者概述了他们收集资料的方法，主张采用混合设计，包括调查、身份绘图和焦点小组（第[11]段）。具体来说，他们的解释是，他们的资料需要满足两个主要需求。第一，它需要参与者用他们自己的语言描述自己——建构和表达自己的身份。与焦点小组相配合，身份绘图的设计就是为了达到这个目的。第二，它既需要为组内变异创造空间，也需要描述组内变异，这是收集调查资料的基本原理。同样，这一必要性是由概念框架产生的。这一框架表明，像美国穆斯林青年这样的群体不可能轻易地减少和进行分类，了解这些人的经历需要考虑到他们的异质性。

然后，作者详细描述了收集资料的方法。他们首先转向身份绘图的使用，注意到他们的方法谱系，并论证了这些方法适合这项特殊研究（第[12]—[13]段）。一个特别重要的理念是，这些绘图允

第五章　概念框架在资料收集和田野调查中的作用

许参与者围绕自己的感觉呈现或建构一个社会情境,该工具并不预设这些关系的性质。正如法恩与我们分享的那样:"在质性研究中,我们说'画出你的多个自我'。"法恩解释说:"我们没有组织它,我们把自我留给了他们。"此外,她解释说,让参与者更多地负责对话,为他们提供更多的机会,让他们接触潜在的敏感话题,从而为焦点小组创造一个更为丰富的环境。

[身份绘图]使年轻男女——尤其是年轻男性——能够表达他们在焦点小组、问卷调查或个人访谈等方式中无法表达的情感……我认为这是一个很好的方法,因为在所问问题努力达成一致性的情况下,它使身份和自我中的政治观点、矛盾和情感的存在看起来合乎情理。然后,他们完成了这些绘图。然后,在此基础上,他们在焦点小组中介绍了自己。

法恩和西林接下来描述了如何使用问卷调查来评估参与者如何协商他们作为美国穆斯林青年的身份(第[14]段),重点是通过允许受访者根据特定的领域和情境把自己解释或定义为每种人的任意组合,分析调查资料在区分**美国穆斯林**的总体概念方面的作用。在这一点上,他们必须走一条很好的方法论路线。一方面,他们想利用调查使身份的概念复杂化;另一方面,由于调查预先假定了某些内容的重要性以及应如何提问,调查研究往往不如其他资料收集方法那样具有协作性和参与性。法恩描述了以非传统方式思考传统方法的挑战:

理性且严谨：概念框架如何指导研究

在调查中，我认为我们有一些不同的愿望。其中一个愿望是不设立任何**穆斯林**在一端而**美国人**在另一端的那种条目，这样能使这些交织在一起的要素独立地或相互依存地被叙述，如果他们这样选择的话，对吧？……年轻人帮我们塑造了这一点。现在，很多文献都在说"你是美国人，还是穆斯林？"或者"你是黑人，还是美国人？你是移民吗？"或者"你住在这里还是那里？"所以这是一个挑战，就像跨国主义是一个挑战一样……所以我们在对抗这种主导文献。这种文献正在修正反对意见并为其辩解。所以，我想我会说，我们设立调查，是为了能够询问每一个身份，以及在调查中它们的重叠程度，所以你可在**我的朋友**，或**我的食物**，或**我的音乐**上打钩，或在两个选项上**都**打钩。而且，从统计学上说，"这些是不相关的"。这是一个重大的、重要的发现……但我真的很高兴能把这些片段拿出来，然后说，这群孩子的绘图到处都是，但这些关键的、主导的概念，其实是以非常不同的方式运作的。

最后，作者解释了绘图和调查在组织和指导焦点小组方面的作用（第[15]段）。这些小组的设立有两个主要目的。第一，他们让参与者有机会解释和建构他们的绘图，焦点小组的协调人会提示他们为什么要这样画。第二，与所有焦点小组一样，它允许这些解释——对身份的描述——在社会环境中重叠和互动，允许参与者共同建构或进一步解释关键主题，并阐明他们的感知和经验的差异与相似之处。

第五章　概念框架在资料收集和田野调查中的作用

　　法恩和西林使用的身份绘图结合了焦点小组、调查和访谈,并做了策略性排序,说明了他们开发和实施研究设计的方式,研究设计包括多个交叉的场所,让参与者分享他们的身份和经历的方方面面。这些方式特别关注和忠实于他们(作为生活在一个有争议的社会政治环境中的个人和群体)的社会和心理经验的复杂性,因而可以郑重地引出他们的多层真相。这种资料收集方法允许以一种将组内变异作为分析单元的方式,产生更精细的、更复杂的资料。它对资料分析也有特殊的意义。为这项研究收集的资料并不是为了"验证"彼此。相反,法恩和西林在研究中加入了某种张力,希望他们从每个资料源了解到的东西能让他们更好地理解其他资料源。法恩将这种张力解释为理解作为分析过程的三角验证的另一种方式,并以美国穆斯林青年研究中的身份绘图和调查资料之间的关系为例:

　　　　我感兴趣的是所谓的**三角验证**,但不是去理解不同的方法如何相互确认,而是当你把它们叠加在一起时,它们所创造出的"爵士乐"。你知道,那是一种新音乐,而不是"哦,是的,我们在调查和焦点小组中说的东西完全一样"。这似乎缺乏想象力。但是,弄清楚爵士乐是什么并不总是那么容易。因此,我们的方法之一是创建这些绘图的元代码,将它们划分为**集成的**、**并行的**和**冲突的**,然后将这些代码放到调查资料上,看看是否存在不同的动态。当然,在冲突元代码中,有更多关于歧视的报道……因此,在某种程度上,它成了验证绘图的一种方法,同时也整合了质性信息和量化信息,或者视觉信息和统计信息。

对于法恩和西林来说，这项研究是为了保持复杂性的活力，并确保对美国穆斯林青年的身份的探索是一种产生问题的、有争议的和有多元声音的探索。法恩和西林选择了一个概念框架和方法论途径，宁可混乱也不要内容贫乏；他们的研究旨在理解年轻人在其身份描述词的所有范围和变化中所赋予的意义的多层次性，而不是试图将其扁平化。这样做不仅需要一定的舒适度、模糊性和复杂性，而且需要高度的灵活性。我们的目标不是为跨方法工作开发一种单一的、统一的"技术"，而是在工作的过程中保持系统性和透明性。法恩解释说，为了使她的主题与她的研究者立场之间的关系保持一致，需要这种灵活性来尊重主题的复杂性和参与者的观点：

> 如果你想要混合方法，那就不是去找相似性，而是要处理复杂性。所以，我认为这种传输方式是一种邀请，让我们把这些想法带到其他环境中去，但同时也要承担其复杂性的责任……而不是把它变成一种技术。因此，我担心可传输性成了一种标准化的技术，然而我也担心人们正在潜入那些脆弱而珍贵的领域，而这些领域，没有像特权空间那样得到很好的保护，我还担心，他们会随意说出糟糕的话。所以，这是对责任的一点召唤，就像我说的……所以，也许连字符是连接这两者的一种方式，因为方法不应该是技术的，而应该是系统的。

这一份关于研究者有责任反思的声明，既是一种行动的呼吁，同时也是对为什么要与不同的身份群体合作的警告和验证，尤其是当他们的经历被系统地边缘化影响时,以及在理想情况下,他们的经历是一个关键的、迭代的概念和方法开发的递归过程时。这些警告来自法恩从事微妙、复杂的课题研究的经验。这些课题的研究对象往往被边缘化,受到不公平对待,从而影响了她的研究。法恩的声明关于寻找复杂性,对复杂性保持意识形态上的忠诚和方法论上的关注,是她数十年研究生涯的核心。她反对把方法视为技术,同时主张它们应该是严谨的和系统的,这是质性研究领域争论的中心。争论的焦点是如何在达到方法论的严谨性的同时,又能防止理论和方法论的僵化。这是一种微妙的平衡,但正如我们在《将连字符自我理论化》等作品中所看到的那样,只要概念-方法论的选择是有意的和透明的,并且本身成为批判性研究的领域,实现对复杂理论和方法论途径的忠诚是可能的。

结语:概念框架和田野调查

在本章结尾,我们将陈述概念框架的性质及其对资料收集和田野调查选择的影响。正如本章所阐明的,概念框架既是迭代的、不断变化的研究发展过程的指南,也是这一过程的产物。这一过程发生在研究者通过意义建构的对话过程和内部过程来进行反思中,这种意义建构过程挑战、反驳或者支持并维持特定的理论和意识形态对研究的影响。我们认为,正是通过准确地处理矛盾和相反意见(它们在我们仔细审视对研究的影响时出现),才会出现最具创造性、最具说明性的研究成果(Jaffee et al., 1999; Russell & Bohan, 1999)。这一点在本章核心部分说得很清楚。

理性且严谨：概念框架如何指导研究

米歇尔·法恩的作品提供了一个很好的例子，说明了你是谁、你研究什么，以及你如何研究它们之间的密切关系。概念框架实际上是这三者的具体体现。作为一个研究者，你会选择你认为重要的或有趣的东西，这些选择是你作为一个人的真实写照。它们也反映了你在哪里，和谁一起工作。你用来描述研究的语言、你所采用的方法，以及你如何撰写和呈现研究结果，都由你作为一个学者所处的社会性的、政治性的和职业性的世界来决定。通过强调法恩的作品，我们希望明确这种关系的本质。

更概括地说，本章说明了概念框架是如何指导方法论的。简而言之，你为某一特定主题或焦点争辩的方式深刻地影响了你可用的方法论的选择范围。法恩对突破"他者"或非美国人身份的固定（在她看来是贬义的）概念的兴趣，要求调查设计采用不同的方法，并采用更开放、更具参与性的质性资料收集形式。你对收集什么样的资料的选择反过来又与你分析这些资料的能力密切相关。我们将在下一章讨论方法论的这一方面。

思考题

1. 概念框架在指导资料收集和田野调查选择方面的作用是什么？你能想出一个例子来帮助你考虑在实践中它是什么样子吗？

2. 具体而言，概念框架与资料收集方法的关系是什么？

3. 理论框架和概念框架的关系是什么？

摘录参考文献

Abu El-Haj, T. R. (2005). Global politics, dissent, and Palestinian American identities: Engaging conflict to reinvigorate democratic education. In L. Weis and M. Fine (Eds.), *Beyond silenced voices: Class, race, and gender in U.S. Schools* (rev. ed., pp. 199–216). Albany State University of New York Press.

Appadurai, A. (2004). The capacity to aspire. In V. Rao and M. Walton (Eds.), *Culture and public action* (pp. 59–85). Stanford, CA: Stanford University Press.

Berry, J. W. (1997). Immigration, acculturation, and adaptation. *Applied Psychology: An International Review, 46*, 5–68.

Berry, J. W., and Kim, U. (1988). Acculturation and mental health. In P. R. Dasen, J. W. Berry, and N. Satorius (Eds.), *Health and cross-cultural psychology: Towards applications, cross cultural research and methodology series.* (Vol. 10, pp. 207–236). Thousand Oaks, CA: Sage.

Bhabha, H. (2005). "Race", time and the revision of modernity. In C. McCarthy, W. Crichlow, G. Dimitriadis, and N. Dolby (Eds.), *Race, identity, and representation in education* (pp. 13–26). New York: Routledge.

Cainkar, L. (2004). The impact of the September 11 attacks and their aftermath on Arab and Muslim communities in the United States. *Global Security Quarterly, 13*.

Deaux, K., and Philogone, G. (Eds.). (2001). *Representations of the social:*

Bridging theoretical traditions. Oxford, UK: Breakwell.

Erikson, E. (1980). *Identity and the life cycle.* New York: Norton. (Original work published 1959)

Fine, M. (1991). *Framing dropouts: Notes on the politics of an urban public high school.* Albany: State University of New York Press.

Fine, M., Burns, A., Payne, Y., and Torre, M. E. (2004). Civics lessons: The color and class of betrayal. *Teachers College Record, 106,* 2193–2223.

Fine, M., Roberts, R. A., Torre, M. E., Bloom, J., Burns, A., Chajet, L., et al. (2004). *Echoes of Brown: Youth documenting and performing the legacy of Brown v. Board of Education.* New York: Teachers College Press.

Fine, M., and Torre, M. E. (2004). Re-membering exclusions: Participatory action research in public institutions. *Qualitative Research in Psychology, 1*(1), 15–37.

Fisher, C. B., Wallace, S. A., and Fenton, R. E. (2000). Discrimination distress during adolescence. *Journal of Youth and Adolescence, 29,* 679–695.

Geiseking, J. (2007). *A brief summary of mental mapping.* Unpublished manuscript, City University of New York.

Gerges, F. A. (2003). Islam and Muslims in the mind of America. *Annals of the American Academy of Political and Social Science, 588,* 73–89.

Hart, R. A. (1981). Children's spatial representations of the landscape: Lessons and questions from a field study. In L. S. Liben, A. H. Patterson, and N. Newcombe (Eds.), *Spatial representation and behavior across the life span* (pp. 195–233). San Diego, CA: Academic Press.

Harvey, D. (2001). Capitalism: The factory of fragmentation. In *Spaces of capital* (pp. 121–127). New York: Routledge.

Helms, J. E. (Ed.). (1990). *Black and white racial identity: Theory, research, and practice*. New York: Greenwood.

Katz, C. (2003). *Growing up global*. Minneapolis: University of Minnesota Press. LaFromboise, T., Coleman, H. L. K., and Gerton, J. (1993). Psychological impact of biculturalism: Evidence and theory. *Psychological Bulletin*, 114, 395–412.

LaFromboise, T., Coleman, H. L. K., and Gerton, J. (1993). Psychological impact of biculturalism: Evidence and theory. *Psychological Bulletin, 114*, 395–412.

Levitt, P. (2000). Migrants participate across borders: Toward an understanding of forms and consequences. In N. Foner, R. Rumbaut, and S. Gold (Eds.), *Immigration research for a new century* (pp. 459–480). New York: Russell Sage Foundation.

Lorenzo, M. K., Frost, A. K., and Reinherz, H. Z. (2000). Social and emotional functioning of older Asian American adolescents. *Child and Adolescent Social Work Journal*, 17, 289–304.

Luhtanen, R., and Crocker, J. (1992). A collective self-esteem scale: Self evaluation of one's social identity. *Personality and Social Psychology Bulletin, 18*, 302–318.

Lynch, K. (1960). *The image of the city*. Cambridge: MIT Press.

Milgram, S., and Jodelet, D. (1976). Psychological maps of Paris. In H. Proshansky, W. Ittelson, and L. Rivlin (Eds.), *Environmental psychology* (pp. 104–124). New York: Holt, Rinehart and Winston.

Nesdale, D., Rooney, R., and Smith, L. (1997). Migrant ethnic identity and psychological distress. *Journal of Cross-Cultural Psychology, 28*, 569–588.

Oppedal, B., Røysamb, E., and Heyerdahl, S. (2005). Ethnic group, acculturation, and psychiatric problems in young immigrants. *Journal of Child Psychology and Psychiatry, 46*, 646–660.

Oppedal, B., Roysamb, E., and Sam, D. L. (2004). The effect of acculturation and social support on change in mental health among young immigrants. *International Journal of Behavioral Development, 28*, 481–494.

Phinney, J. S., Cantu, C., and Kurtz, D. A. (1997). Ethnic and American identity as predictors of self-esteem among African American, Latino, and White adolescents. *Journal of Youth and Adolescence, 26*(2), 165–185.

Rao, V., and Walton, M. (2004). *Culture and public action*. Stanford, CA: Stanford University Press.

Rizvi, F. (2005). Representations of Islam and education for justice. In C. McCarthy, W. Crichlow, G. Dimitriadis, and N. Dolby (Eds.), *Race, identity, and representation in education* (pp. 167–178). New York: Routledge.

Romero, A. J., and Roberts, R. E. (2003). Stress within a bicultural context for adolescents of Mexican descent. *Cultural Diversity and Ethnic Minority Psychology, 9*(2), 171–184.

Saarinen, T. F. (1973). Student views of the world. In R. M. Downs and D. Stea (Eds.), *Image and environment: Cognitive mapping and spatial behavior* (pp. 148–161). Chicago: Aldine.

Sen, A. (2004). How does culture matter? In V. Rao and M. Walton (Eds.), *Culture and public action* (pp. 37–58). Stanford, CA: Stanford University Press.

Shohat, E. (2006). *Taboo memories, diasporic voices*. Durham, NC: Duke University Press.

Sirin, S. R., Diemmer, M. A., Jackson, L. R., Gonsalves, L., and Howell, A. (2004). Future aspirations of urban adolescents: A person-in-context model. *International Journal of Qualitative Studies in Education, 17*, 437–459.

Sirin, S. R., and Rogers-Sirin, L. (2005). Components of school engagement among African American adolescents. *Applied Developmental Science, 9*(1), 5–13.

Solis, J. (2003). Rethinking illegality as violence against, not by, Mexican immigrant children and youth. *Journal of Social Issues, 59*(1), 15–32.

Suarez-Orozco, C. (2005). Identities under siege: Immigration stress and social mirroring among the children of immigrants. In A. Robben and M. Suarez-Orozco (Eds.), *Cultures under siege: Social violence and trauma* (pp. 194–226). Cambridge, UK: Cambridge University Press.

Way, N., and Robinson, M. (2003). The influence of family and friends on the psychological adjustment of ethnic minority, low-income adolescents. *Journal of Adolescent Research, 18*, 324–347.

Wilkinson, S. (1999). Focus groups: A feminist method. *Psychology of Women Quarterly, 23*, 221–244.

Wilkinson, S., and Kitzinger, C. (Eds.). (1995). *Representing the other.*

London: Sage.

Wilkinson, S., and Kitzinger, C. (2000). Thinking differently about thinking positive: A discursive approach to cancer patients' talk. *Social Science and Medicine, 50,* 797–811.

Wilkinson, S., and Kitzinger, C. (2003). Constructing identities: A feminist conversation analytic approach to positioning in action. In R. Harre and F. Moghaddam (Eds.), *The self and others: Positioning individuals and groups in personal, political and cultural contexts* (pp. 157–180). New York: Praeger/ Greenwood.

Willis, P. (2002). Foot soldiers of modernity: The dialectics of cultural consumption and the 21st century school. In C. McCarthy, W. Crichlow, G. Dimitriadis, and N. Dolby (Eds.), *Race, identity, and representation in education* (pp. 461– 479). New York: Routledge.

Winnicott, D. W., Winnicott, C., Shepard, R., and Davis, M. (Eds.). (1989). *Psychoanalytic explorations: D.W. Winnicott.* Cambridge, MA: Harvard University Press.

Yuval-Davis, N. (2001). *The binary war*. Retrieved from http://www.opendemocracy .net/conflict-war_on_terror/article_89.jsp

注 释

1. 在我们的参与式行动研究咨询委员会的坚持下，两个极端有问题的分类——从我们的角度看——都被接受了，他们解释说，即使所有的受访者都来自美国，但他们并不总是被认定为"美国人"。

第六章

概念框架和资料分析

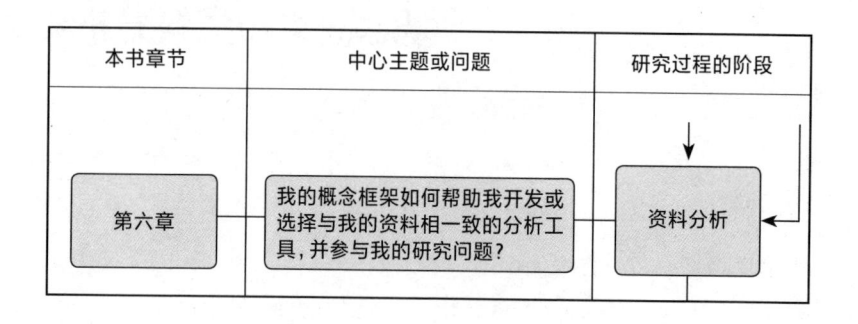

本书章节	中心主题或问题	研究过程的阶段
第六章	我的概念框架如何帮助我开发或选择与我的资料相一致的分析工具,并参与我的研究问题?	资料分析

正如资料收集是关于研究者如何与环境互动的一系列决策,资料分析则是关于你如何与资料互动的一系列选择。在本书中,我们认为概念框架为制订方法论决策提供了清晰的、一致的参考框架,包括如何组织、解释,以及最终分析(和我们将在本章中看到的再分析)研究资料的选择。本章我们将从解释概念框架在设计和收集实证研究资料中的作用,转向收集资料后如何处理这些资料:如何对资料进行概念化,从理论上表达资料,根据你在资料集中看到的和察觉到的东西来开发论证。在理想情况下,概念框架以直接的、有意义的和透明的方式指导资料分析。它可以帮助你确定什么是需要强调或关注的最重要东西,为你提供组织和筛选资料的工具,并帮

第六章 概念框架和资料分析

助你选择何时何地进行归纳或演绎。它也帮助证明你自己的解释过程是合理的,并使你自己的解释过程是可见的。这些解释过程(正如我们在上一章中详述的)受你的智力投入、意识形态和政治信仰的影响。

审视一个新近的概念框架的影响

为了说明这一过程,我们分析了弗雷德里克·埃里克森的文章《走向那个区域:课堂对话中师生互动的社会和认知生态》(Going for the Zone: The Social and Cognitive Ecology of Teacher-Student Interaction in Classroom Conversations)(以下简称:《走向那个区域》)。埃里克森是一名教育人类学家,他帮助塑造了质性研究领域,且在其整个职业生涯中,一直是方法论的创新者。我们将探讨埃里克森的资料分析过程,将解释过程阐释为一系列关于研究者如何与资料互动,以及这一过程如何受到概念倾向的指导(像这一过程指导概念倾向那样)的决定。我们将通过对埃里克森方法论选择的分析,来解释概念框架是如何影响研究者的选择和框架建构的过程的。我们特别研究了概念框架是如何影响分析主题的(反之亦然),并讨论了各种资料分析模式的作用,包括转录、资料组织和理论建构。它们与我们所称的归纳-演绎连续体有关。

《走向那个区域》以埃里克森在幼儿园和小学一年级教室里的研究为基础。在讨论了本章的背景和情境后,我们开始对文本进行分析,以了解研究者的概念框架如何直接和间接地影响他的分析选择和分析方法。虽然研究过程中的这些方面通常是单独讨论的,但

理性且严谨：概念框架如何指导研究

我们寻求以一种与概念框架在分析过程中所起的重要作用相称的方式将它们联系起来。我们选择将埃里克森的这篇文章纳入我们的研究有几个原因。首先，他的作品，尤其是这篇文章，发生在多个领域的交叉点上，从而整合了不同角度的思考和研究方法。其次，在他职业生涯的大部分时间里，埃里克森一直是资料分析领域的创新者——这一点在本文中显而易见。最后，埃里克森用一系列理论分析了这个特定的资料集，让我们看到了他的概念框架对其研究结果的影响，以及他在《走向那个区域》中得出的论点。值得注意的是，我们在本章中花了大量时间详细阐明埃里克森在其职业生涯中是如何反复发展和深化他的概念框架的。在这种情况下，最有价值的事情是，你可以追溯到埃里克森在几十年的职业生涯中所经历的各种理论和认识论的冲击，是如何促使他从不同的视角以不同的方式解读他的资料的。我们认为这是一个有价值的解释，因为它解释了资料的重新解读是如何发生的，特别是当它与使用各种理论框架进行的资料分析（和再分析）发生关系时。就《走向那个区域》来说，我们认为，埃里克森的概念框架的迭代是一项研究创新，我们可以从关注我们不断变化和增长的理解——通过正式的理论和个人经验——来支持我们朝着最全面、最值得信赖的和最明智的资料分析方法方向对我们的资料进行审视和再审视。

弗雷德里克·埃里克森是加利福尼亚大学洛杉矶分校（UCLA）的乔治·F.奈勒教育人类学教授和应用语言学教授。他最初接受了音乐训练，获得了音乐创作和音乐史学士和硕士学位，后来在芝加哥市中心的基督教青年会（YMCA）从事志愿音乐教学，他后来在那里从事青年工作，并作为南方基督教领袖会议北方城市倡议的志愿者参加了民权运动。1969年,他在西北大学获得教育学博士学位。此后,他先后任教于伊利诺伊大学芝加哥分校、哈佛大学、密歇根州立大学和宾夕法尼亚大学。他在教育人类学领域的贡献为他赢得了众多荣誉和奖项,包括斯潘塞基金会和安纳伯格公共政策研究所的研究员基金、富布赖特奖,美国人类学协会的斯平德勒教育人类学学术贡献奖,美国教育研究协会(AERA)G分部颁发的教育社会背景研究终身成就奖。埃里克森关于课堂和家庭互动的、基于视频的微观人类学研究,以及关于质性研究方法的著作被广泛引用。他最近的著作《对话与社会理论:日常生活中听说的生态》(*Talk and Social Theory: Ecologies of Speaking and Listening in Everyday Life*)获得了美国教育研究协会颁发的2005年度杰出图书奖。他在《语言与社会互动研究》(*Research on Language and Social Interaction*)、《话语与交流》(*Discourse and Communication*)、《质性研究国际评论》(*International Review of Qualitative Research*)和《师范学院记录》(*Teachers College Record*)等杂志的编辑部任职。1998—1999年以及2006—2007年,他曾担任斯坦福大学行为科学高级研究中心的研究员。2000年,他被选为国家教育学院的成员。2009年,他被选为美国教育研究协会研究员。

背景和情境:重点作品概述

人类互动不是火箭科学。人类科学要复杂得多。单是语言本身,就有多种正式和非正式的含义,其复杂程度令人吃惊。而且互动远不止语言这一种形式。非言语交流往往是微妙的,可以改变词语的意义。语调的变化（比如讽刺）所表示的意义与单词的字面定义有质的不同。说话人受到关于打断和话轮转换的不成文规则的制约。在言语和非言语线索的帮助下，这些规则可能被改变或打破。不同的说话风格可能会被认为是合适的或不合适的，具体取决于环境和情境、说话人或听话人。

在很大程度上，我们人类非常擅长处理这种复杂性。但是，随着全球化带来了越来越多的跨文化接触，以及出现脱节的情况——人们的互动受到不同规则的支配——变得越来越普遍。所有这些使我们开始重视日常生活中被视为理所当然的一个问题：互动是如何运作的。

几十年来，人类学家和社会语言学家一直在努力解决这个基本问题。在教育领域，他们关注的是，当某些互动方式被认为是正常的或可接受的，而其他方式被认为不正常或不可接受时，会发生什么。例如，了解互动方式对教育场所（如学校和教室）中日常接触的广泛影响，有助于教育理论家、研究者和从业人员——以及我们这些身兼多重角色的人——以情境化的方式，批判性地分析以学校和教室为基础的条件、现实和关系。在这方面，弗雷德里克·埃里克森的研究为我们理解关系动态及其教育意义做出了很大贡献，即这些动态是如何被更大的社会政治环境所建构和塑造的，这些社会政治环境在看似很小的微观互动中例证了自己。

就像埃里克森的大部分作品一样，《走向那个区域》处于与互动、文化和学习有关的理论的交叉点——这是一个部分由文化心理学家列夫·维果茨基（Lev Vygotsky）创造的思想空间。虽然维果茨基的作品在他生前和去世之后受到了批评，但他的作品在20世纪下

第六章 概念框架和资料分析

半叶迎来了复兴。在众多学者中,他的作品与不断发展的分布式认知和情境学习理论相吻合(Cole & Engestrom, 1993; Lave & Wenger, 1991),而合作学习和建构主义的教育趋势(回归)提升了他的作品在教育实践者中的地位。这里不需要全面讨论维果茨基的作品。可以说,这些知识和教育趋势标志着一种转变,即从把学习看作发生在人们头脑中的事情[这种观点通常被过于简单地认为是皮亚杰(Piaget)的观点],转变为发生在他们之间的互动中的事情。在学术界,这一转变使原本关系不大甚至对立的领域和学科开始密切联系。研究认知的人和研究互动的人在关于学习本质的对话中发现他们有共同点(即使不一定一致)。

在此期间,弗雷德里克·埃里克森是一个小组的成员。这个小组致力于重新定义和扩展我们对互动如何运作的理解。埃里克森开始在西北大学进行博士研究时,受到了社会语言学和传播民族志早期作品以及非言语行为和交际心理学研究的影响。这些研究方向都集中在一个对话和互动的观点上,这种观点在本质上是生态的。在我们对他进行的关于实证研究的访谈中,埃里克森解释道:

> 我们的想法是,在现场的所有参与者之间都有一种相互影响的生态,你不只要关注主要发言人。你是从生态系统的角度来看待整个事情的。

这反过来又让我们对交流发生的环境有了更细致的理解。到了20世纪70年代,情境不再被视为互动的背景,而是通过互动本身创造出来的东西。埃里克森向我们解释了这一发展的重要性:

· 157 ·

理性且严谨：概念框架如何指导研究

在雷·麦克德莫特（Ray McDermott）的博士论文中，有一句很精彩的话。他提到"互动中的人"，我想他可能想说的是"为彼此建构情境"。所以，情境并不在互动的文本之外；除了在外面，它也在里面。所以，这是我们使用的另一种基本假设……在一个特定的活动中可能有许多不同的阶段，每个阶段都有不同的参与结构，每个阶段都有一个新的情境，如果你没有意识到这一点，你将会做一些在前一个阶段合适，但现在已经不合适了的事情。

就在这个时候，埃里克森所说的"新维果茨基学派"观点开始进入文献领域。在那些研究互动的人中，这是一个可喜的进步。但埃里克森和他的同事们发现，新维果茨基主义者关于互动的观点过于简单化，而且可能有点天真。正如他在接受我们访谈时所解释的那样：

令人好奇的是，这种在最近发展区（zone of proximal development, ZPD）的互动的概念在社会学上似乎是天真的，关于参与最近发展区的早期写作……让人觉得参与本身是没有问题的，对吧？你要做的就是让两个人聚在一起，他们组成最近发展区，然后一切都会一帆风顺。那时我已经在很多教室里上过课了……我越来越相信，简单地在最近发展区建立一种关系比人们想象的要复杂得多。

最初埃里克森受一位同事的邀请做了一场讲座，讲座材料最终成了《走向那个区域》的素材。那时，他已经进行了一段时间的研究,研究了课堂交流的深层结构和过程,并开发了一些创新的方法来做到这一点。当他思考如何建构研究交流的方式并把它介绍给新的目标群体时,他突然产生了批判新维果茨基学派观点的想法,正如他所分享的:

> 这种对维果茨基的召唤是我添加的新东西,因为我将要和这些知道这一点的人交谈……从修辞上看,这是用来表达互动本身就是学习环境这个观点的有效方式,这比大多数人谈论它的方式要复杂得多。

然而,他的作品远不止是一种修辞技巧。为了使这一论点有说服力,埃里克森不仅要证明这一批评具有理论价值,还要证明他所提供的资料和分析这些资料的方法将支持这一批评。在接下来的摘录和讨论中,我们展示了他是如何处理这个问题的,并在此过程中强调了概念框架与资料的表达和分析之间的紧密关系。

在《走向那个区域》的论证过程中出现了许多波折,其中一些波折是因当代思想家内部和几代思想家之间出现的转变造成的,这些波折跨领域出现,并在思想家在著述中表达观点时印证了自己。这一在领域内或跨领域的历史性时刻直接勾勒了埃里克森的思想,以及他对目标群体的设想,从而建构了他想要传达的信息。这个决定如何进入"已经发生的对话"的过程,需要有意识地对如何从概念上进入这些讨论做出解释性的选择。

资料来源: Erickson, F. (1996). Going for the zone: The

social and cognitive ecology of teacher-student interaction in classroom conversations. In D. Hicks (Ed.), *Discourse, learning, and schooling* (pp. 29–62). Cambridge, UK: Cambridge University Press; Reprinted with the permission of Cambridge University Press。

作为学习环境的社会互动

[1] 沿着新维果茨基学派路线进行的研究和理论建构以一种新的视角呈现了认知：作为社会情景中的认知（一种有目的地使用工具的生产，包括其他人制造的工具）和作为超个人的认知（一种分布的现象，而不仅仅是一个头脑中的东西）。这造成了我们关于思维、学习和教学的思考方式的深刻变化。教学指的是在非言语互动和口头、书面交流中由教师和学生参与的教学，也就是在那些促进学习的人中的互动。

[2] 我们称之为"教与学"的相互影响实际上是如何通过直接的社会互动发生的？新维果茨基学派的研究强调了社会互动在学习中的重要性。它指出了专家和新手在最近发展区的参与。通过这种参与，在交流中更专业的一方有助于完成和扩展不太专业的一方的行动和见解。

[3] 然而，如果社会互动被视为学习的关键，我们就必须审视社会互动本身的概念。我的感觉是，在新维果茨基学派的许多作品中，最引人注目的是发生在学习者身上的认知或

语言变化，而不是促进这些变化的互动过程。专家-新手对话文本的分析侧重于言语内容，而不是与其显性内容相关联的互动过程。换句话说，互动作为一种社会和行为过程，在最近发展区的参与讨论中似乎被视为一个残留类别。因此，作为学习和教学媒介的社会互动（和对话）的本质的、未经检验的假设可能限制了人们看待教学事物的方式。

社会互动观念

[4] 新维果茨基学派关于参与最近发展区的讨论特别强调了社会互动的两个方面：二元和互惠。也许是因为在维果茨基的互动实验中作为最近发展区的概念来源，学习情境被视为涉及一个专家和一个新手的情境（参见Vygotsky, 1978; Wertsch, 1985; Wood, Bruner and Ross, 1976）。

[5] 对话是一个强有力的、能引起共鸣的隐喻，象征着对话中发生的变革性参与。然而，教室里的谈话结构并不是字面上的对话。也就是说，教室不仅是孤立于周围人的一对对个体进行语言交流的场所。这种观点部分来自理想化的教学对话图像，比如马克·霍普金斯（Mark Hopkins）和一个学生坐在一根木头的两端，或者古典、中世纪和文艺复兴时期教育文本（这些文本本身可能来自柏拉图对苏格拉底的理想化呈现，每次只与一个主要对话者对话）中的师生对话。"好的教学"的规定性模式通常把课堂对话当作

教师和多个学生之间一对一的一系列互动。背诵（现在被认为是课堂管理的一个方面）时的课堂规矩和普遍存在于全班讨论中的许多研究者所称的IRE话语序列（启动—回应—反馈，由教师发起的已知信息问题，然后是学生的回答，接着是教师对回答的评价）可能暗示了一种文化模式："两人对话，逐一说话"的普通课堂对话的社会参与框架。

[6] 以我的经验，很多课堂互动远比这混乱，即使孩子们表现得很好。孩子们谈话时总是结结巴巴。他们可能会在谈话时帮助对方完成从句和话轮。他们可能会抢走对方的话轮。在对话中，相互影响的时好时坏，不仅发生在某一特定时间的一个学生和老师之间，而且发生在许多学生（学生团队）与老师之间。那么，一个学生怎么能和老师一起走进最近发展区呢？需要一个学生单独去还是多个学生去？当我们设想最近发展区中的互动时，只能二元参与吗？

[7] 新维果茨基学派作品中隐含的关于互动的另一个概念是，它在顺序意义上是相互的。也就是说，在连续的时间内，一方的行动会被视为被另一方的回应行动紧随。从这个（通常的）观点来看，人类社会互动被认为是一场乒乓球比赛。说话者的成功参与，以及一个说话者对另一个说话者的影响，被视为涉及连续时刻中一个人的启动与另一个人的反应在语句结构上的实时匹配（例如，甲问一个问题，然后乙负责在下一个恰当的时刻回答）。

[8] 然而，这种对序贯互惠的强调（将我们的注意力集中在口

头话语中的话轮转换)忽略了对话者同时参与互动的互补性。正在进行的不仅仅是轮转。在说话者说话的同时,听众也在倾听。因为说话人既能看也能听,所以听话人非口头(和口头)所做的任何事,都可以作为说话人所说的话被听话人接受的证据。

[9] 鉴于成功完成多方对话所需的互惠互补组织的复杂性,我们必须问:"社会认知生态如何在课堂对话中发挥作用?如何采取集体行动才能避免互动的(和认知的)流量堵塞,从而有机会进行理解和学习?"在试图回答这些问题的过程中,我们可能会看到,从对课堂对话中的互动流量管理的工作原理分析那里获得的见解如何为认知和学习(情境性、集体性和有目的性的人类活动)理论提供信息。

互动中的流量管理:时机和情境化线索

[10] 时机似乎是维系整个互动生态的关键因素。对话者的各种行动在时间上的相对位置,是对话集体活动的互惠性和互补性排序的一个重要方面。我们可以说时机是互动中辩证过程的一个方面,甘柏兹称之为情境化(Gumperz, 1982; 也可参见Erickson, 1992),它包含一个甘柏兹所称的情境化线索的信号系统。情境化的概念遵循贝特森(Bateson, 1956)的观点。他认为由于交际符号系统中固有的模糊性,那些参与互动的人需要通过指向相关的解释情境的信号来调节它。在这种情境中,其他的符号是

要被"阅读"的。因此,一系列交际的流露,在它们的表现的表层结构中,包含了某些行为特征。它们作为线索指向正确的解释。换句话说,交际的实施在被情境建构的同时,也反身地创造了情境框架。

[11] 在即时社会互动的时机中,例如在面对面交谈中,一个特别重要的情境化功能,似乎是通过暂时地把强调点放在语音节奏(音量和音调变化)和身体运动(姿势的变化、注视、手势运动方向的变化)来实现的。强调点似乎起了情境化提示的作用,情境化提示在不同的层次上传达期望。语言或非语言强调的个别提示不仅能让人预测下一个瞬间,而且因为它们往往以固定的间隔聚集在一起,所以言语和身体运动中的成群的强调点通常可以被视为一种律动。这种律动是有节奏的基础,它使对话交换中的不同参与者能够预测单个对话者和整个对话组的预计行动过程(参见Erickson,1992讨论部分)。

[12] 在希腊语中,时间在技术或物理意义上,以及在社会和现象学意义上的区别,表明了时间的"正确"感。前者的时间概念是用"chronos"这一术语来表示的,我们从中衍生出时钟时间和时间单位的量化统一测量的术语。对后者的理解用的是"kairos"一词,它指的是时间的发展或展开的质量:季节的变化,天气的变化,历史上的关键转折点的变化。这是人类所经历的时间:"在恰当的时候"(in the fullness of time);处于发展初期的"还没有"(not quite yet);感觉时机终于出现的"趁现在"(now)。

[13] 在人类社会交往中，卡伊诺斯时机(kairos timing)源于互动伙伴的相互活动。它在时间上不是绝对有规律的。在音乐中有一种加速和减速的起伏，这种起伏在音乐中被称为自由节奏(rubato)。然而，对话伙伴共享一个共同规定的时机，这是可预测的。有时，它几乎是计时的，但不完全是计时的。在其他时候，言语和身体运动(即姿势、手势和凝视)中的节奏强音实际上是计时规律的节拍器。在这一点上，卡伊诺斯时机对于互动的组织的意义才刚开始被认识(参见Auer, 1992讨论部分；Cooper-Kuhlen, 1992; Erickson, 1982, 1992; Erickson & Shultz, 1982: 72–74; Scollon, 1982)。

[14] 总而言之，我们可以说，时机完全能够在社交中组织对话中的注意力和行动。此外，我们可以说，什么时候进行互动是通过情境提示来完成的。因此，当我们说认知和行动是在社会认知的学习环境中进行的时，我们的意思是，除了其他方面，它们处于实时状态，不是一个理想的可用来反思和思考的"比赛暂停"的状态，而是互动序列实际的、不断的发展过程。每时每刻，在这个过程中，人们永远无法完全确定下一次的互动会发生在哪里，而在这期间，计时器也永远不会停止。

[15] 在(28)赖特小姐转向左边，看了看身后的黑板。现在她又问了一个问题，这是一个有关已知信息的问题："你还记得那个字母的名称吗？"她停顿了一下，安吉没有回答。"(那个字母)看起来像条蛇？"赖特小姐用手描摹着那个

弯曲的字母,提示道。安吉仍然没有回答。"是什么……"赖特小姐又提示了一句。

[16]在轮到安吉说话但一片沉默的时候,另外3个学生在(29—31)回答:"S!……S……S……"赖特小姐从安吉身上移开视线,向她右边的说话者看去,摇了摇头。"不,"然后说,"嘘……你们说的是对的,但是我们让安吉来说。"那一轮几个学生中的对话高手再次发言。

(23) 老师:(回头看L)

你还喜欢学校的其他什么?

(24) 安吉:玩……

(25) 老师:你在学校最喜欢做什么?

(26) 安吉:玩积木……

(27) 老师:玩积木……那是你最喜欢的吗?

(28) 老师:(转向她的左边,然后用左手指着身后的黑板)

你还记得那个字母的名称吗?……(安吉不说话)

看起来像条蛇?……(安吉不说话)

是什么……(安吉不说话)

(29) 学生1:S……

(30) 学生2:S……

(31) 学生3:S……

(32) 老师:(看着她右边说话的学生,摇摇头。"不,"……微笑道)

嘘……你们说的是

对的,但是我们让

安吉来说……

[17] 注意(28—31),安吉不说话,其他学生也不说话。在(28)老师问安吉:"你还记得那个字母的名称吗?"这个问题之后的停顿就是卡伊诺斯时机,这个时机适合回答问题。但是安吉没有回答,在老师的提示下,她也没有回答,接着又是一个提示:"……看起来像条蛇?……是什么……"最后,另外三个学生回答说:"S。"

[18] 需要有人回答,并且要在正确的时间回答,但不是任何人都可以回答。正如先前与老师的言语交流以及老师的姿势和凝视方向这种非言语信号所表明的那样,安吉被老师指定为回答问题的合适人选。老师一直在看安吉。当她把目光转向左边(28)时,她没有看另一个学生,看另一个学生或许会被视为一个暗示,即准备提名安吉以外的人作为下一个发言人(老师往往会把目光从前面的发言者转移到下一个发言的学生身上,以此表示一个孩子的发言时间已经结束,另一个孩子的发言时间已经开始)。但在这个例子里,当老师把目光从安吉身上移开后,她看向了黑板。因此,即使老师不再继续凝视安吉,但她对黑板看了一眼可以被视为在保持而不是改变安吉发言的权利。老师的暗示表明,安吉仍然是指定的发言人,她应该回答老师刚才提出的问题,她应该在对话过程的下一个时刻回答问题。

[19] 我们是怎么知道**下一个**时刻的? 老师、安吉和其他学生是怎么知道何时是"下一个"时刻的? 我们可以推断,他

理性且严谨：概念框架如何指导研究

们关于答问**时机**的推断与前面讨论的卡伊诺斯时机有关。一连串的重读音节标志着一种节奏，同时伴随着身势语突出的标志，如动作方向的改变、姿势位置的改变，以及注视方向的改变。所以，以前的节拍时间间隔可以被当作节拍器节拍。因此，一系列在之前的时刻有节奏的、有规律间隔的节拍使一个人能够在"现在"节拍的当前时刻估计距离"下一个"节拍出现还有多长时间。因此，互动者可以对"下一个"的实际发生抱有期望，并"去争取"它，通过语言或手势去争取它，所用的语言或手势投射出将在下一个节拍的节拍点上完成一个轨迹。

［20］下面的乐谱（图6.1）使用音乐符号，显示安吉和老师的互动行为是如何预测下一时刻的答案"S"的。乐谱的开头是老师在（23）问的问题："你还喜欢学校的其他什么？"

［21］注意，在乐谱的小节2中，老师的讲话中有两个重音音节"else"和"school"。在小节3中，经过与前一小节中"else"和"school"的间隔时间完全相同的停顿后，安吉说"Play"，回答了老师的问题。注意小节5中的一个相似的模式，在老师的问题"你在学校最喜欢做什么？"中，重读单词"best"后面有个停顿。在停顿发生的时候，安吉说，"Play **blocks**"。在这种情况下，"Play"这个词是不重读的——作为对后面的重读单词"**blocks**"的"弱起音符"（pickup note）说出来。这个重音单词与前面的重音单词"**best**"和之后的教师演讲停顿之间的时间间隔相同。从这一点来看，回答教师提问的合适时间是提问结束后

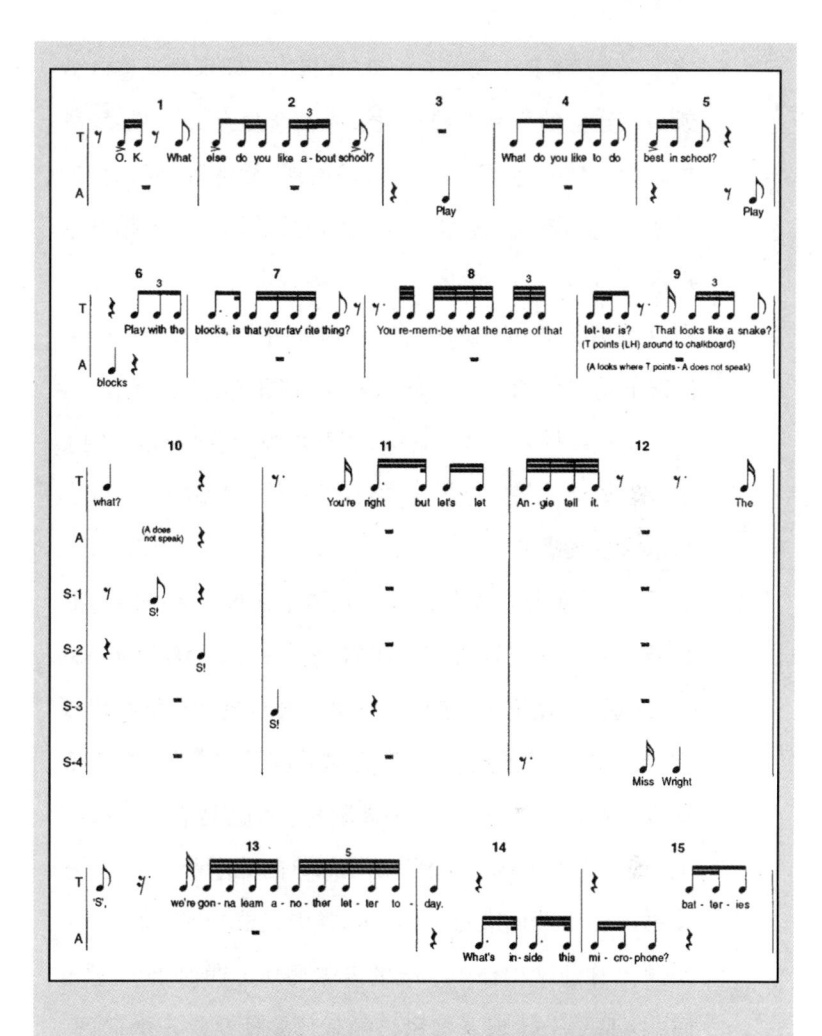

图 6.1 关于学校和字母名称的问题和回答的节奏组织

资料来源：Erickson, F. (1996). Going for the zone: The social and cognitive ecology of teacher-student interaction in classroom conversations. In D. Hicks (Ed.), *Discourse, learning, and schooling* (pp. 29–62). Cambridge, UK. Copyright © 1996 Cambridge Additional: University Press. Reprinted with the permission of Cambridge University Press。

的下一个"节拍"或再下一个"节拍"。如果跨重读音节或单词建立的节奏大约是1秒,那么学生有1秒,最多2秒的时间来回答老师的问题。在1秒或2秒钟后,老师会提示指定的回答者(通常在学生沉默后的下一个节拍开始提示),或者另一个学生会尝试回答。

[22] 在这些情况下,老师提出这些问题是想获取安吉一个人知道的信息。老师刚问完问题,她立马在那个"节拍"上用一个重读词来回答。这样,老师就没机会给出提示了,也没有机会让另一个学生尝试把自己的答案填入有节奏提示的答案槽了。

[23] 然后,老师重复了安吉的话,"玩积木"(play blocks),并稍微扩展了一下句法,"玩积木"(play with the blocks)[请注意,在做这个轻微的改写时,通过使用连词和定冠词,转向更正式的阐述风格,老师呼应了安吉说话的节奏安排。在教师的话语中,主要的重音仍然落在"blocks"上,前面的音节以"弱拍"(upbeats)的三连音发出,为重读词"blocks"做准备]。在小节8中,教师开始问另一个问题:"你还记得那个字母的名称吗?"与前面的问题不同,这是一个体现老师风格的就已知信息提出的问题。当老师提出那个问题时,她转过身来指着黑板。

[24] 安吉的目光随着老师手臂的摆动而转向老师所指的黑板。安吉把目光投到老师指着的黑板上。但请注意小节9的第一个节拍——教师提问结束后的节拍。前面两次,安吉在问题的最后一个重读音节后的下一个节拍上(小节

2—3和小节5—6)回答了问题,而这次与前面两次不同,在老师的问题后的下一个节拍上安吉没有回答。在小节9中,老师对安吉的沉默做出了一个提示……看起来像条**蛇**?"安吉仍然没有回答。在下一个节拍,老师又开始提示:"是什么。"当她说这话时,另一个孩子在节拍后说出"S"。在下一个节拍,即小节10的第二个节拍,另一个孩子回答。最后,在下一个节拍(小节11),老师把目光从安吉身上移开,看着其他的发言人,对他们说:"你们说的是**对**的,但是我们让**安吉**来说。"当老师说"你们说的是**对**的"时,她把重音放在下一个节拍上,就像安吉和其他孩子当老师结束提问马上会将答案填入答案槽一样。因此,老师在小节11的第二拍子上说的"你们说的是**对**的",可以作为对学生回答问题时说的"S"的"回答",而这个问题原本是指向安吉的。

论 证

《走向那个区域》的核心争论是我们如何理解互动。埃里克森从认知是社会性和互动性的一般观点出发,建立了一个关于互动的本质的更具体的观点。这反过来又为密切分析互动时机奠定了理论基础。总体论证可概括如下:

1. 新维果茨基学派思想反映了一种观念的转变,认为认知具有社会情境性和互动性,因此构成如何看待学习和思维的根本变化(第[1]—[2]段)。

2. 然而，如果我们要把互动定位为思考和学习的中心，那就必须密切关注互动本身的性质。为了真正理解最近发展区的功能，我们需要了解一些对话是如何运作的，这不是一件简单的事（第[3]—[4]段）。具体来说，我们需要解释互动的两个重要方面。

3. 首先，它不倾向于以有序对话的形式出现（第[5]—[6]段）。

4. 其次，这比不同的发言人轮流发言要复杂得多。除了在任何特定时刻说的话，倾听、反馈和非语言交流都会影响互动（第[7]—[8]段）。必须对这种复杂性进行协商和管理，以避开认知和会话的"流量堵塞"，从而为学习提供机会。

5. 这主要通过时机安排（第[10]段）来实现，时机安排指的是话语和其他交际行为的时间顺序，也指在互动流中成功识别"正确"或恰当的行为实例（第[12]段）。

6. 这种时机不仅取决于所说的内容，还取决于人们用来确定对话时机的所有其他情境和非语言线索（第[11]—[13]段）。

7. 因此，为了真正理解最近发展区是如何在课堂互动中建立（或没有建立）的，有必要探讨这些互动的时机（第[14]段）。

构成《走向那个区域》这篇文章核心的是大量（31页中大概有9页）深入的、集中的和具体逐行的分析，其中埃里克森使用资料为他的解释奠定了基础，并将互动理论化。他通过使用多层分析方法来实现这一点，他"试图使可能在课堂对话中产生认知和学习的社会互动媒介变得可见"，并对"同时作为听者和观看者的说话者之间的相互影响关系生态系统"具有批判的敏感性（p. 54）。根据资料，他做出了互动参与中的时间极其重要的论断。埃里克森的论断建立在对焦点课堂参与者交流节奏的分析基础上，他指出，"**时间**，特别是言语和非言语行为流中的侧重点所产生的节奏模式"(p. 54)对场景中的参与者起到了情境化线索的作用。他说:"当参与者把注意力和行动放在一个共同的时间框架上时,他们在听和说的行为中的贡献会同时发生,互动会顺利而连贯地进行。"(p. 55)这一论点,为他讨论那些"话轮高手"(turn sharks)——能够辨别言语行为模式并将自己(代替同龄人)加入师生互动的学生——以及其他一些行为奠定了基础,这些行为可以用另一组分析视角进行完全不同的分析。

从论证到分析

值得注意的是,以前关于谈话、参与、话轮转换和对话分析的文献(以及其他文献)是如何为埃里克森在《走向那个区域》中使用的资料分析方法奠定基础的。这项分析工作是归纳式的,但他用来做这项工作的工具是由以前的理论提供的。因此,埃里克森的工作对于理解概念框架在具体资料分析选择(也就是说,他实际上是如何根据他在那个环节上正使用的一套理论着手重新分析他的资料的)中的作用是有指导意义的。

上面(第[1]—[14]段)概述的论证构成了埃里克森概念框架的前半部分:他阐明了为什么这个主题很重要。下一个任务是证明他已经开发出一种有效且严谨的研究最近发展区。由于本章侧重于资料分析,第二组摘录和图表(第[15]—[24]段)显示了分析是如何遵循主题的论证的。为了用资料支持他的论证,埃里克森需要完成两件事。首先,他需要在资料中确定一个最近发展区可能已经(或正在)发展的实例,以显示这样做所涉及的复杂性。这带来了较难的分析问题：如何识别最近发展区可能发生的场景的特征，以及如何使用这些特征在资料中找出这些实例。换言之，最近发展区的特征必须作为分析主题进行操作——可以被运用于资料的描述符。在这项分析中，他使用了两个标准来确定可以建立最近发展区的场景。从广义上说，必须有一个涉及专家和新手的互动（根据维果茨基的理论）。此外，必须明确的是，在互动中专家要有意与新手接触。根据他自己和同事在互动分析方面的工作，埃里克森利用"已知信息问题"来确定这样一个时刻。在问学生这个问题的同时，给出了想要的回答。埃里克森认为，这相当于邀请学生安吉和她的老师一起发言。

埃里克森在资料中找到了一个实例，其中一名教师和一名学生正在"走向那个区域"，接下来他需要展示建立它实际上是如何充满复杂性的。因为他认为理解互动意味着理解时机，所以，他需要向读者展示这一点：这种互动的时机是如何使建立和维持最近发展区的工作变得复杂的。更具体地说，他需要展示在这个过程中同时看到行动的关键的时机（kairos）和计量的时间（chronos），以及情境化线索。为了实现这一目标，埃里克森在分析和陈述资料时引入了两种方法论创新：其一是一种独特的转录过程，旨在显示对话的节奏；其二是一种表现其精确节奏的音乐符号系统。

作为资料分析的转录

对大多数研究者来说，转录（transcription）只不过是将被录音机录下的话转化为打印出来的单词的过程。它似乎只是一种事务性的过程，而不是一种承载着文化价值的、有解释功能的工作成果。它的中立性甚至被许多有经验的研究者认为是顺理成章的。他们相信这是一种中性的行为，就像任何人都会以同样的方式组织单词和停顿一样。因此，它通常被视为一种机械行为（通常外包给专业服务），而不是一种主观的、参与的行为，这种行为包含了不同层次的解释，并根据这些解释产生意义（Ravitch & Carl, 2016）。对于某些类型的分析，这一点比其他类型的分析更重要；对于那些密切研究互动的人来说，语言、表达和参与的细微差别非常重要。在提到一位同事写的论文时，埃里克森解释道：

> 即使你有一盘录音带和一盘录像带，即使你认为在转录声音时你只是一个野蛮的经验论者，你做出的选择正如你在页面上排列它的方式。所有这一切都是在将一些事情前景化的同时，将另一些事情背景化。所以从理论上来说，它根本不是中性的。

在一些研究中，这一点可以理解为一种批判。对埃里克森来说，这是一个机会。对转录采取一种理论的方法——故意强调被转录的内容的某些方面，以便更仔细地审视它们——这不是为资料分析做准备，它就是分析本身。这一点在第[16]段和第[17]段的摘录中首先得到了体现，在这两个摘录中埃里克森详细介绍了一套独特的转录惯例，旨在揭示他所分析的互动的节奏。

在呈现转录本之前，应简要概述转录惯例：

> 转录是以气群为单位完成的，而不是横贯书页的整

行。通常每个气群有两行，**声核**、接受主音量和音调重音的音节出现在左边缘。在音节或单词上更特殊的重音用下划线表示（这种由气群进行的转录，在视觉上突出声核，使读者能够大声朗读文本，并在说话时感受到在话轮之内和话轮之间的节奏组织）。

有时，当第二个发言人开始呼应前一名发言人时，第二个发言人的第一个词开始于前一名发言人的最后一个词的右边，如（29—31）和（64—66，本书未收录）。

重叠言语由"["符号表示。

无间隙和无重叠的（"锁定"）发言人之间的交替由"∑"符号表示（pp. 38–39）。

这种方法带来的效果是惊人的。在大声朗读抄本时，可以识别单词在哪里被强调，哪些单词被强调，以及说话者在哪里重叠。通过使用转录向读者展示这些方面的交流，埃里克森能够从理论上解释它们的意义。他展示了教师如何通过情境化提示，创造了一个机会让安吉（单独地）回答一个已知信息问题（第[17]—[18]段）。当她没有在恰当的时间对这些提示做出反应时，"话轮高手"——其他能够直观地理解节奏并知道正确答案的学生——就会插嘴。

这部分分析中使用的转录惯例非常有效地表明了教师的问题有一个"正确"的回答时间，但其对参与者如何准确地知道"何时出现正确的时间"提供的信息较少。为此，埃里克森在处理转录方面采用了另一种创新：他给它配上了音乐。如图6.1所示，话轮高手的时机不仅取决于情境化的提示，如教师的姿势或凝视，还取决于对话

第六章 概念框架和资料分析

的实际节奏。对于那些能读懂乐谱(或者更好,把它听出来)的人,这种方法可以让读者看到(和听到)老师的说话、手势、停顿和学生反应的精确顺序。埃里克森将文本原样呈现出来后发现,正确的答案在问题之后的一个节拍里连续不断地出现,提问和回答中的重读词都落在这个节拍上(第[21]—[22]段)。这些互动有效地确立了互动的节奏。他认为,就像一个乐团的音乐家错过了入场一样,安吉没有"及时"回答老师关于字母S的问题,这暗示了其他学生,现在是切入对话的时候了(第[23]—[24]段)。

这种资料分析方法很有创意,更重要的是,它很实用。埃里克森关于互动的复杂性——以及建立最近发展区的复杂性——的论证依赖于研究互动时能够向读者展示**时间的重要性**。在这段摘录中,我们可以看到识别情境化线索和在乐谱上绘制转录资料的效用。埃里克森通过为我们提供一种考虑资料的创新方法,直观地描绘出了"关于学校和字母名称的问题和答案的节奏组织"(p.46)。这与许多当时正在进行的语篇分析有所不同,后者往往更侧重于互动中话轮之间的语义联系。埃里克森反思道:

> 这比那要复杂得多,[时机]需要在……转录中被突出。……那时,我正在做转录,我把重读音节抄写在左边的空白处,然后在右边写下出现在下一个重读音节前的非重读音节。这看起来不像对话分析,也不像其他人的转录。强调这种脉搏或节奏的规律性是我的独创之处。然后,如果你知道怎么读音乐,类似音乐记谱法会让这更清楚。

理性且严谨：概念框架如何指导研究

值得注意的是，这种创新本身代表着某种理论融合。埃里克森在音乐理论和乐谱——设计它是为了跨越时间和参与者来描绘声音（和沉默）——方面的知识为他配备了一套来自他的学科背景之外的工具，推动了他的分析工作的进展。同样重要的是，这种方法的形成方式。理论的发展使埃里克森相信时间至关重要，这反过来又引发了方法学的创新。在反思这一方法的演变时，埃里克森解释道：

> 特别是对安吉来说，"相邻话轮是如何形成的"是一个互动社会语言学的问题，或者说是互动成就的问题，这个问题促使我仔细研究了这一切发生的时机。这就是我最终求助乐谱的原因。因为那时我已经从这个视角看了很多这类影像资料，写了几篇关于邻近话轮的时机的论文。正是这些时间线索在姿势、手势、凝视和言语流中的重读音节上的变化，帮助人们……意识到这里有一个潜在的节拍。不是有意识地，而是有一个潜在的节拍或节奏。正是这种节奏的规律性，让话轮高手知道在何处替人回答，在后面的场景中也是如此。这正是话轮交换的实时互动动态的问题。

关于转录惯例和将转录资料映射到非常规结构（乐谱）的整个讨论说明了如何做出分析性选择，以及如何建构基于资料的具体论证。埃里克森与读者分享了他对页面上实际单词的结构和空间组织的选择。他为这些选择提供了一个基本原理和背景，接着开始描绘他的论证。他的论证涉及言语的时机和节奏，以及它们与课堂环境中的参与和感知的复杂关系。这显示了埃里克森对课堂环境中的活动和言语行为的仔细分析，或者是他所说的在这个时空里"社会互动生态"(p. 49)。

不断发展和变化的分析框架

《走向那个区域》是说明概念框架在资料分析中的作用的一个非常可信的例子，因为它展示了研究者如何在进入分层的批判性对话时利用与所研究的现象有关的多个交叉领域。埃里克森的工作跨越了一系列领域和学科，但在本章中，这些领域主要包括社会语言学、话语分析、新维果茨基主义、社会互动理论、音乐理论、教师研究，以及广泛的文化和传播理论。他在这些领域的研究持续了40多年，并通过多层次、创造性的跨学科方法来理解和正式分析这些具体资料。他的研究也随着他在相关领域的持续分析和理论发展而逐步发展。埃里克森长期从事迭代的和自反的框架开发，这使我们能够理解分析是一个概念上嵌入的过程，它可以随着一个人的理论视角和概念框架的变化而变化。

在他作为一名研究者的职业生涯中，埃里克森培养了对发展理论和理论化实践的批判和接受的情感，特别是在课堂环境中。他在本章中围绕"作为学习环境的社会互动"(p. 29)建构了他的论证，采用新维果茨基理论的概念核心，并以一种特殊的方式来建构它，利用跨领域的理论来解决思维、学习和教学中的交流与互动问题。

《走向那个区域》关注的是埃里克森在其职业生涯中多次分析过的资料，他使用了许多不同的理论框架，在领域内和领域之间进行各种论证。本章以新的方式分析了已有的资料，突出了他对这段对话片段的阅读和理解的重要性是如何(以及为什么)随着时间的推移而发生变化的。这有助于我们理解他个人的研究经历,并逐步了解维果茨基理论和最近发展区这一概念的自身经历的价值,以及最近发展区如何影响了他对互动的结构是二元的假设的批判。这对于理解以下问题至关重要:他是如何建构本章中的资料的,这种建构是如何塑造和影响他的思想的,他在哪些方面发现这些想法(或它们在文献中的后续处理)是有问题的,以及他认为这些概念可以(并且应该)基于该评估进行怎样的重新配置。这反过来又能帮助我们理解他希望在关于课堂互动的对话中插入什么:课堂生态的复杂性,以及情境、时机、关系和交际的节奏如何在这种环境中塑造行动。

埃里克森对这些具体资料的长期经验,加上他所工作的领域(如上所述)的理论和知识演变,为我们提供了一个关于资料分析如何随着概念框架的演变而变化的独特视角。他以各种方式解释了这些资料的意义,这些方式与当时的知识和理论环境相吻合,甚至他通过自己的工作也影响了这些环境。对新维果茨基理论的整合(和批判)是他如何看待资料的一系列转变中的最新一个。正如他在我们的访谈中所说:

> 我有过所有这些……早期的社会语言学兴趣。当我坐在那里看录像带时——我在关于课堂生活的教学中用过它——话轮高手的问题就出现了……我拍这段视频的一个原因是我知道里面有我可以展示给人们的东西,而且它有内在的趣味。然后,在我准备演讲的时候……[一种]思考

第六章　概念框架和资料分析

这个问题的方式是,这场小小的对话是一种中断的最近发展区。

这一回忆唤起了我们在第二章中关于理论意义,以及为什么理解和定义理论如此困难的讨论。当然,理论指的是事物之间如何相互联系,但它也可以作为一个透镜,用来审视你的世界和你的工作。理论方向的转变必然导致概念框架的转变,第[1]—[14]段正是这种转变的结果。但更重要的是,无论是哪个具体资料吸引了你的注意力,或你如何理解它们的意义,这些变化都改变了你在资料中看到的东西。例如,埃里克森向我们解释了新维果斯基理论的视角是如何将他的注意力引导到他的资料中的某些事件和人物上的。

如果理论不是维果茨基的话,文章可能会是批判民族志……那将是一个完全不同的故事。资料若有所不同,被前景化的东西也会有所不同,[另一个学生]会成为故事的中心,安吉和她的换挡问题甚至可能不会被提及。

我们发现,就他如何定位和建构分析框架的选择而言,他对分析资料的方法的解释是很重要的,特别是考虑到围绕概念框架的选择的混乱,以及这些选择对资料分析的影响。令人吃惊的是,埃里克森对新理论框架的考虑使他能够以不同的方式审视或重审资料,看到其中新的和不同的东西,并朝着创新的方向重塑他的论点。这对解释框架和分析论据产生了多重影响,它帮我们看到了概念框架的力量和含义。关于概念框架是如何影响分析主题或类别的(反之

亦然),以及一个人的工作理论框架是如何影响资料缩减、组织和分析的特定时刻的,这可以教会我们很多。正如他向我们解释的:

> 如果将重点放在话轮高手身上,那么话轮转换和它的互动展示,以及所有这些,都是你最终分析的重点……当你有这些不同的定向关注点时,你会在录像带中看到不同的东西,它是重点的一部分。

这个过程存在着一个主观性问题——我们所想的和我们所见的交织在一起时,错综复杂的特性——刚开始可能会让你不舒服。难道这意味着我们要在资料中寻找对我们已有观点的确认吗?不是的。相反,它指出了演绎分析和归纳分析之间的关系。在埃里克森对时间和时机在建构对话中的作用的分析中,大部分分析都是归纳的——因为资料将他的注意力引导到了论证上。但是,他对其重要性的不断发展的认识,无论是在学术上还是在教育上,都被理论不断地重塑,从而改变了该论证的结构和背景——本质上是一个演绎过程。他解释说:"有一个真正的地方,可以用一种更具归纳性质的方法,来得出你可以使用的任何理论框架。"

> 我的故事就是这样在资料上来回转换,但是随着你理论兴趣的改变,你所看到的也改变了……你不能只说"我是后结构主义者,所以……"在我看来,初学者似乎犯了(那个)错误。他们中的一些人错误地认为你完全可以不要理论——这种想法太幼稚。而另一种幼稚的想法是某个地

方有本书,里面有理论,会告诉你该怎么做。

这是关于一个从事实证研究的人心态本质的重要立场。埃里克森谈论的是理解指导我们的理论和概念框架与保持对资料的开放之间的复杂关系。这就要求你除了理解其他的东西,还需理解**框架理论**和**新兴理论**之间的关系。我们认为这种张力是一种生成性张力。新兴理论映射、关联和挑战先入为主的理论框架的方式,使你能够批判性地、恰当地开发基于资料的理论(Anderson & Jones, 2000; Bailey & Jackson, 2003; Chawla, 2006; Jaffee et al., 1999)。

最后,值得注意的是,为了与前两章的主题保持一致,文章中有一些关于埃里克森的分析方法的自传式内容。他在文章正文中坦率承认了这一点,他解释说:"本章更强调互动而非认知,因为这是作者的主要兴趣所在。"(p. 56)但是,这个公式有一个更精细的方面,它更深刻地说明了我们是谁和我们认为重要或有趣的东西之间的联系。"我越思考这个问题就越相信,一个人在社会调查工作中的中心焦点,即你在职业生涯中所关注的关键问题,从根本上说,都具有自传式性质。"他评论道。他接着说:

> 就我而言,我以前在把关互动方面的工作,以及人们对彼此及其能力的评估,这是我年轻时非常担心的一个问题……我知道对"他人"的判断是当务之急。我成功地做了一些有益的事情。但是,它不是现成可用的……归根结底,并不是说你这样做就可以了:选择一个理论,然后选择一个地点,之后拿出一个通过了解现成的东西就可以预测

成果的研究报告。

这段个人陈述有关埃里克森是如何被他职业生涯的中心话题吸引的,以及他对几代博士生的教学和对他们工作的个人影响,旨在激发一种特殊的研究反身性:识别和考虑一个人对特定研究领域的自传式的兴趣和信念。与米歇尔·法恩在前一章中的评论相呼应,埃里克森对此解释说,重要的是要明确这些偏好,直截了当地承认它们,并最终用它们来进行更加深入的研究:

> 当人们观看这样的未经编辑的视频片段时,它就像一个投影测试,而不是别人的世界里开着的窗口。它就像一个"罗夏墨迹测验"(Rorschach inkblot test),把你最重要的东西都代入了进去。我相信这对任何证据来说都是正确的,但对于视频来说,里面有太多潜在的信息。它的信息位非常密集,你无法从中提取资料。也就是说,注意某些信息位,而不是其他信息位,你必须这样做,否则它将完全不连贯。它是威廉·詹姆斯所称的"一种嗡嗡作响的、大量出现的混乱"。所以,必须是选择性的注意。你所能做的最好的事情就是通过仔细地反复观察来抵制你最喜欢的直觉。

结语:概念框架和资料分析

如本章所述,资料分析和理论发展在理想情况下处于一种迭代和动态的关系中。我们认为,研究者将这些视为"相互影响的辩证法"(Nakkula & Ravitch, 1998)的程度直接关系分析的质量。弗雷德里克·埃里克森在《走向那个区域》中的反思清楚地表明：我们的论证决定了我们应该关注什么资料以及如何分析这些资料。除此之外,本章的故事还阐明了理论框架和概念框架之间的关系。在这种情况下,理论框架的转变——运用新维果茨基学派理论分析课堂情境中的学习过程——开辟了新的分析可能性,但也揭示了理论本身的缺陷,作者试图通过具体的分析方法来阐明和解决这些缺陷。阐明所确定的问题(对理论框架中互动的复杂性的忽视)和解决问题的方法(分析这种互动中时机的作用)之间的逻辑联系是概念框架的核心功能。尽管它们可能会随着我们的理论理解和方法创新而发展,但在将这些发展与关于我们研究什么和我们如何研究的基本论证联系起来方面,它们所起的作用是不变的。这些论证的扩展——向读者解释了为什么我们所学到的东西是重要的,以及它的含义是什么——就是概念框架达到顶峰的地方。我们将进入下一章,进入最后的阶段,介绍研究结果并将其与情境联系起来。

思考题

1. 人们通常认为,资料分析产生理论。然而,埃里克森的故事说明了理论发展是如何产生新的资料分析方法的。关于资料分析和理论建构之间的关系,你的概念框架进行了哪些假设？

2. 你的解释性过程是如何受到你的智力、意识形态和政治信念影响的？

3. 埃里克森理论框架的发展与概念框架的更迭之间有什么关

系？这种转变对他的资料分析有何影响？在你自己的工作中,你会如何看待这一点？

摘录参考文献

Auer, P. (1992). Introduction: John Gumperz' approach to contextualization. In P. Auer and A. Di Luzio (Eds.), *The contextualization of language* (pp. 1–37). Amsterdam: John Benjamins.

Bateson, G. (1956). The message "This is a play." In B. Schaffner (Ed.), *Group processes*. New York: Josiah Macy, Jr., Foundation.

Cooper-Kuhlen, E. (1992). Contextualizing discourse: The prosody of interactive repair. In P. Auer and A. Di Luzio (Eds.), *The contextualization of language* (pp. 337–364). Amsterdam: John Benjamins.

Erickson, F. (1982). Money tree, lasagna bush, salt and pepper: Social construction of topical cohesion in a conversation among Italian-Americans. In D. Tannen (Ed.), *Analyzing discourse: Text and talk* (pp. 43–70). Washington DC: Georgetown University Press.

Erickson, F. (1986). Listening and speaking. In D. Tannen and J. Alatis (Eds.), *Georgetown University Roundtable in Languages and Linguistics 1985*. Washington DC: Georgetown University Press.

Erickson, F. (1992). They know all the lines: Rhythmic organization and contextualization in a conversational listing routine. In P. Auer and A. Di Luzio (Eds.) *The contextualization of language* (pp. 365–397).

Amsterdam: John Benjamins.

Erickson, F., and Shultz, J. (1982). *The counselor as gatekeeper: Social interaction in interviews.* New York: Academic Press.

Gumperz, J. J. (1982). *Discourse strategies.* Cambridge, UK: Cambridge University Press.

Hammersley, M., and Atkinson, P. (2007). *Ethnography.* New York: Routledge.

Heath, S. B. (1983). *Ways with words: Language, life and work in communities and classrooms.* Cambridge, UK: Cambridge University Press.

Scollon, R. (1982). The rhythmic integration of ordinary talk. In D. Tannen and J. Alatis (Eds.), *Georgetown University Roundtable on Languages and Linguistics.* Washington DC: Georgetown University Press.

Vygotsky, L. S. (1978). *Mind in society: The development of higher psychological processes.* (M. Cole, V. John-Steiner, S. Scribner, and E. Souberman, Eds.). Cambridge, MA: Harvard University Press.

Wertsch, J. V. (1985). *Culture, communication, and cognition: Vygotskian perspectives.* Cambridge, UK: Cambridge University Press.

Wood, D., Bruner, J. S., and Ross, G. (1976). The role of tutoring in problem solving. *Journal of Child Psychology and Psychiatry*, 17, 89–100.

第七章

展开对话，扩展论证：概念框架在陈述、解释和情境化研究结果中的作用

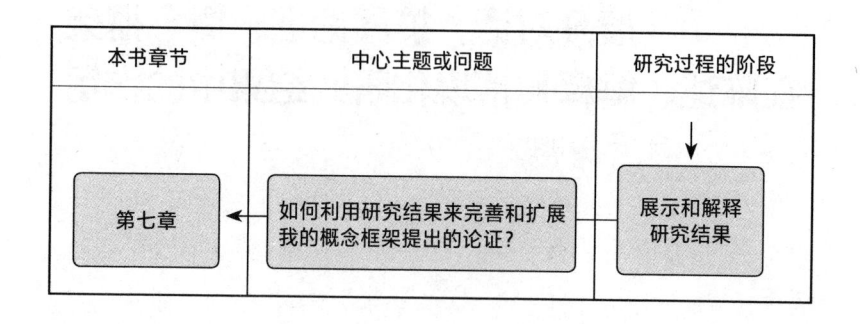

本书章节	中心主题或问题	研究过程的阶段
第七章	如何利用研究结果来完善和扩展我的概念框架提出的论证？	展示和解释研究结果

在传统的科学文献中,理论和结果之间的关系通常被描绘成线性的:资料要么支持假设,要么不支持假设。从这个角度看,一个人的概念框架和研究结果之间的关系似乎很简单。然而,在社会科学研究中,假设更像是复杂挂毯上的交织的线:只拉动挂毯上的一条线,而其他几条线保持不动,就算不是不可能,也是极其困难的。最热心的实证主义者会对这种复杂性感到恼火,因为如果不将相关问题的现象或过程隔离开来,就很难确定因果关系。但是,社会现象在本质上是多方面的、复杂的,绝大多数社会科学研究都不是在实验室条件下进行的。因此,调查结果很少完全符合预期,也不是线性的或容易隔离的。所以这就意味着你面临的是一项困难的任务,

第七章　展开对话，扩展论证：
概念框架在陈述、解释和情境化研究结果中的作用

有时甚至是模棱两可的任务，那就是理解你所学到的东西。在科学原型中，结果主要（或仅仅）根据特定的假设进行分析，这个过程不同于科学原型，通常涉及对导致结果的假设和逻辑进行深思熟虑的质问。概念框架帮助你概念化和理解研究结果，反过来，你也可以使用这些研究结果来检查、修订，并最终加强你的概念框架。

这种理论和资料之间的递归关系在质性研究中很常见。概念框架塑造了研究设计和研究问题，但这些问题的答案通常是通过归纳（而不是演绎）资料分析得出的。从这个意义上说，理论构念建构研究，理论构念又从研究中产生，辩证法正是在两者之间建立起来的。

然而，量化研究中也存在同样的辩证法，这一点经常被忽视。虽然大多数量化工作依赖于先验（在分析之前）建立的构念，但这些结构之间的关系——概念框架中的联系——是动态的，而且通常是不可预测的。通过资料分析产生的意外发现有助于理解被考察的现象，但也提出了一个问题，即最初是什么产生了这些意外发现？你的假设有错吗？是否存在本应包含但未包含的构念？是否有你忽略的关键流程？这类问题对于作为研究者的你的继续学习至关重要。最终，这些意外发现会帮助你推进自己的工作，并有助于更广泛地理解你选择研究的主题和问题。

在概念框架和研究结果之间来回工作的过程，以及这个过程塑造的你的写作方式，是本章的重点。我们的讨论集中在玛格丽特·比尔·斯潘塞的开创性工作上，具体地说，我们研究和讨论了她与达维多·杜普雷（Davido Dupree）和特蕾西·哈特曼（Tracey Hartmann）合作的《生态系统理论的现象学变体：情境中的自组织视角》[A Phenomenological Variant of Ecological Systems

Theory(PVEST): A Self-Organization Perspective in Context]。我们选择关注这一特定作品有两个原因：首先，它完全依赖于量化的方法，因此（与第三章一起）起到了制衡质性作品的作用；其次，它讲述了当研究者在他们的资料中遇到意外时什么情况会发生，以及他们会如何处理那些发现。

玛格丽特·比尔·斯潘塞是芝加哥大学马歇尔·菲尔德四世城市教育教授和比较人类发展系主任。此前，她是宾夕法尼亚大学人类发展跨学科研究的监督委员会教授，W. E. B. 杜波伊斯集体研究所以及健康成就社区增长和族群研究中心（CHANGES）的首任主任。斯潘塞的《生态系统理论的现象学变体》论述了生命历程的发展，并为她的种族/族群和性别认同发展研究奠定了基础。纲领性人类发展行动方案针对的是居住在拥有不同资源的社区的不同种族群体（特别是非裔美国人、西班牙裔美国人、亚裔美国人和欧洲裔美国人中的青年群体）的复原力、认同感和能力的形成过程。她不断进行的研究和方案编制应用涉及青年在未被承认的和有压力的条件下发展时，获得健康结果和建设性应对方法的新能力。自1973年以来，斯潘塞已发表了大约120篇文章和章节，完成了3卷经过编辑的著作，并从基金会和联邦机构获得了30多项研究的资助。她曾荣获2006年弗莱彻奖学金，该奖项是为了推动1954年美国最高法院布朗诉教育委员会案裁决中提出的广泛社会工作目标而设立的。2009年1月，她成了比较人类发展系和芝加哥大学本科学院的一名教师。

第七章　展开对话，扩展论证：概念框架在陈述、解释和情境化研究结果中的作用

背景和情境：重点作品概述

几十年来，探索经济贫困和生活结果之间关系的研究者一直在对抗某种悖论。一方面，经济贫困几乎影响其他所有方面，从收入到预期寿命，而且在大多数情况下，这种影响比任何其他可识别的因素的影响都要大。另一方面，在高度贫困的人群中，每个人的生活结果都有很大的不同。经济贫困塑造了人们的生活，但它并不决定人们的生活。这就引出了一个有趣而重要的问题：是什么让一些人成功地克服了经济贫困带来的障碍，而另一些人却做不到呢？哪些社会、社区和个人特征可以帮助人们应对这些挑战？哪些又使他们更难做到这一点？

这个基本问题长期以来一直是玛格丽特·比尔·斯潘塞研究的核心。《生态系统理论的现象学变体》一文是一条更长的（且持续的）研究途径的产物。虽然这条研究途径是使用不同类型的资料与不同的合作者在多个情境中进行的，但统一的线索一直是斯潘塞首创的生态系统理论的现象学变体。这一理论框架的起源和组成部分本身就需要一整个章节加以呈现（参见Spencer, 2008; Spencer et al., 2006），重要的是理解它的基本前提和脉络。

顾名思义，生态系统理论的现象学变体融合了一种发展理论（生态系统理论）和现象学的观点来看待发展发生的过程。正如发展心理学家乌列·布朗芬布伦纳（Bronfenbrenner, 1979）所阐述的那样，生态系统理论认为，人类的发展受一套从亲密到分离的嵌套系统的深刻影响。简单地说，布朗芬布伦纳认为，发展由个体与**微系统**（与家庭、邻居和学校）的相互作用来决定。这些微系统在一个**中**

间系统内相互作用,从而相互影响,而这个系统又位于一个**外部系统**——**微系统**所处的更广泛的社会环境,例如个人或专业网络,或者与组织或机构的直接互动。这些背景本身嵌套在一个**宏观系统**中,在这个宏观系统中,经济、社会和文化的影响形成了所有其他系统所栖居的环境。这些系统中任何一个系统的变化都会影响其内部较小的系统,并最终影响个体的发展。正如布朗芬布伦纳解释的那样:

> 生态系统理论旨在提供一个统一但高度差异化的概念图式,用于描述和关联在近处和更偏远的环境中的结构和过程,因为它影响了人类一生的发展历程。(p. 11)

虽然布朗芬布伦纳(Bronfenbrenner, 1979)强调,环境(相对于"客观的"现实)的感知特征对发展的影响最为突出——并据此设计了他的研究——但这些感知形成的过程和相互作用,以及这些过程如何影响发展,并不是他实证工作的主要关注点。在斯潘塞的研究中,她试图更好地理解这些过程,并质询且了解互动和经验是如何塑造个人对世界以及他们在其中的位置的理解的。正是这种兴趣促使她在研究中融入现象学视角。现象学是哲学的一个分支,与现象的本质有关,它在社会和行为科学中的应用方式多种多样,而斯潘塞则以心理学中最常见的方式使用了这个术语。[1]现象学心理学认为,人们的经历不能被客观地观察;相反,人们的经历只是按照他们自己的主张被理解,即在更加广泛的意义上创造和呈现世界上的经历(Langdridge, 2007)。从现象学的角度看,这些经验的意义的形

第七章 展开对话，扩展论证：
概念框架在陈述、解释和情境化研究结果中的作用

成过程是主体间性的，也就是说，它们的意义是通过个人对共享经验的主观印象的相互作用和相互影响而形成的（Nakkula & Ravitch, 1998）。

总而言之，生态系统理论的现象学变体接受人-环境发展逻辑，它是生态系统理论的核心，但关注的是发展背后的过程，而不是其结果。正如斯潘塞（Spencer, 2008）所言：

> 现象学与生态系统观点的概念结合，有助于提高人们对发展方式的鉴赏力，强调发展的"怎样做"与强调"是什么"的传统的线性认识（即个人模式化的结果）截然不同。（p. 698）

这种理论的结合——就是字面上的理论框架——引导斯潘塞提出了两个新的命题，它们是生态系统理论的现象学变体的核心。第一，自我和环境的工作随着时间的推移融合成一个稳定的身份，这反过来使行为（无论是适应性还是不适应性）合理化。第二，身份形成的过程是双向的。行为对个人有结果和后果，同时也会影响其他人，从而改变产生意义和形成身份的环境。这些命题中的每一个都对我们理解生活环境和结果之间更广泛的关系产生了真正的影响。**韧性**，通常被认为是一种与生俱来的品质或特征，当通过生态系统理论的现象学变体框架来看时，它具有不同的含义；它很可能在个人周围的环境中被找到——环境提供了必须与自我意识一起解释和整合的体验——就像在个人自己身上一样。

理性且严谨：概念框架如何指导研究

与理论对话：对思想和行动的影响

当你建立一个概念框架时，你要根据现有的文献和已有的理论来定位自己。正如第一章所指出的，这一开发研究概念框架的过程通常被想象成一场对话，问题是你选择在多大程度上参与正在进行的对话中，以及你是如何进入对话的。玛格丽特·比尔·斯潘塞选择强行加入对话，生态系统理论的现象学变体的核心是对早期人类发展理论的尖锐批判，这一理论源于个人经验以及先前和正在进行的学术研究。

在我们的访谈中，斯潘塞分享了她的一些个人经历，这些经历既影响了她总体的职业轨迹，也影响了她具体的研究日程。斯潘塞是一名非裔美国女性，20世纪50年代在费城一个资源匮乏的城市社区长大。斯潘塞主要由母亲抚养长大，她母亲树立了特定的价值观，并让女儿们参加社会活动，来分享这些价值观。伊丽莎白·R.比尔夫人（Mrs. Elizabeth R. Beale）让女儿们明白，她们被寄予厚望，每个人都有充分的能力不辜负这些期望。斯潘塞从很小的时候就注意到，她最初上的小学并不符合家人的高期望。"我的母亲给我们灌输了关于努力工作和责任心的特殊价值观和期望，"她回忆道，"我上过学，但对此印象并不深刻，我在种族、社会经济地位和期望值等方面遇到了与设想不一致的情况。"斯潘塞开始直观地对家庭和学校之间的不匹配产生了一种敏感性，特别是当它与对非裔美国学生和家庭的期望有关时。这是她12年来的一次决定性经历，给她留下了与种族、公平和身份相关的问题和目标。她以回答这些问题为事业，为我们理解心理教育研究这一领域做出了很大贡献。

第七章　展开对话，扩展论证：概念框架在陈述、解释和情境化研究结果中的作用

在去芝加哥大学攻读博士学位之前，斯潘塞在堪萨斯大学获得了硕士学位。她发现，非裔美国儿童的病态化在学术界和中小学教育领域一样普遍；人类发展理论充斥着关于种族、社会阶层和性别的假设，具体地说，白人（whiteness）通常被认为是"正常的"，因此偏离白人就是病态的（Spencer et al., 2006）。斯潘塞又一次经历了令人不安的不协调，这一次是在她读到的关于非裔美国儿童的书和她每天的经历之间的不协调。正如她在接受我们访谈时所说的：

> 在这里，我是一名博士生，抚养孩子，研究发展问题，同时也为不同的青少年就正常人类发育提出些问题，这些问题是教科书中没有的。教科书基本上是有偏见的，因为它们的先验假设是基于族群、种族、社会经济地位和肤色的。因此，我别无选择，只能挑战这些假设。

这篇文章使用生态系统理论的现象学变体框架来探讨发展的一个特定方面：自组织。在心理学文献中，自组织过程本质上描述了身份是如何形成的。将更广泛的理论框架与这一特定概念联系起来很重要，原因有两个。首先，自组织描述了一种相对稳定的自我意识的培养，通过这种自我意识，经历和对这些经历的反应都被过滤掉了。这与生态系统理论的现象学变体是一致的，这一理论认为稳定的身份是人与环境反复互动所累积的应对产物。其次，正如作者在本文中提到的那样，自组织对弹性有特定的含义。斯潘塞和她的同事们认为，一个人的身份对一个年轻人是否以他认为适应的或不适应的方式对挑战性环境做出反应有着重要影响。将自组织的概念

与生态系统理论的现象学变体联系起来,使这一概念更牢固地植根于文献中,同时也发展了认同过程是人类发展的核心这一论点。

虽然本章主要聚焦于斯潘塞如何根据文章的概念框架对她的研究结果进行情境分析和解释,但简要总结所采用的资料和方法对于理解这些结果很重要。因为根据本文的概念框架可以更好地理解它们,所以我们在文章的两个摘录之间插入了资料、方法和结果的摘要,第一个摘录概述了论点,第二个摘录讨论了结果。

资料来源:Spencer, M., Dupree, D., and Hartmann, T. (1997). A Phenomenological Variant of Ecological Systems Theory (PVEST): A self-organizational perspective in context. *Development and Psychopathology, 9*, 817–833;Reprinted with the permission of Cambridge University Press。

生态系统理论的现象学变体与自组织观点的比较

[1] 奇凯蒂和塔克(Cicchetti & Tucker, 1994)强调:"个体积极争取自组织是个体发展的主要决定因素。"对他们来说,自组织引导着发展,从"相对整体性、缺乏分化的状态到分化、整合、衔接、层级整合的状态"。从自组织的角度来看,恢复力被定义为如奇凯蒂等人(Cicchetti et al., 1993)在对受虐待儿童的研究中定义的那样(Cicchetti & Tucker, 1994: 534):在敏感时期或对负面反馈做出反应时"利用自我纠正倾向的能力"。例如,一个通常被认为沉默寡言、

第七章 展开对话，扩展论证：
概念框架在陈述、解释和情境化研究结果中的作用

孤僻的年轻人可能同样会认为自己很害羞，然而，当这个年轻人有了更多的经历、互动和在不同环境中的反馈时，他可能会对自己有更多的差异化理解。这个年轻人可能识别不同的环境（如人、场所、活动）：在有些环境里，他安静且喜欢思考；在另一些环境里，他更爱社交，更受欢迎。因此，这个年轻人开发了利用自动复原倾向的能力，如避开某些人、场所或活动，淡化或强调某些人、场所或活动的重要性或价值。这个年轻人甚至可以学习如何利用对安静和沉思的感觉，当其与在不同环境下有价值的其他特征相关联时。例如，一个少言寡语的孩子的体形高于平均水平，如果他的体格与战斗或运动能力有关，那他可能不需要讲很多话。同时，在课堂环境中，一个沉默寡言的非裔美国女性可能仅因为没有行为问题就被定为好学生。关键是，自组织不仅由环境（如家庭、学校、社区）决定，还由种族、性别、身体状况和其他许多潜在因素的现象学经验决定。

[2] 根据刘易斯（Lewis, 1995）的研究，对环境的情感和认知的评价会影响自组织的即时模式。当情境反应模式变成人格结构时，个体的稳定性就会得到认可。自我系统的变化是由个体生活中的扰动来解释的。这些扰动包括环境或个人的变化，如认知发展或青春期，重大扰动或发生在特别敏感时期的扰动会导致不平衡，新的体验——包括新的思想和情感——必须融合在一起。生态系统理论的现象学变体将自我嵌套在更大的微观和宏观系统中，并阐明了来自环境的反馈的影响，特别是与种族、阶级、肤色、性别

和成熟差异的个体差异有关的影响，从而扩展了这种自组织视角。这一强调对文化和情境与生命个体发生的互动效应提供了更好的解释。

环境风险或压力参与：对系统的扰动或负反馈

[3] 重复经历相同的反馈和压力会导致个体反复重组以应对环境条件。反馈和重复回应模式将具体化为人格结构、特定的发展轨迹和身份。像切斯唐（Chestang, 1972）所说的那样，如果一个人生活在一个充满敌意的环境中，每天都在经历长期的负面反馈循环以及贫困和暴力带来的压力，这意味着什么呢？刘易斯（Lewis, 1995）提出，当一个人收到负面反馈时，需要使用一种防御机制，才能让个体保持运作，而不会威胁到他在不同背景下认为自己有价值的能力。因此，在学校经历自我负面反馈的非裔美国学生可能会切断这种至关重要的体验。这个决定可能会导致他将精神能量和注意力转移到他们的同伴群体中，并重新组织自己，或者更紧密地依附于一个提供积极反馈的群体，或者至少是不那么具有威胁性的群体。这一决定——可能会导致问题行为、辍学和犯罪——短期内可能有助于保护自我，但从长远来看，为获得掌控力和胜任力而付出的努力是令人不安的。因为，短期内可能引发表面恢复的行为或许会导致长期的病态结果。病态发生在自我系统在某种意义上"关闭"时，围绕自我的负面反馈进行反应性

第七章 展开对话，扩展论证：
概念框架在陈述、解释和情境化研究结果中的作用

组织，没有完全整合所有组件，或者依赖适应不良的"自我纠正倾向"解决方案（作为其主要的纠正性问题解决策略）。这不同于有效应对——使用适应性解决方案作为一个人纠正问题的解决策略。当被反复用作稳定的应对反应时，其结果是一个已实现的身份或一组健康的社会心理过程，这增加了生产的生活阶段应对各种产物的可能性。

[4] 作为生态系统理论的现象学变体模型（**扩展的自组织视角**）的演示（图7.1），我们探索了一个预测消极学习态度的模型。该模型包括一个特殊的风险（女性领导）和两个水平的压力参与（stress engagement）。女性领导被认为是先前存在的风险贡献因素被纳入模型中，作为对基于家庭结构的任何可能差异的控制。第一级压力参与是关于青少年在过去一年中是否经历过某些压力事件的自我报告。累积的压力经验被发现具有协同效应，这一效应与其他利用青少年认知资源的经验相结合。因此，它也被包括在模型中，作为一种对照，以解释一个人必须处理的压力源数量的差异。第二级压力参与（察觉到的社会支持）更多地关注压力的现象学体验，包括察觉到的教师对黑人男性的积极期望、察觉到的受同龄人欢迎、察觉到的不受同龄人欢迎。据推测，一个人从老师和同龄人那里察觉到的社会支持越少，他表现出的消极学习态度就越多，以此作为稳定的应对反应或紧急身份认同。该模型还包括适应性（与非适应性相对）反应性应对方法，它通常是积极的态度，被看作中介变量（图7.1）。人们认为总体积极态度可以在察觉到的

· 201 ·

社会支持(即压力源)与消极学习态度[即稳定的(与心理社会相关的)应对反应]之间起到中介作用。也就是说,总体积极态度越高,消极学习态度就越低。消极学习态度代表了该模型中的一种紧急身份认同或对压力的稳定应对反应。我们的假设是,采用消极学习态度源于重复使用特定的纠正性问题解决策略。例如,面对察觉到的社会支持或者缺乏社会支持,经常会使用不适应的解决方案或很少使用适应性解决方案(即在这种情况下,很少使用总体积极态度)。因此,消极学习态度被认为是一种稳定的应对反应或紧急身份认同,这有助于保持特定青少年"对自己的积极看法"。重要的是,消极学习态度作为一种紧急身份认同,其含义包括贬低学习活动,以及减弱教师在这类青少年经历中的作用。

[5] 因此,该分析探讨了两个假设。首先,总体积极态度和稳定的(心理上的)应对反应(即消极学习态度)之间应该是**负**相关的。其次,在这个非裔美国青少年男性样本中,两个察觉到的社会支持预测变量(即察觉到的教师对黑人男性的积极期望,以及察觉到的不受同龄人欢迎)预计是两个重要的消极学习态度的预测贡献因素;这两个变量的影响方向(即察觉到的教师对黑人男性的积极期望,以及察觉到的不受同龄人欢迎)预计分别是积极的和消极的。

第七章 展开对话，扩展论证：
概念框架在陈述、解释和情境化研究结果中的作用

```
(1) 风险因素
    自我评估流程：
    社会认知依赖
    （回应刻板印象和偏见）
         女性领导
            ↕
(2) 压力参与
    中间压力体验
    - 压力事件
      觉察到的社会支持
    - 觉察到的老师对黑人
      男性的积极期望
    - 察觉到的受同龄人欢迎
    - 察觉到的不受同龄人欢迎

(4) 稳定的应对反应：
    新的身份认同
    文化目标与觉察到的可
    用的手段的整合
         消极学习态度
              ↕
(3) 反应性应对方法
    纠正性问题解决策略
    总体积极态度
    （适应性解决方案）
```

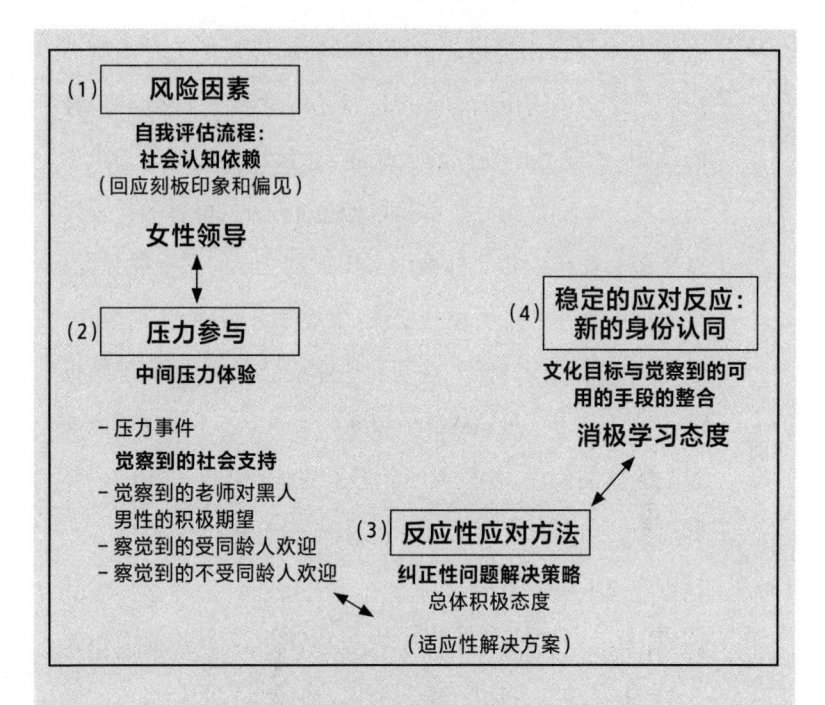

图 7.1 女性领导、压力事件、察觉到的社会支持、总体积极态度与消极学习态度之间的关系模式

资料来源：Spencer, M., Dupree, D., and Hartmann, T. (1997). A Phenomenological Variant of Ecological Systems Theory (PVEST): A self-organizational perspective in context. Development and Psychopathology, 9(4), 817–833. Reprinted with the permission of Cambridge University Press。

资料、方法和结果的小结

[6] 本文提出的研究结果是基于266名14岁至17岁非裔美国学生（181名男性，85名女性）的调查资料的分析得出的。调

理性且严谨：概念框架如何指导研究

查报告本身是由经过先前研究验证的成熟的工具编制而成的。文章中讨论的中心变量——压力事件、察觉到的教师认知、察觉到的受同龄人欢迎、总体积极态度与消极学习态度——中的每一个都是以经过验证的、可靠的量表为基础的。简单的相关性被用来探索变量之间的关联强度；设置回归被用来分析预测变量（女性领导、压力生活事件、察觉到的是否受同龄人欢迎和总体积极态度）对兴趣结果（消极学习态度）差异的解释程度。基于生态系统理论的现象学变体的假设，性别影响年轻人对他们生活经历的解释和反应，所以对男生和女生的分析是分开进行的。

[7] 分析产生了以下结果：

① 男生压力生活事件的经历与总体积极态度呈正相关（$r=0.27$, $p<0.001$）。换句话说，男生报告的在过去一年中经历的压力事件越多，他们的总体态度就越积极。

② 男生的压力生活事件与消极学习态度呈负相关（$r=-0.3$, $p<0.001$）。

③ 察觉到的不受同龄人欢迎与不太积极的总体态度有关（男生 $r=-0.28$, $p<0.001$；女生 $r=-0.21$, $p<0.05$）；也与更消极的学习态度有关（男生 $r=0.47$, $p<0.001$；女生 $r=0.52$, $p<0.001$）。

④ 对于男生和女生来说，察觉到的不受同龄人欢迎解释了消极学习态度变化的最大百分比。

⑤ 对于男生来说，察觉到的受同龄人欢迎是学习态度不那么消极的显著预测因素（$b=-0.22$, $p<0.01$），但对于

女生来说,不存在相同的关系。

⑥ 对于男生来说,察觉到的教师对黑人男性的积极期望与不那么消极的学习态度相关,但与其他中介变量相比,这种关系要弱得多($p<0.10$)。

⑦ 对于男生和女生来说,女性领导不是消极学习态度的显著预测因素。

讨 论

[8] 正如最初所述,将现象学视角与生态系统途径结合起来的一个重要优势是,它提供了一个更动态的、文化响应性的、情境敏感的视角,来解释个体自己的意义生成过程:它捕捉到了个体的主体间性。这个视角对于理解非裔美国青少年的在校经历尤为重要。当年轻人正在为成功进入成年期做准备时,与青春期相关的身体、认知、生理和情感规范的重要变化,使青春期本身成为关键发展过渡阶段的不同寻常的不平衡来源。在美国社会,学术能力是成功的成年期的重要基础组成部分,事实上,也是整个生命历程中的能力。因此,必须认识到在学校环境中,那些让学生感到被剥夺了权利或导致辍学或犯罪的经历。学校环境仍然是有色人种青少年和经济贫困青少年面临的特殊挑战的来源。理解青少年的主观过程及其与重要学术成果的关系至关重要(Fordham & Ogbu, 1986)。鉴于长期公认的不良学校表现和问题行为之间的关系,青少年对学习的态

度代表了一个关键的结果变量，也是这项研究的标准尺度（例如Took & Weiss, 1994）。

[9] 所有的措施都是学生对自我的报告或学生对老师和同龄人的看法。如图7.1所示，在本文中，我们试图将风险或压力变量与一种反应性（尽管是适应性的）应对方法（即总体积极态度）结合起来预测一种稳定的应对反应——消极学习态度。除应激性事件外，还有一系列察觉到的社会支持变量作为其他压力因素被包括在内，如察觉到的教师对黑人男性的积极期望，察觉到的受同龄人欢迎以及不受同龄人欢迎（图7.1）。

[10] 这两个被检验过的假设的总目标是探讨青少年消极学习态度的原因。第一个假设探讨了反应性应对方式（即总体积极态度）作为预测消极学习态度的贡献因素的有效性。第二个假设探讨了3个察觉到的社会支持变量中是否有两个（即察觉到的教师对黑人男性的积极期望和察觉到的不受同龄人欢迎）在对消极学习态度的预测中效果最显著。

[11] 从表3和表4（本书未收录）可以明显看出，女性领导对男性或女性来说并不是一个重要的预测因素。从现象学的角度来看，家庭结构本身并不一定能解释消极学习态度等心理状态的差异，生态系统理论的现象学变体表明，青少年对其家庭结构的自我评价过程将比家庭结构本身产生更大的影响。然而，其他因素是预测消极学习态度的重要贡献因素。对于女生来说，如表4（本书未收录）所

第七章 展开对话,扩展论证:
概念框架在陈述、解释和情境化研究结果中的作用

示,在控制了不重要的风险和压力事件后,察觉到的不受同龄人欢迎是导致女生消极学习态度的唯一重要因素。出乎意料的是,压力在男生的回归过程的各个步骤中都具有明确的显著性和持续的重要性,经历的压力对女生消极学习态度完全不重要。考虑到女生在同龄人中不受欢迎对于消极学习态度的**特殊**重要性,一方面,回归发现(regression finding)可能表明,与男生相比,女生对不受同龄人欢迎的察觉特别敏感;另一方面,在预测男生的消极学习态度时,不受同龄人欢迎和受同龄人欢迎的重要性实际上可能表明,他们对同龄人评价反馈的反应更广泛且无差别;重要的是,它为干预和预防支持提供了重要机会。此外,在女生的案例中,如果压力测量在评估**同龄人特定的**压力时占了很大比重,那么在不同的阶段中,在压力与消极学习态度之间是否存在同样重要的预测关系?也许这些发现暗示了,与女性的生活相比,男性在生活中有更广泛的、**普遍的**重要性来源(事实上,学术上的非边缘化?)。更多与生理和健康相关的、关于性别差异的理论表明,与女性相比,男性更容易受到压力的影响(Wingard, 1987)。事实上,关于女性寿命更长的假设通常与她们的生命历程发展和利用同性关系有关,而男性更多地依赖异性(即婚姻)纽带。总而言之,男生在同龄人中不受欢迎和受欢迎的显著性,以及女生在同龄人中显著不受欢迎的独特意义,可能本身代表着不同的原因。

[12]对于男生来说,还有其他有趣的差异(参见表3,本书未收

录)。首先,压力大的生活事件对男性来说非常重要,因为他们可以从意想不到的方向预测消极的学习态度:压力越大,学习态度越不消极,这是一个重要的预测因素。压力性生活事件继续在各个步骤中发挥作用,在回归方程的每一个后续步骤中,贝塔系数都为负值。这种模式可能意味着,正如所暗示的那样,那些在生活中经历了很大压力的男生更多地参与到了学校教育的过程中,他们被边缘化和被忽视的程度较低。因此,他们的学习态度也不那么消极。虽然没有对经验进行质性分析,但这种意想不到的预测关系可能意味着,特别是对男性来说,压力大的事件可能代表着他们没有被边缘化。也就是说,年轻人可能会大量参与社会活动,这也会为压力性事件带来重大机会。当然,从女生身上获得的资料表明,与黑人男性相比,她们在课堂上的中心地位更高(参见Irvine, 1990)。

[13] 与性别无关,察觉到的社会支持,特别是察觉到的不受同龄人欢迎,是青少年消极学习态度存在显著差异的原因。如上所述,超过1/3的女生消极学习态度的差异是由唯一重要的贡献变量造成的,即察觉到的不受同龄人欢迎(参见表4,本书未收录)。针对男生的预测模型尤为重要,因为它为干预策略和社会支持提供了更多的机会。例如,很少报告重大生活事件可能意味着边缘化,而且可能对消极学习态度的形成很重要。此外,所有3个察觉到的社会支持都是重要的因素。察觉到教师对黑人男性抱有积极的期望,这与不那么消极的学习态度有关;同样,察觉

到受同龄人欢迎与不那么消极的学习态度有关。同时，和女生的研究结果一样，男生认为自己不受同伴欢迎是消极学习态度的一个重要预测因素。此外，虽然只是略微显著（$p<0.05$），反应性（适应性）应对方法总体上具有积极的态度，但与男生较不消极的学习态度有关（参见表3，本书未收录）。

[14] 只有在不利或有压力的经历的背景下，才能认识到复原力。总体积极态度被认为是一种有效的反应性（尽管是适应性的）应对方法。它被用来作为面对挑战时的一种适应性纠正性问题的解决策略，帮助一个人通过使用一种策略来战胜不利的环境。或许，这种策略可以让人保持乐观和积极。事实上，对男生的研究结果支持了第一个假设，它探索了应对方法对学习态度的重要性。事实上，对男生的研究结果与预期相反：不太明显地使用作为一种反应性应对方法的积极态度与消极学习态度相关。积极学习态度对青少年消极学习态度的贡献虽然不大，却很重要。这可能表明，在某种程度上，男生已经学会了感知某些经验——这些经历对其他人来说意味着很大的压力或挫折感——它们被视为日常经验的一部分（只不过是生活中另一件事情或另一个挑战）。可能会有一些事件持续不断地发生，以至于一些年轻人使用由社区成员开发、采用和建模的反应性（适应性）应对方法。对一些人来说，这可能会使他们自己的经历更加积极。也就是说，特定挑战的普遍存在阻碍了情感更个性化的内化。

同时，其他学生可能没有接触到经常使用反应性（适应性）应对方法的模型，相反，他们接触到的是使用更多不适应问题解决策略的模型。因此，这些青少年可能会采取稳定的应对反应（例如，消极学习态度），这种应对反应具有有害的行为相关性和不利的应对后果（例如，学业失败和辍学）。

[15] 父母有毒品问题、与心怀仇恨和离了婚的父母生活、卷入或接触毒品或酒精、在人际关系疏远的学校上学、与父母的冲突增加，这些都是慢性的、需要反应性应对方法来应对的、与情境相关的压力。压力事件与适应性纠正问题策略（例如，总体积极态度）之间的关系值得进一步探讨。此外，生态系统理论的现象学变体表明：感知和态度之间存在相互作用的关系。

[16] 具体而言，与现象学分析相一致，对于其他人如何看待我们，我们所持的看法会影响我们的期望、反应态度和行为。事实上，我们的态度和行为会影响别人对我们的看法、回应和反应，这让情况变得复杂。因此，在考虑这项研究结果的意义时必须记住，这项研究关注的是与感知和态度有关的认知变量。除了一份关于过去一年经历的压力事件的报告外，没有任何行为变量被包括在内。这些变量可以表明，对于任何给定的学生来说，同龄人的负面看法是否实际上是没有根据的。然而，生态系统理论的现象学变体认为，看法作为压力的来源非常重要，可以影响行为，即使它们不一定有"事实"基础。因此，如果

在学校环境中青少年缺乏教师的接纳或正面看法,会导致他们被剥夺上学的权利。学生感知过程的焦点可能是干预努力的一个重要和必要的焦点。

[17] 作为解决青少年问题的一种干预策略,辅导的支持作用一直是国家关注的焦点。我们的研究结果表明,尤其是对男性来说,青少年对作为压力源的教师的感知是很重要的。男性的预测模式表明,青少年的生活需要成人榜样和成年人的支持,他们提供适应性的纠正性问题解决策略的模式(例如,总体积极态度)。此外,聚焦感知的或真实的同伴关系的干预措施暗示,其他潜在的重要途径可以通过内化不那么消极的学习态度来提高青少年的学校参与度。

[18] 第二个假设部分获得了部分支持。该假设认为,察觉到的教师对男性的积极期望和察觉到的不受同龄人欢迎将是消极学习态度的最重要因素。表3(本书未收录)显示,最大的因素是察觉到的不受同龄人欢迎;不过察觉到的受同龄人欢迎也同样显著。一方面,教师的正面看法对男生来说意义不大。另一方面,对于女生来说,只有察觉到的不受同龄人欢迎,才能显著且一致地预测消极学习态度。对于女生来说,察觉到的不受同龄人欢迎,是消极学习态度的唯一显著预测因素,这一发现与其他研究一致。这些研究表明,女性同龄人群体特别重要,与男性同龄人群体不同。在整个生命过程中,社会关系对身体和心理健康的影响显得异常显著。对女生来说,同龄人

群体的中心和突出地位对促进和增强健康非常重要。然而,对于男性来说,研究结果揭示了更多的支持和干预的根源,包括教师支持、培训计划和导师。这些被当成更具适应性的纠正性问题解决策略(即反应性应对方法)的典范。这些资料并没有表明非同龄人群体对女生的潜在资源。也许,对于女性来说,压力事件应该更多地从群体的角度来考虑,而不是从个人经历的角度来考虑。此外,对于女性来说,总体积极态度应该从它如何被同伴关系影响的角度来考虑。

[19] 这一模型的研究结果表明,尤其对于非裔美国城市男性青少年来说,特别的压力在预测消极学习态度方面非常重要:对黑人男性的积极教师期望、察觉到的不受同龄人欢迎,以及察觉到的受同龄人欢迎。这种关系是朝着预期的方向发展的。反应性(适应性)应对方法(即总体积极态度),似乎是对察觉到的社会支持不可获得性的——一种预测稳定性应对反应(消极学习态度)的压力源——有效适应性反应。总体上保持积极的态度对于预测消极学习态度很重要。这些研究结果表明,在控制了风险、压力事件和不同的社会支持来源后,它是男性消极学习态度的一个极其重要和独立的贡献因素。总的来说,教师和同龄人在年轻人的生活中发挥重要**作用**并不是一个新概念(Irvine, 1988; Cunningham, 1994)。然而,一些分析表明,察觉到的不受同龄人欢迎对男生和女生最重要。但尤其对女性来说,察觉到的受同龄人欢迎似乎没有他

第七章 展开对话，扩展论证：
概念框架在陈述、解释和情境化研究结果中的作用

> 们察觉到的不受欢迎那么显著。显然，所有的社会支持对男性来说特别重要。
>
> [20] 总体而言，察觉到的社会支持作为压力源至关重要，并与易于干预的文化背景相联系。综上所述，预测模型可能有助于干预方法的"微调"，从而产生更好的自组织结果和生命历程机会。作为一种解释手段，生态系统理论的现象学变体模型为阐明复杂的情境关联现象提供了一个重要的框架。

论 证

在简要介绍生态系统理论的现象学变体的逻辑之后，文章开始具体地讨论环境、自组织和结果之间的关系。总体目标是向读者证明：环境因素、身份和结果之间的联系是相互关联的。这一论证的内容安排如下：

1. 自组织（身份）使青年人能够在不同的社会、制度和文化背景下调整或"自我纠正"（第[1]段）。

2. 然而，自组织本身受个体对经验的主观和个人解释的影响，以及青春期等发展变化的影响（第[2]段）。

3. 在"敌对"环境（即以高水平负面反馈为特征的环境）中成熟的青年因此自我组织起来，使负面反馈与对自己更积极的看法相调和（第[3]段）。

4. 这些自组织过程可能产生适应性（有恢复力的）或非适应性（病理性的）的反应，具体取决于各种因素（第[3]段）。

5. 这篇文章探讨了环境风险因素、青年如何感知和体验这些因素与自组织之间的关系(第[4]段)。

6. 具体来说,这篇文章探讨了一种假设,即当存在负面反馈且没有恰当的应对方法时,就会出现消极学习态度——本质上是学校价值的降低(第[5]段)。

7. 通过对调查资料进行分析来评估这些构念之间的关系强度,并确定负面反馈和应对方法对自组织的影响程度(第[5]段)。

虽然本章关注的是研究结果是如何被定位和被解释的,但论证本身也有几个方面值得注意。首先,就像本书中重点介绍的其他作品一样,该论证首先说明了为什么这项研究很重要,然后再讨论这项研究是如何被设计来满足研究需要的。特别值得注意的是该研究的理论框架(生态系统理论的现象学变体)和概念框架之间的关系,该框架证明研究环境风险因素和应对反应如何影响与学校相关的发展结果,具有重要意义。正如我们在第一章中所说,理论框架是嵌套在概念框架内的。

其次,与本书中的任何其他文章相比,《生态系统理论的现象学变体:情境中的自组织视角》在更多地尝试独立的同时,又与一个更大(也更长)的文本相联系。这项研究和由此产生的文章面临的一个主要挑战是,在更大的框架中划出一小块,然后提供足够的情境,让读者理解前者对后者的看法。图7.1非常好地说明了这一点。它突出显示了生态系统理论的现象学变体框架的特定部分,并将每个部分与本文中提供的特定构念或变量联系起来。"在这篇论文中,我们决定只看……理论的一部分,[它]把身份认同视为结果。"斯潘塞解释道。换句话说,生态系统理论的现象学变体包括起点(环境)、

第七章 展开对话，扩展论证：
概念框架在陈述、解释和情境化研究结果中的作用

终点（生活结果）、一组中介过程或因素，以及三者之间的所有假设关系。但是，每一项建立在生态系统理论的现象学变体基础上的研究都没有解决更大的理论框架假设的所有关系。斯潘塞在访谈中解释说：

> 在这样的理论框架中，你在哪里分配或指定一个构念的位置，往往取决于你对某些特定现象的质疑的性质。确定当前你在提问过程中的位置是至关重要的。具体来说，你目前想要弄明白的、迫切的兴趣是什么？
>
> 得到回应后，你就会朝着那个方向前进，并通过你的逐步研究，寻求对该特定部分的一些清晰认识。按照这个步骤，接着再进一步研究。因此，一个受理论驱动和关联的程序性研究传统，含蓄地和批判性地接受你不能一次完成所有的工作或一次回答所有相关的问题。

在该研究中，什么是更大的框架（身份）的调解过程成为文章中提出的概念框架感兴趣的结果，如上所述，这使得这项研究更有针对性，与调查工具测量的构念联系得更加紧密。这使得斯潘塞和她的同事着手解决具体问题。这些问题与压力如何影响学生的选择和学业成功有关。

最后，值得注意的是这篇文章的语言运用，以及它对作品的目标群体所说的话。在第四章中，我们注意到每个论证都需要有一个起点，而起点的位置在很大程度上取决于作品的预期目标群体。从使用的语言来看，很明显，《生态系统理论的现象学变体》是为熟悉

· 215 ·

发展心理学基本原理的学术读者而写的,因此其概念框架并不侧重于论证复原力的重要性——它假定读者已经理解了这一点。这篇文章的重点是使人了解复原力是如何发挥作用的。同样地,它还假定读者对现象学和牢牢扎根于心理学领域的身份认同过程有所了解。这篇文章并没有试图把这个观点与其他学科的观点放在一起,而是把重点放在了使用特定领域的工具和认识论来分析一组关系上。对于这篇文章的读者,这种方法是完全合适的,它传达了有关分析细节的必要信息,同时假定读者能够在学科的更大范围内理解这些细节。

介绍和讨论研究结果

文章的讨论部分紧跟着文献综述开始:在生态系统理论的现象学变体的背景下解释消极学习态度的意义(第[6]段)。具体来说,斯潘塞和她的同事们认为,消极学习态度会导致负面的人生后果,比如辍学或成绩不好。这有效地把消极学习态度确立为替代后果,并将本文中提供的更小、更有针对性的分析与更大的生态系统理论的现象学变体框架联系在了一起。因此,引言既提醒读者为什么这项研究的主题很重要(因为消极的学习后果与不利的人生后果相关),又对其更广泛的意义进行了论证。

在重新讨论了这项研究的论证后,作者简要地提醒了读者它的方法论(第[6]—[7]段),这包括对资料和主要研究假设的简要总结:总体积极态度与消极学习态度之间的关系,以及教师期望或察觉到的不受同龄人欢迎与消极学习态度之间的关系。在3个简短的

第七章 展开对话，扩展论证：
概念框架在陈述、解释和情境化研究结果中的作用

段落中，作者提醒了读者这项研究的总体概念框架，并在这样做的同时为随后的对研究结果的讨论奠定了基础。在这一点的设置工作中有一个重要的教训（特别是对于那些使用量化研究方法的人来说）：在陈述你的研究结果时，请记住，数字本身是没有意义的，接触这些数字很长一段时间后，它们所指的内容对你来说可能是不言而喻的，但对你的读者来说意义就不会那么明显了。因此，报告的资料需要与概念、关系以及最终的研究问题联系在一起。如果读者能把它们看作你的概念框架中呈现的证据，他们就更有可能理解你试图提出的观点，并被它们说服。

关于调查结果本身，讨论部分实际上讲述了关于调查结果和概念框架之间的关系的两个截然不同的故事。第一个提供了一个很好的例子，说明当研究者的发现或多或少符合他们的预期时会发生什么：结果主要用于扩展和支持概念框架。第二个正好相反：发现不仅不符合研究者的预期，还引发了人们对最初导致这些预期的假设的质疑。虽然这些故事在文章中有些纠缠在一起，但我们选择在这里单独讨论它们。二者共同提供了一个有用的例证，说明研究中普遍存在的一种矛盾：一方面，你如何向他人传授你的研究经验；另一方面，你自己又如何从中学习。

使用调查结果将论证置于背景中并加以扩展

文章介绍的许多结果与生态系统理论的现象学变体框架一致。作者指出，通过女性领导本身并不能预测消极学习态度，这并不奇怪（第[9]段）。他们认为，影响自组织的不是女性领导的事实，对

· 217 ·

女性领导的体验和解释方式可能对反应产生最大的影响并最终影响自组织。这就是现象学视角被强调的地方：发展不仅仅被视为一组可观察的经历或行为，而且应被视为对这些经历进行的逐步解释和整合，使它们成为一种自我意识。因此，女性领导不显著这个事实被作为支持这一现象学观点的证据。"我们要说的是，"斯潘塞向我们解释说，"在所有的研究结果中，这是最重要的结果之一。身份或自组织过程是关键，而不是对单一的领导职位的显著性提出假设。这才是真正的关键所在。"

根据假设（第[5]段），总体积极态度（反应性应对方法）与消极学习态度（紧急状态下的身份）之间存在着负相关的关系。作者指出，这一研究结果与生态系统理论的现象学变体一致，并试图解释其影响（第[12]段）。他们冒险超越具体的研究结果，提供了一个可能的解释，解释为什么在环境压力的情况下，一些年轻人养成了总体积极态度，而另一些年轻人则没有。这就需要颠倒理论框架和研究结果之间的关系。作者首先指出，这些发现验证了生态系统理论的现象学变体，随后使用生态系统理论的现象学变体提供了一个假设，说明为什么总体积极态度会有所不同。具体来说，他们认为年轻人可能与其他选择适应性或非适应性应对的人有不同的接触，这可能会影响他们自己的态度。这与生态系统理论的现象学变体的核心观点是一致的，即个人理解其经历的过程具有主体间性。它还建立在该研究的一个实证发现的基础上：同龄人影响在塑造年轻人稳定的应对反应方面非常重要。总而言之，这篇文章的概念框架不仅实现了实证研究的情境化，而且为那些超出分析范围的研究结果提供了合理的解释。

第七章 展开对话，扩展论证：
概念框架在陈述、解释和情境化研究结果中的作用

被察觉到的社会支持也与消极学习态度相关，方式与生态系统理论的现象学变体预测的一致，在同龄人中感觉不受欢迎和更消极的学习态度之间的关系最强；对于女生来说，这实际上是**唯一**重要的预测因素。这一发现需要从两个层面进行解释，第一个层面涉及在同龄人中感觉不受欢迎（或受欢迎）作为消极学习态度的预测因素的含义和意义（第［14］段）。与关于总体积极态度的研究结果一样，作者首先指出这些研究结果与他们最初的假设是一致的（第［5］段），并认为它们验证了感知（现象学视角）在分析环境因素与发展结果之间的关系时的重要性。接着，他们认为，从研究角度来看，有必要进一步关注学生的感知过程。从干预的角度来看，应该把工作重点放在学生的同伴关系上（第［15］段）。这再一次代表了论证从研究结果到影响的扩展。

第二个层面涉及男生和女生在其他社会支持变量——察觉到的受同龄人欢迎和察觉到的教师对黑人男性的积极期望——上的明显差异。在这里，作者试图解释为什么存在明显的性别差异（第［9］段），因为关于男性和女性如何经历压力的研究表明，男性经历压力的方式是概括的、无差别的（即压力被认为是概括性的和累积性的），而对于女性，压力的来源更为具体。此外，他们指出，女性比男性更有可能试图通过形成同性同伴关系来应对压力。这一解释提供了一个很好的例子，说明如何将额外的文献（在这种例子中来自健康研究）整合到一个概念框架中，以帮助解释和情境化具体的研究结果。

在试图回答一个从他们的研究中出现但没有得到直接回答的问题时，作者设法解决许多研究者在陈述情境化研究结果时面临的重

要问题：我们需要解释多少？我们该如何去解释呢？这项分析的结果对于男生和女生来说似乎是不同的，这一点似乎很重要。这也与生态系统理论的现象学变体中的生态系统理论的一些方面是一致的。在该理论中，社会文化观点和性别体验显然是自组织过程中的一个因素。至少作者有理由仅仅把这些差异作为证据呈现出来，即这些宏观因素在研究发展时必须加以考虑。但他们超出了这一点，介绍了更多关于性别和压力体验的一般性研究，为他们观察到的结果提供可能的解释。然而，值得注意的是，他们这样做时很谨慎。这在当时的情况下是合适的：作者对他们的研究发现提供了合理的解释，但他们很小心，没有夸大这一研究结果本身的意义。

在结论（第[17]—[18]段）部分，作者指出，尽管研究文献一直证明年轻人与教师和同伴的关系很重要，但他们的分析结果表明，这些关系的重要性可能比最初认为的更具差异性和复杂性，需要进一步调查。他们还指出了干预措施的潜在影响，但只是一般意义上的考虑。就像决定一个人的论证的起点一样，从一项研究中产生的建议的性质取决于目标群体。因为《生态系统理论的现象学变体》是为学术读者写的，所以将它的影响主要集中在研究的概念和方法上是合理的。

综上所述，本研究呈现的研究结果通过3种方式与其概念框架相结合。首先，作者直接回应了之前提出的研究问题和假设；本质上，他们提出了一个概念框架的实证模型。其次，他们更广泛地解释了资料中明显的关系是如何映射到生态系统理论的现象学变体上的，生态系统理论的现象学变体是研究的理论框架。最后，他们注意到模型中没有被他们分析处理或解释的部分，并指出需要对框架的各个方面进行进一步调查的领域。总之,这种整合用实证验证了该框架,并为读者提供了一个理解研究结果的背景。

从意外中学习:调查结果如何重塑概念框架

虽然《生态系统理论的现象学变体》中的许多研究结果与生态系统理论的现象学变体和文章的概念框架是一致的,但一个相当重要的结果似乎与它们相矛盾。对于男生来说,压力事件的经历与总体积极态度有很强的**正相关**关系:报告的压力事件越多,总体态度就越积极。同样,压力体验与消极学习态度呈负相关:经历的压力越多,消极学习态度就越少。回归分析得出了类似的结果:即使在控制其他因素的情况下,压力事件的经历也是学习态度不那么消极的重要预测因素。

作者曾经指出,生态系统理论的现象学变体预测,经历更多的压力将与不太积极的总体态度相关,从而与更消极的学习态度相关。事实上,我们发现了相反的关系。他们承认对这一发现感到惊讶。但他们在文章里是如何回应的并非事情的全部。同样重要的是,这一违反直觉的结果让斯潘塞重新考虑她的一些关于经受压力环境的假设,最终导致生态系统理论的现象学变体的组织和呈现方式发生了重大变化。

在《生态系统理论的现象学变体》一文中,斯潘塞和他的同事们对这一结果提供了两种试探性的解释(第[10]—[12]段)。第一,他们认为,对压力事件的报告实际上可能是**参与学校教育**的一种迹象,并不是表明男生生活中的不稳定或负面反馈。正如他们所声称

理性且严谨：概念框架如何指导研究

的那样:"年轻人可能会大量地参与社会活动,同时也大大增加了压力事件出现的概率。"第二,作者假设压力事件和总体积极态度之间的关系可能是双向的,拥有一种总体积极态度不是经历压力的结果,而是解释这些经历的过滤器。"在某种程度上,"作者写道,"男生们已经学会了把某些对其他人来说非常有压力和沮丧的经历视为日常生活的一部分。"(p.830)

这篇文章主要关注的是社会支持、应对方法和自组织之间的关系,所以解释这一令人惊讶的发现并不是讨论部分的重点。作者提供了一些可能性,但只给出了简短的说明,她把重点放在解释那些对他们的假设更重要的结果上。但是,这一意外发现的重要性远远超出了这篇文章,它造成的不协调帮助斯潘塞重新思考环境、压力和应对方式之间的关系,这从根本上改变了生态系统理论的现象学变体。"这里的困境在于,我们用一种非常简单的方式,从压力事件的角度来解读风险。"她在访谈中反思道。她接着说道:

> 在考虑压力事件时,人们可以仅从风险的角度对其进行狭隘的解读,这不是我们的本意。然而事实上,我们没有包括为其他解释提供可能性的构念和变量。例如,经历过高压力的男性可能会解释或推断出更强的解决问题的能力,因为他们承受了巨大的压力和风险。被捕捉这一视角将会是在概念框架中需要捕捉的一个重要保护性因素。也就是说,将生态系统理论的现象学变体描述为对人类脆弱性——始终代表风险**和**保护性因素——的探索是至关重要的。因此,就项目的设计而言,把明确的保护性因素

第七章 展开对话，扩展论证：
概念框架在陈述、解释和情境化研究结果中的作用

和风险都包括进去非常关键。所以，它们的缺席表明在已发表项目的设计中存在明显的疏忽。也就是说，这是一个教训。

因此，经过检查，斯潘塞解释说，这种概念化至少存在两个问题。首先，年轻人经历了不同类型的压力，产生了不同的后果。研究中使用的测量方法未能区分对压力体验的可能感知，这可能是产生这种研究结果的部分原因。更重要的是，该分析未考虑到保护性因素，这些因素是年轻人可以获得的实时支持。作者在文章中推测，压力事件的经历是否真的可以代表这种支持，但他们无法从经验上研究这一理论。然而，在随后的工作中，斯潘塞从**净脆弱性**的角度重新建构了风险和压力，其特征是有区别的压力和有支持或无支持相结合。在后来的作品（Spencer et al., 2006）中，她对这一概念的解释如下：

> 净脆弱性……由个人发展过程中可能会带来挑战的情境特征和个人特征组成。风险贡献因素是可能使个人易受不良后果影响的因素。这些因素可能会被保护性因素抵消，从而定义了特定个人的净脆弱性。（p. 642）

斯潘塞使用**双轴模型**来描述风险，本质上是一个"2×2"的矩阵，一边是风险性因素（**低**、**高**），另一边是保护性因素（**低**、**高**）。在对斯潘塞的访谈中，我们发现斯潘塞用这个更加微妙的视角，对她早期的作品提出了令人信服的批评。斯潘塞指着一张图表，将高风险、低保护性因素与低风险、高保护性因素组进行对比，解释道：

· 223 ·

这是两个在社会科学中得到极大关注的群体：高风险、低保护性因素的青少年和经历低风险、高保护性因素的儿童。后者代表了正常发展的公认标准，通常由中等收入的白人组成，而且往往是男性。正如前面提到的，比较这两个群体一直是社会科学的传统。然而，在使用双轴模型来描述生态系统理论的现象学变体及其对人类脆弱性的认识时，我们承认存在一个通常被忽视的"高风险-高支持"和"低风险-低支持"群体。然而，在这一特别的出版物中，对于高风险和高压力的学生群体，我们没有采取旨在获得不同类型支持的措施。总而言之，我们忽视了纳入旨在说明广泛而多样的支持来源的措施的必要性。也就是说，即使存在高风险，也可以获得现有的支持。

生态系统理论的现象学变体的演变为理论框架和实证工作之间的关系提供了重要的启示。正如我们在第一章中所讨论的，理论框架不只是应用于一个背景，资料和研究结果不断地反映和反驳框架本身，为框架的有用性和概念的合理性提供有价值的反馈。意外是这种情况发生的一种方式（无效结果是另一种方式）。对研究者来说，重要的是保持对这些机会的开放态度，以促进我们的学习和思考。根据定义，理论框架是复杂的（因为它们涉及不同理论的组合）和脱离情境的（我们开发和使用它们来理解模棱两可的情况或关系）。在系统地收集和分析与那些框架相关的资料的过程中，我们有更多的机会在寻求了解它们的特定背景下进行检查。从这个角度来看，很明显，理论框架**应该**不断演变，由于它们嵌套于概念框架内，

第七章 展开对话，扩展论证：概念框架在陈述、解释和情境化研究结果中的作用

它们也理所当然地会进化。因此，对于读者和研究者来说，使用概念框架将研究结果情境化是为了验证和解释，也是为了理解意想不到的或违反直觉的结果。

结语：概念框架以及对研究结果的陈述和解释

在整本书中，我们试图将学术论证呈现为一系列有序的、合乎逻辑的命题，每个命题都建立在前一个命题的基础上。我们将概念框架定义为关于一项研究或一篇作品的重要性（理性）和质量（严谨性）的论证。正如我们在本章中所展示的那样，对研究结果的陈述和情境化具有与概念框架相关的两个重要功能。首先，它是论证的扩展。如果概念框架是关于一个或多个问题的价值的论证，那么对调查结果的讨论可以被认为是对这些问题的答案的重要性的论证。它以概念框架为出发点。其次，它提供了一个反思和批判概念框架的重要机会。这既适用于构成论证的实质性假设和观点（例如，在本章中，压力和反应之间的关系），也适用于研究的方法论（区分风险或不区分风险的程度），这一批评对于良好的实证研究至关重要。你的概念框架，以及符合该框架的理论，为你的问题和方法提供合理的理由，但这一框架也受制于你从资料本身学到的东西。因此，研究结果既是概念框架的产物，也是加强和改进概念框架的一个反馈循环。

> **思考题**

1. 请重新阅读你最初的研究设计（你在收集资料之前写的东西）。关于你的研究结果，你有什么假设或可行的理论？你期待你能发现什么？为什么？

2. 现在将这些期望与你的实际研究结果进行比较。你有没有遇到过什么意外？如果有的话，你怎么解释它们？你可以使用什么工具（比如文献、额外的资料收集、进一步分析）方便你和你的读者的理解？

3. 如果你的概念框架是一个由一系列步骤组成的论证，根据你的发现，你可以在你的论证中加入哪些新的步骤？

摘录参考文献

Chestang, L. W. (1972). *Character development in a hostile environment.* (Occasional Paper No. 3). Chicago: University of Chicago, School of Social Service Administration.

Cicchetti, D., Rogosch, F., Lynch, M., and Holt, K. (1993). Resilience in maltreated children: Processes leading to adaptive outcome. *Development and Psychopathology, 5*, 629–647.

Cicchetti, D., and Tucker, D. (1994). Development and self-regulatory structures of the mind. *Development and Psychopathology, 6*533–6549.

Cunningham, M. (1994). *Expressions of manhood: Predictors of educational achievement and African-American adolescent males.* Unpublished doctoral dissertation, Emory University, Atlanta, GA.

Irvine, J. J. (1990). *Black students and school failure.* New York: Greenwoo Press.

Lewis, M. (1995). Cognition-emotion feedback and the self-organization of developmental paths. *Human Development, 38,* 71–102.

Took, K. J., and Weiss, D. S. (1994). The relationship between heavy metal and rap music and adolescent turmoil: Real or artifact? *Adolescence, 29*(115), 613–621.

Wingard, D. L. (1987). *Social behavior and biological factors influencing the sex differential of longevity.* Background paper prepared for the National Institute on Aging, Washington DC.

注　释

1. 现象学（哲学的一个分支）虽然最常与质性方法联系在一起，但它也应用于量化研究。具体来说，当试图辨别某一现象是否被多个受试者以一致的方式感知时，探索现象的量化方法是有用的。事实上，在本文中，调查研究被用来将对自我和对环境的认知联系起来，以考察身份形成的过程。

第八章
关于概念框架的建构和再建构的思索

在前几章中，本书的作者使用了一些例子（来自发表在期刊上的文章）来分析概念框架影响研究过程特定方面（例如研究设计或资料分析）的方式。在本章中，我采用的是更为综合的叙事方法，主要有两个目的：首先，我（威廉·邓沃斯）将讲述我的概念框架在我研究的整个生命周期中是如何演变的，从最初的概念化到研究设计、田野调查和分析。其次，我试图将本书中提出的重要观点框定在它们最有可能被阅读的情境里：博士生在开发、使用和完善概念框架过程中的挣扎和学习经历。在整个过程中，我会利用此过程中的工作成果来阐明我在特定时间点的想法，包括研究期刊、访谈笔记和概念图草稿。我展示了研究方式如何深刻地影响了我对研究内容的理解，突出这项研究工作的递归性质。我没有美化我讲述的东西：对我的学习来说，失误和错误的假设时刻与顿悟和清晰的时刻一样重要。

2009年1月，我启程前往中国，想为我的博士论文做大约12个月的实地研究。作为一名资深从业人员，我在中国为一家大型美国商学院开发管理教育项目。这几年的经历让我开始质疑西方的管理教育是否适合中国的组织需求。这些问题促使我离职了，后来我掌握了一口流利的普通话，并花了一年多的时间全面查阅了与我的研究

第八章　关于概念框架的建构和再建构的思索

相关的中西教育、组织和文化建构方面的文献。

在欧洲文化和欧亚文化中生活了很长一段时间后,我满怀期待地前往中国,希望能顺利而高效地完成我的资料收集计划。3年多后我回美国时,不仅我的研究设计发生了根本性的变化,而且我对自己身为一名研究员和一个社会个体的理解也发生了变化。正是在我研究的最后几个月,当我努力将我的挣扎转化为意义时,我才完全体会到我所经历的一切。与其说是我的显性资料,不如说是我内心感受到的挣扎,使我对中国及其制度有了深刻的理解。此外,这些挣扎也揭示了摆脱源于原语文化和社会化的认知及哲学基础的偏见是多么的困难。只有当我学会放下我的西方人的心态后,我才完成了在中国想做的事。

帮助我理解并最终摆脱偏见的是我的概念框架。接下来,我会展示我是如何将我的框架看成一个可以帮助我分析收集到的资料的静态工作成果(一个理论蓝图)的。通过这种方式,我不断地为自己制造障碍,因为我对从环境中获得的暗示视而不见。直到我花了一年多的时间**获取**资料后,我才终于明白,概念框架应该在整个研究中发挥更动态、更普遍的作用。然后我意识到,概念框架应该是一个工具,通过它,我可以创造性地处理我在该领域无法预料的挑战和障碍。鉴于我在完全不同的文化环境里开展研究,这一认识被证明是至关重要的。

现在回想起来,我意识到在我的研究中,我有效地为商学院建构了一套应用知识策略,以寻求跨越中西方文化鸿沟的合作。出于这个原因,将我在这一领域的经历作为叙事作品集呈现是有意义的。通过这些作品,当我试图回答"这里发生了什么?"这一基本问题时，我收获了知识。我之所以故意使用"**叙事**"这个词，是因为叙事知识是个中点，它介于深度嵌入的、特定情境的**经验性**知识和更抽象、更**明确的**应用知识之间。这些应用知识最终作为资料分析和理论进入我的毕业论文中（Boisot & Li, 2006）。正是这些叙事故事的"寓意"成了主题或框架概念，指导了我的研究和分析过程。它们使我的学习过程摆脱了狭隘的关注点，因为最初我对西方文化的理解限制了我的研究设计（von Krogh, Ichijo and Nonaka, 2000）。

跨文化研究的文献表明，西方文化倾向于减少不确定性的策略，而东亚文化倾向于吸收不确定性的策略（Lowe, 2003）。考虑到这一点，接下来的情节叙述试图捕捉一些我在处理概念框架时遇到的矛盾：最初作为一个静态的蓝图，通过它我试着减少该领域的不确定性；后来作为一个动态过程，通过它我学会了理解不确定性，并对不确定性加以定义。正是通过不断地接触这些矛盾，主题或寓意浮出了水面，帮助我理解了管理中西工商管理硕士（MBA）项目合作的挑战。我在这里介绍这些内容是为了让读者有种身临其境的感觉，置身于我的田野调查中，在一定程度上感受这些矛盾。我希望这次经历能提高人们对概念框架价值的认识，并传达我在使用它们时学到的一些知识。

威廉·邓沃思博士是美国国际知识管理和能力建设策略师。他在商业策略和学习系统设计的交叉领域有着20多年的工作经验，是开发知识策略方面的专家，主要帮助组织和个人适应复杂的操作环境。他目前在国际发展领域担任顾问，建立了横跨非洲、中亚、中东和南太平洋的知识管理项目组合。

邓沃思在沃顿商学院阿雷斯蒂管理教育学院工作了五年，担任

第八章 关于概念框架的建构和再建构的思索

了多个高管职务，负责设计项目和管理客户关系。在此期间，他是高级管理团队的成员，带领一个团队，专门为世界各地，特别是在中国、日本、韩国和印度的企业客户设计领导力项目。

邓沃思还在莫斯科雷鸟全球管理学院工作过，在那里他领导了几个项目，在俄罗斯、乌克兰和哈萨克斯坦建立了管理培训中心。除了在组织诊断和学习设计方面有很强的咨询能力外，他还是一位经验丰富的引导者和教练。他在德国柏林的康德学院任教数年，在那里他推动培训项目，帮助来自东欧国家的女性准备好跨国公司的管理职业生涯。此外，他还是纽约大学斯特恩商学院上海学习中心和越南河内国家大学的管理学兼职教授。

邓沃思在中国重庆的西南政法大学新闻与传播学院国际顾问委员会任职。他还是英国《变革管理杂志》（*Journal of Change Management*）的编辑委员会成员和宾夕法尼亚大学董事会的社会责任咨询委员会成员。多年来，他还在罗马尼亚、俄罗斯、中国农村和美国纽约的南布朗克斯等国家和地区从事教育领域的实地宣传工作。

除了以优异成绩获得宾夕法尼亚大学的博士学位外，邓沃思还在埃默里大学戈伊苏埃塔商学院获得了组织策略MBA学位。在那里，他是外语和地区研究的俄语研究员。他还拥有爱丁堡大学的国际政治学硕士学位，以及美国圣文森特山学院的德语和国际商务学士学位。他曾就读于多所国际大学，包括莫斯科国立大学（俄罗斯）、哈尔滨工业大学（中国）、柏林自由大学（德国）、勃艮第大学（法国）和国际管理中心（匈牙利）。他会说汉语、德语、俄语和法语。

为研究开发一个概念框架

管理教育在中国是一个不断发展的领域。特别是MBA合作伙伴关系,即西方机构与中方伙伴大学(通常是中国的商学院)的合作,为了解如何管理中西学术合作伙伴关系提供了一个有趣的途径。当我在2007—2008年设计我的研究项目时,许多MBA合作项目似乎都具有一定的项目和组织深度,足以成为重点研究的好案例。

我的研究问题集中在中西商学院之间工商管理硕士联合办学项目的开发上。这些问题来自我在查阅文献过程中产生的理论构念。图8.1展示了文献查阅的结果,这些结果作为概念框架包括在我的开

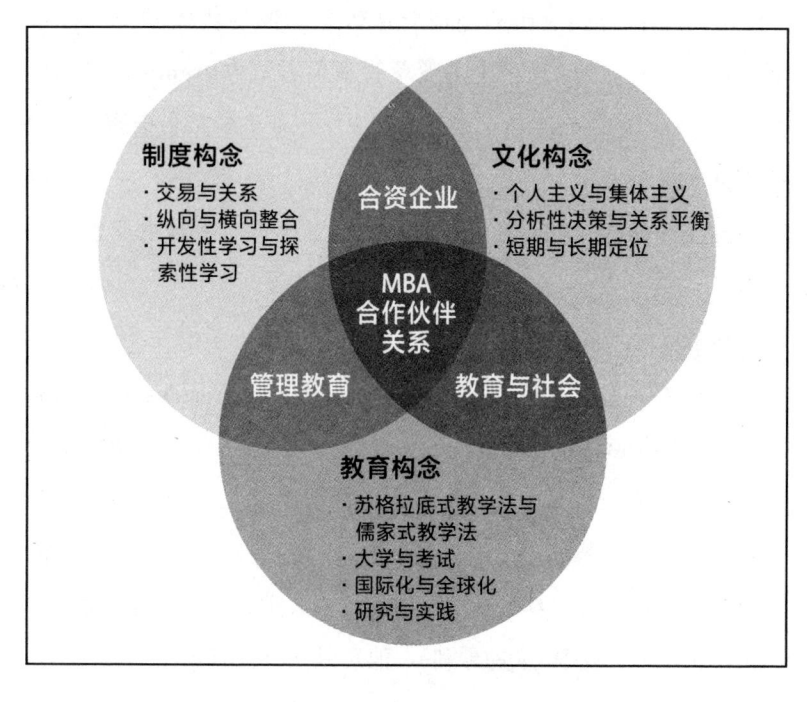

图8.1 中西方MBA合作伙伴关系概念图

题报告里。该框架展示了各种**可能的**构念,通过这些构念可以理解伙伴关系。每种构念都被设计成一个镜头,过滤在每个社会中发挥作用的各种文化、教育和制度力量。

我确定了3组构念或镜头,通过它们可以评估中西联合MBA项目的合作关系。MBA合作伙伴关系首先是教育企业,因为它们试图促进管理领域的学习——商学院的一个关键目标。其次,它们是跨文化企业,因为它们是两种截然不同的民族文化之间的桥梁。最后,它们是机构企业,因为每所大学都代表着一种独特的组织身份。

交汇领域是指这些构念可能影响国际管理教育的领域,特别是中西之间的MBA合作伙伴关系。虽然这些构念的组成部分代表着中西规范对立两极之间的矛盾,但两极并不是绝对的,而是代表了每种构念中的极端可能性。通过讨论与当代的和历史的中西差异有关的文献,建立这些构念。通过探讨教育在社会中的作用、管理教育的性质,以及中国合资企业的管理等几个衔接主题,可以进一步阐明这些差异。

运用概念框架设计研究问题

我的文献综述大多聚焦"是什么"的问题(比如在教育、思想、时间、组织结构等方面比较中西文化的各种"是什么")。在此基础上,我看到了一个机会来选定"是什么"的问题,并试图通过在实践中它们是如何相互影响的情境来理解它们。具体地说,我试图了解中西之间的各种文化、组织和教育差异是如何在MBA项目合作伙伴关系的实践中发挥作用的。鉴于我这项研究的应用性,我的研究问题需要更多地关注这些差异在联合MBA合作伙伴关系中表现出来的"为什么"和"怎样做"的问题。

因此,我试图回答一些问题。这些问题探讨了联合MBA项目合作伙伴关系的起因和发展。从"是什么"问题开始,我确定了以下指导性的研究问题:

1. 为什么西方和中国的合作机构会在MBA项目上建立合作伙伴关系?

2. 这些项目中的参与者如何理解和弥合中西方文化、教育和组织的差异,以便有效地管理这些项目?

3. 在合作伙伴关系的过程中,每个合作伙伴是如何学习和改变的?

4. 随着时间的推移,商学院如何利用MBA项目的合作关系满足其运营环境的需求?

研究设计1.0版

由于我的研究是通过考察当代事件来回答这些"怎样做"和"为什么"的问题的,我得出的结论是,自然研究策略是使用案例研究的方法(Yin, 2003; Crossley & Vulliamy, 1984)。使用案例研究方法的吸引力在于,它将使我能够全面地接触各种资料来源,从文档和工作成果到直接观察事件和访谈这些事件的参与者。此外,因为联合MBA项目为大多数中西商学院之间的互动提供了主要的结构背景,所以可以说,它是研究管理教育的最佳单元(案例):它符合史密斯(Smith, 1978)所说的"封闭系统"的标准或斯塔克(Stake,

2003)所说的"整合系统"的标准。

凭借着我刚刚掌握的汉语技能和我的研究信念,我开始进入这一领域,打算完成一篇基于案例的论文,让我沉浸在这样一个环境中:我希望用我自己和参与者的世界观来建立应用理论(Marshall & Rossman, 1999)。在我的开题报告中,我小心翼翼地避免将案例研究设计与原始研究方法论混为一谈。正如斯塔克(Stake, 2003)所说:"案例研究不是关于方法论的选择,而是关于研究什么的选择。"(p.1)我尝试与我在案例中发现的资料进行互动的方式就是扎根理论方法论(Grounded Theory Methodology, GTM)。布赖恩特和卡麦兹(Bryant & Charmaz, 2007)将扎根理论方法论描述为一种系统的、归纳的、比较的研究方法,以理论建构为最终目标进行探究。我回顾了与组织管理有关的文献,发现在中国管理研究领域扎根理论方法论是开发本土化理论的首选方法(Tsui, 2004)。

获取访问许可:在该领域遇到阻力

当我搬到中国时,我获得了一些西方商学院的临时许可,可以研究它们的合作伙伴关系。这些学校还向它们的中国合作伙伴进行了介绍,以便我一到中国就可以获得它们的许可,并可以花些时间解释我的研究计划。我的开题报告是,对三种不同伙伴关系的双方进行案例研究。为了推进这一计划,我首先需要获得每所学校正式的书面许可,这样机构研究委员会才能批准我的研究。2008年的夏天,我在中国哈尔滨进行了一项试点研究,同时在那里参加了高级语言强化课程,研究是课程的一部分。他们告诉我,说我的研究很有必要，说我在方法上非常认真。因此，我认为获得许可将会相当简单。和大多数机构相比，学术机构应该更容易看到研究的价值，这有助于它们建立牢固的合作伙伴关系。

然而，从我进入这一领域的那一刻起，到学院收集资料就非常困难。我多次与多位商学院领导交谈，想获得他们的许可，研究他们学院的某些部门。在每次会议上，院长和管理人员似乎都对我的研究感兴趣。他们一再告诉我，我的研究看起来很有趣，很有必要。然而，遗憾的是，事情并没有进展。最初的这些会面并不是通过几个冷不防的电话搞定的，而是建立在我在中国旅行的这几年培养的关系上的，当时我在美国一家领先的商学院工作。另外一些会面是通过与其他商学院的管理人员的密切接触而安排的，这些商学院在中国有合作关系。不管最初采取的是哪种途径，我记得几乎所有的早期对话都是很吸引人的，但随后的回应却是沉默，这让我很困惑。

当我在该领域的第一年接近尾声时，我仍没获得任何一家中国商学院的支持。尽管我尽最大努力与商学院建立关系，并展示我的研究的价值，却还是毫无进展。我学习普通话时特别勤奋和努力，特别是对于"我这个年纪"的人来说，这给中国商学院的代表们留下深刻的印象。但在那之后，我就被忽视了。很明显有什么地方不对劲。

从果冻中反弹：反复为自己的失败做准备

我在和一位中国熟人喝咖啡时，无意间提到我对自己的研究越来越担心，这位熟人当时正试图进入管理教育领域。我们实际上是

第八章　关于概念框架的建构和再建构的思索

应她的邀请见面的,以便就管理教育方面为其提供一些职业建议。最后,我们的话题转移到了我的研究上,我告诉她我刚与一位商学院院长做了初步接触。我解释说,就像我在每一次介绍性会议上所做的那样,我肯定会强调我在几家大型商学院工作多年所积累的知识基础。我也非常清楚地谈到,我与上一次工作过的商学院之间保持距离,以免有人担心我是打着做论文的幌子秘密地了解市场。

会面结束时,我要求将这所学校纳入我的研究中,院长回答说:"好的,让我们考虑一下,然后再回复你。"我认为,这在某种程度上是一个积极的迹象,因为至少对方考虑我的请求了。然而,当这位熟人听完我的描述后,她认为这实际上是一种拒绝。事实上她是对的。我们的谈话非常重要,因为这是漫长而缓慢的了解过程的第一步。我开始了解,与我的家乡相比,中国社会是多么的不同和含蓄。每当我的西方思维暗示我正在取得进展时,我实际上是在碰壁。

事实上,我当时并不认为自己会碰壁,这是众多默认暗示之一,这些明显的西方偏见在不断地困扰我。最后是一位记者——一个在中国生活了20多年的美国人——帮助我意识到我是如何一再地走向失败的。他告诉我,最好把中国看成一堆果冻。典型的西方人会寻找任何机会、入口——用西方人的话说,就是向你的目标跑去、尽最大的努力、带着枪冲进去等。这表明你有信心。然而,如果你在中国这样做,你会像从果冻上弹起一样被弹出目标,然后屁股着地。在中国,你必须在长期目标面前放松自己。不要太咄咄逼人,但也不要太被动,要认识到你的长处,你为这段关系提供了什么,以及你想从中获得什么。随着时间的推移,你一步一步地靠近,果冻就会开始融化。你会从中获得比你想象的更多的机会、人脉等。

· 239 ·

这次讨论是我在该领域第一次体验到真正意义上的"反身性"练习。这个意象极其生动,在很大程度上帮助我开始理解我的西方偏见对我的研究的影响。在一种建立在人际关系(中国人称之为**"关系"**)基础之上的文化中,我发表的关于辞去工作去做研究的客观声明,一定会给人留下类似于职业自杀的印象。大多数中国的商学院将我视为一座桥梁,我可以帮助他们与世界一流的商学院建立**关系**。然而,就在他们认为有理由跨过这座桥、帮助我做研究的时候,因为我离职的客观事实,我破坏了这座桥。在我的研究中,当我尝试控制任何结构性偏见时,我实际上是在自找麻烦。

这位记者的见解,也让我回想起我之前与那位对进入管理教育行业很感兴趣的中国女性的谈话。她之所以找到我,是因为我在这个领域有着丰富的经验。在我给她提供帮助的过程中,我得到了一些宝贵的反馈意见。最终,我在研究上取得了一点进展。我认识到,如果我想要有进展,与其通过减少我与美国商学院的关系来证明我作为一名研究者的客观事实,还不如尽可能充分地利用关系。我对研究的潜在价值进行定位,并尝试以此来建立关系。然而在中国,这并没有什么意义,因为"人们愿不愿意与你交谈以及人们对你说的话,都会受到**他们认为你是谁**的影响"(Drever, 1995: 31)。

我知道,如果我想获得资料——任何资料,我必须从根本上改变我的方法。事实证明,我的概念框架在这一过程中处于核心地位。

在北京骑车:学会玩零和游戏

在我田野研究的最初阶段,中西之间的跨文化线索可能过于微

第八章 关于概念框架的建构和再建构的思索

妙,难以辨别。然而,当谈到北京的交通时,这些线索一点也不微妙。中国的交通规则不同。尽管存在刻板印象,但当我买了一辆自行车在城市里穿行时,我才开始将这些差异理解为更广泛的意义。

在北京,汽车、出租车、轻型摩托车和自行车都以一种不规则的方式向彼此飞奔而来又飞奔而去。然而,尽管出现了这种表面上的杂乱现象,却几乎没有发生事故。所有车辆的司机似乎都优雅地适应了不断变化的环境,好像他们在表演一场经过精心排练的芭蕾舞。大多数车辆继续不间断地流动。相反,我记得当我试图在车流中穿行时,我小心翼翼地蹒跚,很少看到中国人像我这样骑自行车,除非他们对我的恼人行为做出反应。

随着我在马路上的经验越来越丰富,我对模式的评估变得更加微妙。我注意到不同类型的司机行为也有所不同。出租车和公交车司机似乎表现出了一种群体规范,唯一的例外是摩托车驾驶员,他们完全不可预测:冲到反向行驶的车流中,在自行车道上突然停下来打个电话,或者快速穿越车流。尽管有一系列的交通险境,但大部分交通仍然畅通无阻。

我最终意识到,这是我在写文献综述的过程中读到过但从未完全理解的东西。具体来说,我正在观察马克斯·博伊索特(Boisot, 1987)对知识编码和扩散程度的描述,就像在他的i-Space模型中所描述的那样。[1] 作为一个美国人,我来自一个以市场为导向的社会。在那里,知识被高度编码和高度传播。因此,我倾向于以高度编码化的通行权规则来看待交通互动,这些规则以执照考试的形式在整个社会传播。在中国社会,我观察到的是一个不同的社会规范。成员似乎更多地是在当下进行操作,而不是根据高度编码和分散的信息进行操作，他们一边适应不断变化的环境，一边试图畅通无阻地朝着自己的个人目标前进。摩托车驾驶员代表了这一点的极端，而一些讲究统一性的地方——出租车和公交车——似乎是共存的。

对不同的模式思考过后，我尝试越过他们。我停下来给马克斯（我以前的同事）写了一封电子邮件备忘录。在我们随后的交流中，我开始意识到，西方社会倾向于将生活视为一系列的**正和博弈**（positive-sum），这些游戏是在**宏观**（macro）层面进行的。如果一个人急着去某地，交通通行权的规则可能会带来不便，但在社会层面上，每个人都更安全。在我看来，中国社会的世界观完全不一样：生活被认为是一系列**微观**（micro）层面的**零和博弈**（zero-sum）。其结果是，中国似乎是在不断变化的基础上运行的，人们认为竞争是"如果你得到了一些东西，我就失去了一些东西"。我的反思给我带来的直接好处是，我在中国成了一个更精明的自行车骑手。直到我回到美国进行一次短暂的访问，我才会意识到我的观察将对我的研究设计产生更深刻的影响。角色定位及其对我的研究的影响变得更加清晰和集中。

重新审视概念框架：将成果转变为过程

当我回美国进行一次年度访问时，我向几位委员会成员汇报了我在这一领域的"进展"（具体地说，是我正面临的挑战）。这些讨论被一种想法冲淡了，即尽管我因为讨论果冻取得了突破，但我不太确定下一步该做什么。在那次访问中，一位委员会成员告诉我，她和一位同事正在写一本书，书就快完成了。那本书——《理性且严

第八章 关于概念框架的建构和再建构的思索

谨》(*Reason & Rigor*)第一版,关注的是概念框架在组织研究中的使用。我觉得在我进入这一领域之前,因为我学习过该课程,并且有研究的背景,所以对这个主题有一定了解。

当讨论我在该领域所面临的挑战时,她特别指出通过文献综述开发概念框架的重要性,它是动态的而非静态的工具,它是一个持续的过程而不是工作成果。这与我一直以来处理框架的方式有很大的不同。这次对话给了我动力,使我重新修改了我的概念框架,用它来洞察持续困扰我的问题。在我的开题报告中,我以如下方式陈述了我的概念框架:基于描述中西方文化差异的"是什么"的问题,从联合MBA合作伙伴关系中体现出的差异内,找出"为什么体现"和"如何体现"的问题。当我重新审视这一框架时,令我印象深刻的是,尽管我对合作机构之间的这些过程和矛盾进行了思考和理论说明,但我还是没有想到在做田野调查时我会陷入进去,并受到这些矛盾的影响。

就像被闪电击中一样,我突然意识到,我在这一领域所做的一切都是基于一种内在的(且被误导的)信念,即我的框架和由此产生的研究设计或多或少都是固定不变的。对于我试图回答的问题,我更看重设计是否适应我要回答的问题,而不是设计是否适应回答这些问题的环境。我对自己的研究采取了一种静态的"是什么"观点,忽视了"怎样做"和"为什么"这样的设计可能在中国行不通的动态原因。因此,我总是认为,我的概念框架是帮助我克服该领域不确定性的工具,而不是一个整合工具——把我在研究过程中遇到的不同经验与我探索的中心思想和问题联系在一起。

为了有所进展,我需要积极参与我在中国的创造性研究过程,而不是开发一项研究设计来满足西方博士项目的规范和价值观,更不用说满足与之相关的独立审查委员会的要求。如果我想了解中国的现象,就必须按照中国的规则行事。我需要从更长远的角度看待我的研究目标,并使灵活性成为我研究设计的组成部分,这是非常明确的。在我的开题报告中,我讨论了如何顺应我的研究。然而,在那之前,我并没有随大流。事实上,由于我对研究完整性的错误理解,我一直在抵制默示线索。

为了整合和理解早期我在田野调查上的尝试,我回到了我的概念框架,毕竟设计它是为了识别和阐明在商学院背景下影响中西交流的矛盾和不同观点。回到图8.1,我已经将可能影响中西伙伴关系的文化构念和教育构念间的重叠部分确定为"教育与社会"。其核心思想是,不同的文化规范和假设可能会导致对教育机构角色和功能的不同看法,这些差异可能会对合作伙伴关系产生深远的影响。现在把镜头转到我对进入该领域的尝试上,我意识到我已经进入了这个领域,并立即做出选择来回答我的研究问题,可这些选择是基于设计的普遍性的错误假设做出的,我没有对我试图实施该设计的情境进行现实的、充分的理解。具有讽刺意味的是,在准备开题报告阶段,我竭尽全力来证明使用扎根理论方法进行基于案例的设计是合理的,因为两者之间的联系一直存在争议(Backman & Kyngäs, 1999; Hood, 2007)。虽然我对我所选择的设计的价值进行了智力投资,但我的选择必须是务实的。在这种情况下,我没有令人信服的理由保留案例研究设计。传统的扎根理论研究由于没有案例设计的**形式**上的界限,似乎给出了解决方案。通过消除这种形式上的界限,并进行一项传统的、无须对具体的机构进行描述的扎根理论研究,

第八章　关于概念框架的建构和再建构的思索

我大大降低了匿名参与者被暴露的风险。

尽管如此，因为中外合作MBA项目为大多数中西商学院之间的交流提供了结构性背景，此案例仍将作为非官方的联合点而存在，参与者可能会围绕这个点把他们的经历和评论置于情境中。所以，既然这个案例在精神上仍然存在于我的研究中（即使不是在结构上），继续探索我最初的"怎样做"和"为什么"的问题仍然是合理的。

我的概念框架还将文化和制度的重叠（我称之为"合资企业"）确定为影响中西伙伴关系发展的一个重要因素。现在重温它，我意识到，正是在这个空间里，**关系**——一个重要的文化构念——决定（或者至少是协调）了我能否进入我正努力研究的机构。改变我的研究设计可能会帮我减轻潜在匿名参与者对暴露的恐惧，但这并不能弥补这样一个缺憾，即我不再拥有与许多参与者保持联系的**关系**。如果我想访谈中国商学院的教职员工和学生，我还是要找到进入机构的途径。我不再是之前一家顶尖商学院的职员，我只是一个普通的研究生，一名试图引起中国院长们注意的研究生。我永远无法改变这样一个事实：在中国，我只是一个局外人。所以我需要通过其他办法来缩小局内人和局外人之间的差距。

我建立新**关系**的重要一步与其说是出于宏伟的计划，不如说是出于偶然。我在国际管理方面的背景，加上我在几所美国商学院工作的经历，使我有可能成为在中国教授管理的候选人。在田野研究期间，我曾想过通过教书养活自己，但我意识到，我希望避免与我想从中收集研究资料的机构发生冲突。到目前为止，很明显，这对中国的大学来说并不是一个问题，对我个人来说则是一个问题。所以，找到合适的机会就成了问题。在来到中国大约6个月后，我得到了一个教授MBA学生的机会，这是中国东北一个小规模的、非顶级的中美项目。在接下来的一年的课程中，我多次被邀请回去授课，从而让我有机会了解围绕中国学习者的问题。

2010年，我从北京搬到上海，我的名声早早传到了那里。几周后，纽约大学上海学习中心联系到了我（这是一个偶然的推荐），问我是否愿意给美国本科生讲授管理学，这些学生要在中国学习一学期。因为我已经在这个领域工作了一年半，所以我看到了这个机会潜在的好处。在证明自己的价值后，我被任命为纽约大学斯特恩商学院的兼职教授。我很快就接受了这一职位。

成为一名纽约大学教授，即使是一名兼职教授，会立即改变人们对我的看法。教授作为教师，在中国社会中备受尊敬。我现在隶属于一家受人尊敬的西方商学院，名片可以证明我的身份，这让我获得了一定的可信度，这是我在教育学院读研究生时所没有的。关于纽约大学计划在上海建立校区的传言已经传开，尽管正式消息一年多以后才会被正式宣布，但这也没什么不好。

我的西方教授的新身份，加上我在中国东北任教时所积累的见识，使我有了一定程度的专家地位。以前，我是一名博士生，努力地完成论文；现在，我是一名教授，一名研究者。如前文所述，"人们愿不愿意和你交谈以及人们对你说的话，都会受到他们认为你是谁的影响"（Drever, 1995: 31）。虽然我已经从事这个领域的研究近一年半的时间，但是我很难建立**关系**，很大程度上是因为我误解了它的运作方式。制度和文化之间存在着一种矛盾，这是我之前未能体会到的。此前我一直在尝试与机构接洽。当我用概念框架去理解这种矛盾时，我意识到我需要在研究中接近他人，并引起他人的兴趣。当我被任命为纽约大学的兼职教授时，我已经对中国社会有了足够的隐性知识，知道我已经取得了重大突破。现在我必须让它成为我的优势。

虽然我的西方自我意识一直限制着我的能力，使我不能完全理解**关系**的动态，但我确实知道如何建立人脉关系。所以这就是我开始做的事情。我并没有试图与机构建立联系，而是回到了**关系**的本质上来，我试图与那些能够为我的研究做出贡献的个人建立关系。在接下来的一年里，我接触了校友会、中国管理研究国际协会（IACMR）等行业协会，以及美国商会和英国商会等组织。任何人都会建立人脉，虽然这种做法与他们没什么不同，但我对中国社会的了解越来越深刻，我学到了互惠的重要性。换句话说，除非你付出一些东西，否则不要期望得到什么。我应邀去做讲座，校对和编辑中国商学院博士生（和教授们）撰写的研究文章，并为我见到的人提供免费的职业指导。我学会根据工作能给参与者带来的好处来规划我想做的工作，在这个过程中我建立的人脉关系是一种资产，而不是一种负担。搬到中国并开始我的研究大约两年半后，我终于融化了果冻。总而言之，我重新审视了我的概念框架，作为理解我与我的研究环境背景之间的关系的一种方式，得到了两个宝贵的主要见解：一、我需要从案例研究方法转变为更开放、更扎实的理论探究；二、加强自己的人脉关系很重要，并且我可以利用人脉关系增加我进入该领域的机会。

使用概念框架吸收偏见和整合隐性知识

即使我改变了我的概念框架的方法，从中国商学院获得质性资料还是非常困难的。原因之一是，尽管案例研究等质性方法得到了理解和重视，但其他的方法，特别是扎根理论，却没有得到理解和重视（这似乎有些讽刺，因为我在文献综述中引用了一位美籍华裔教授的研究，即GTM是否适合研究中国的管理现象）。一些中国和西方商学院的教授（特别是在美国受过教育的）都暗示我的概念框架有缺陷。他们说该框架非常宽泛——实际上太宽泛了——而且实现起来太过臃肿。"宽泛"其实是我努力打下的基础，以帮助理解差异。随着时间的推移，它可以帮助我分析资料，对此，他们不接受也不理解。尽管我试图用其他方式解释，但他们似乎相信我是在假设框架中的每一个构念。为了应对这一问题，我强调扎根理论研究意味着一开始要非常广泛，但当人们收集和分析资料来建构意义轴时，意义轴会由于额外的资料收集变得饱和，这样扎根理论研究就会缩小其范围。我的基本论点是，作为一个西方人和一名新手研究员，我难免会把可能的偏见带入该领域，所以我需要保证自己尽一切努力减少这种偏见。但这似乎并没有动摇他们的看法。

随着时间的推移，我逐渐感觉到，也许我的概念框架确实是有缺陷的。自我怀疑开始削弱我继续研究的能力。然而，当我继续钻研我的概念框架时，我将注意力放在了另一种矛盾上，即教育和制度结构之间的矛盾。我之前还给它贴上了"管理教育"的标签。当我开始把这种矛盾看作"管理和教育"时我意识到，许多商学院研究者与教育学研究者对质性研究的评估是不同的。商学院研究者是在

第八章 关于概念框架的建构和再建构的思索

主要范式框架（特别是科学的实证主义模型）内评估。他们认为这些模型更强大、更规范。具有讽刺意味的是，这个问题后来让我对商学院产生了偏见，结果我对自己的概念框架变得过于保守了。

当我与一位认识的英国管理学教授见面时，我终于找到了解决矛盾的办法。多年来，他一直在中国教书和做研究。在我到中国后不久，我们见过一次面，之后我就再也没有见过他。2011年的一个晚上，当我在晚宴上讲到我的问题和忧虑时，他让我意识到，我对概念框架过于保守，这很可能是由于北美在全球管理研究中占据着主导地位。具有讽刺意味的是，我在我的文献综述中刚好谈到了这些内容。然而他补充道，质性研究方法（包括扎根理论）在很多欧洲和其他地方的商学院都很流行。他认为，因为我受到长期困扰，所以对此视而不见。如果我能明确说明管理研究实际上比许多在美国接受教育的商学院教授所认为的更具普遍性，那么讨论扎根理论的优点就会容易得多。

当我分享了我在中国生活的一些见识，以及我在研究中遇到的一些挑战时，他一边看着我一边说："比尔，从我们第一次见面以来，很明显你对商学院、与它们的合作伙伴关系，以及中国管理教育积累了大量的隐性知识。现在你要出去做一下访谈，这样你就可以把你学到的东西利用起来，然后把这篇论文写完！"

这次谈话是一个分水岭。一方面我意识到，我争取访谈机会的方式过于死板。我不得不承认，任何一次访谈都是有价值的。它让我进步，并不断推动我研究我的概念框架；另一方面，这次谈话把我从如何应对这些访谈的困境中解放了出来，因为它让我重新评估了资料。在那之前，我的研究对象对扎根理论方法存在偏见，所以我一直在努力减少这些偏见。在此过程中,关于我研究设计的任何讨论,我都将其看作资料收集过程的前奏,而不是资料收集过程的一部分。为此,我按照西方人的嗜好,通过协商来**减少情况的不确定性**,这样才能对意义达成共识。具体来说,我一直在坚定地论证我的文献综述中为这些方法建立案例的组成部分,试图以此达成关于我的研究设计的适用性的共识。

这次谈话使我对我的研究产生了新的归属感和兴奋感。有了新的归属感后,我不再对质性研究方法(特别是扎根理论)进行辩护。毕竟,这是我的论文最让我兴奋的地方。我只需要制订一个新策略来应对我遇到的任何偏见即可。尽管我以前并不欣赏扎根理论,在深入阅读该理论之后,我还是就扎根理论提出了一些忠告:

>……这种方法的美妙之处在于,它的一切都是资料,也就是说,关于目标,我看到、听到、闻到和感觉到的一切,以及我从研究和生活经验中已经知道的东西,都是资料。我的身份是解释者,我向我的读者描绘我所观察到的一切,将它们呈现得栩栩如生,我使它得到了发展。(Stern, 2007: 115)

我并没有试图减少对我的方法的偏见,而是开始接受"一切都是资料"的观点,并把它视为**吸收**这种偏见的方式,就像吸收资料一样。这与东亚文化是一致的,因为它设法吸收不确定性,而不是减少不确定性。我感谢一些人的观点以启动这项活动,然后迅速进入访谈模式,问他们一些问题,促使他们更明确、更全面地形成**他们**对质性方法的看法。在很多情况下,他们没有提供令人信服的证据来否定我的研究设计。如果他们的偏见继续对访谈构成有形的障碍,我会请求宽恕,因为我只会以我(和我的委员会)感觉最好的方式进行我的研究。我会提醒他们,我攻读的是教育学博士学位,不是商学博士学位。在那之后,一切似乎步入正轨了,我很少再遇到明显的阻力。通过方法上的转变,我获得了一些关于中国商学院教授如何看待他们在中国社会中的角色的珍贵见解。

回归事实知识:
用我的概念绘图建构基于证据和经验的理论

在该领域研究的最后6个月里,我获得了30多次访谈机会。到2012年年底回美国期间,这一数字增加到了40次,我随后还进行了电话访谈。整个研究总共产生了84个资料来源。然而,当我在2012年3月回到美国时,我仍然怀疑自己是否真的学到了足够多的知识,足以使我完成一篇完整的论文。接下来的几个月,我完全沉浸在我的资料中,那时我才明白我到底学到了多少。

在我收集的资料中,总共有245个最终的离散代码。这个数字是对500多个第一轮循环代码的提炼,这些代码是我在最初通过连续比较法(Grove, 1988)以归纳的方式(最终也是演绎的方式)检查我的资料集时产生的。随着时间的推移,我探索了代码中出现的模式,发现很多都符合我最初的3个概念图类别(文化、教育和组织)。代码的3个子类别(市场、知识和远程关系)似乎符合更广泛的类别相互重叠的领域:**市场**位于我最初所说的教育和组织的交叉点,**知**

识位于文化和教育的交叉点，**关系**位于文化和组织的交叉点。具体如下：

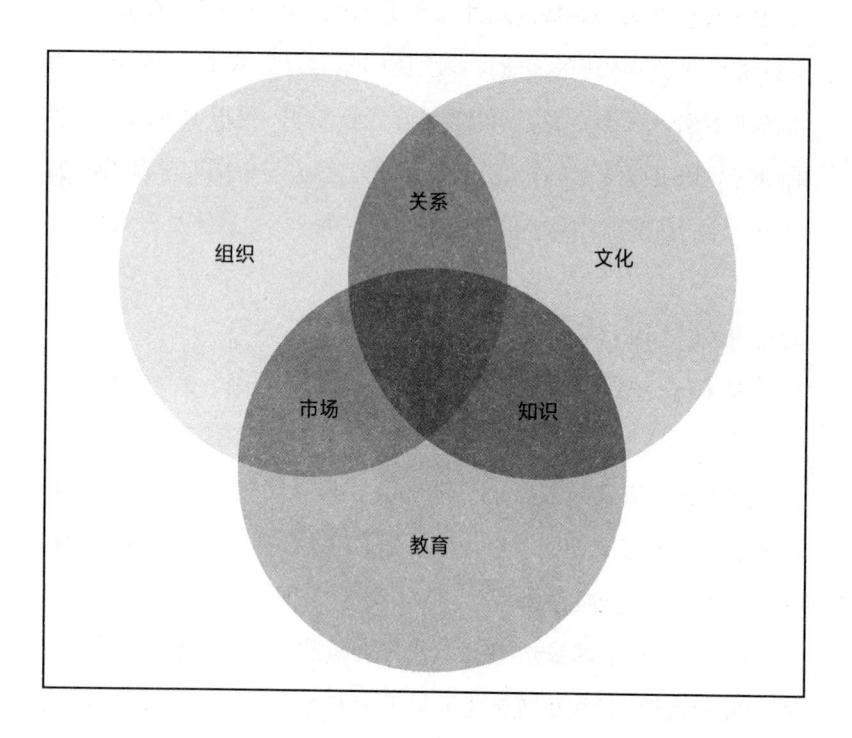

图 8.2　基于资料的建构分析范畴

最后一个子类别，**人际关系**，也从资料中出现。鉴于中国社会的独特性，这个元范畴触及3个子范畴，从而形成构成它们的更大的范畴。因此我确定：它们揭示了中国社会中MBA项目合作伙伴关系的一个显著特征。

将这些相互关联的范畴置于我的概念绘图的更广泛的情境中，我就能够解释中国商学院正在发挥作用的动态。通过将现有的文

第八章　关于概念框架的建构和再建构的思索

化、教育和组织理论置于相互联系的文献中，加上在这个领域我通过努力提高了对中国文化和制度的心照不宣的理解，我的概念绘图呈现出变化发展的态势。**动态**是个关键词，因为它反映了中国社会深刻的复杂性，中国的商学院（实际上还有像我这样的研究者）经常发现自己处于不断变化的和不可预测的环境中，因为它们要适应有时相互矛盾的当地和全球实践社群，然后通过这些组织定义自己。我最终在毕业论文中提到，对这一动态——以及各种项目、倡议和参与者适应它的方式——的描述，为中西MBA合作伙伴关系中的扎根理论奠定了基础。

这一理论的底线信息是，管理教育已经被中国的学术机构所接受。经济的快速增长创造了对经理人的需求，中国的大学抓住机会创建了应对这一需求的项目。然而，在这种需求之上，是对中国机构根深蒂固的不信任，因此对外国品牌，特别是来自西方的品牌给予了重视。因此，西方MBA学位被视为管理教育的标准。

尽管如此，资料显示，西方MBA并不适合中国的环境。它以学生探究的假设、授权决策和批判性推理为基础。在西方课堂上，案例都是开放式的叙述，学生们以此为基础来识别和辩论问题，分析因果因素，并做出可辩护的决定。中国的课堂把它们用作封闭式的内容或例子，教授做决定，然后讲授管理人员的行为是否得体。后一种方法让学生更加被动，所以中国的MBA学位在很大程度上是认证项目，而不是变革性的学习项目。在这样的认证环境中，**关系**仍然是一股强大的力量。所以，晋升取决于你认识的人，而不是你知道的东西。人际关系不仅决定了学生的学习，也决定了商学院管理项目的方式，如图8.3所示。

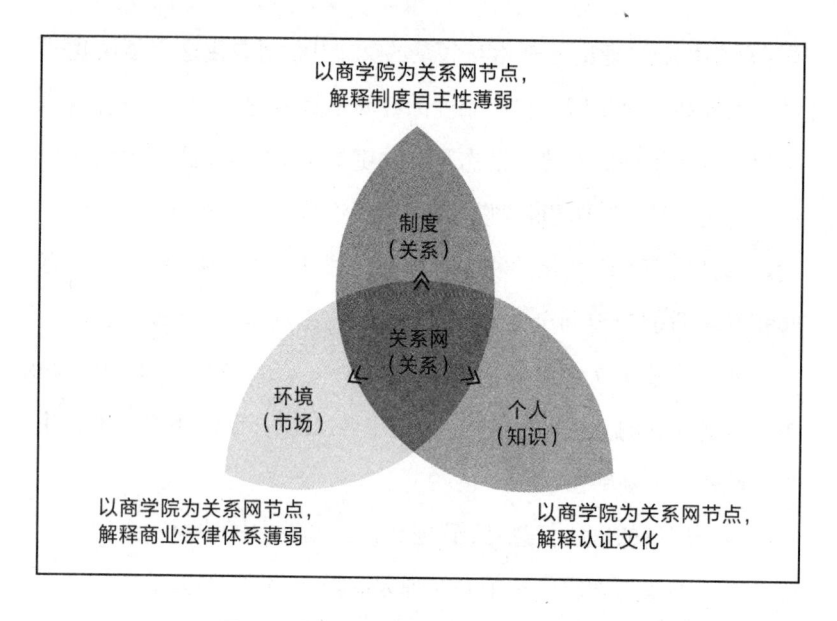

图8.3 中国商学院中作为元构念的网络

现在，通过专注于矛盾区域，我能够通过我的概念绘图下面的衍生图来直观地描述关系网的力量。

无论是在个人的管理能力层面，在机构的组织能力层面，还是在基于知识的市场动态环境层面，我坚信，中国低估了开发严谨知识的好处。在这样的体系中，商学院被默认为人际关系的桥梁，中国的机构利用与西方商学院的合作关系，将自己视为获取外部机会的门户。实际上，中西方在文化、教育和组织方面的差异意味着，大多数合作伙伴没有意识到他们在知识转移方面的潜力。

因为中国的商学院主要侧重于关系网和风险吸收，所以我建议，西方机构在中国寻找合作伙伴关系时应付出特别的努力，保证他们在适应不断变化的环境时，能够始终如一地强调知识和学习。我的

第八章 关于概念框架的建构和再建构的思索

资料表明，人际关系可以影响机构、个人和环境。要想成为有效的合作伙伴，我认为西方商学院在处理与中国的关系时，在每个领域都应以一种加强知识和培养建设的方式进行。西方机构必须平衡人际关系，将其视为中国商学院的一种元构念。要想实现这一结果，它们需要使知识成为一种反元构念，如图8.4所示。

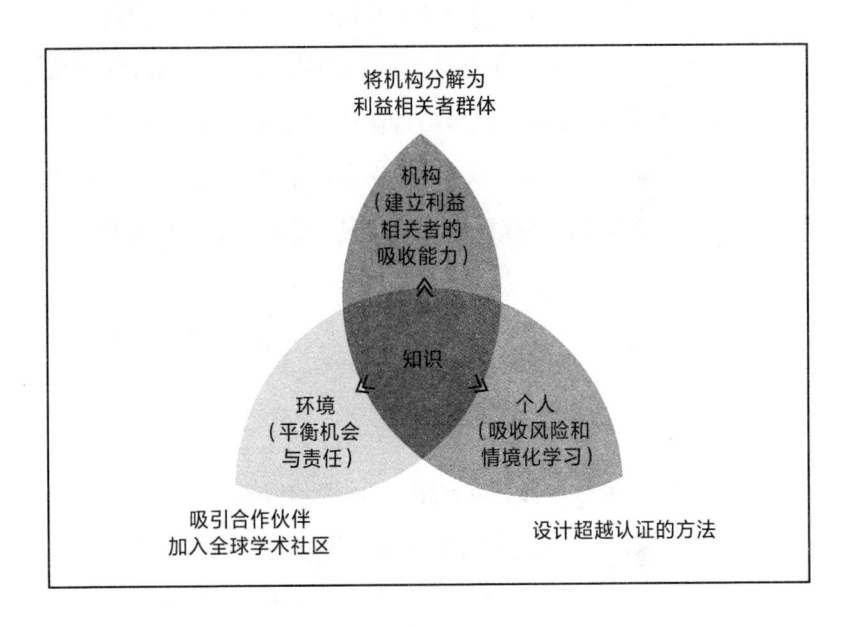

图 8.4 知识作为反元构念

我的资料显示，当一个项目的管理和执行大部分交给中国合作伙伴时，任何知识都会从默认转变为可测试的"知道是什么"形式，而不是"知道为什么"和"知道怎样做"等建构管理和组织能力的更强有力的形式。正如我必须学会接近个人而非机构来获取资料一样，我认为，西方合作伙伴必须准备好在动态和合作的基础上寻求伙伴关系。在这种关系中，双方不同的利益相关者群体从较大的机构中分离出来，这样他们就可以融入合作实践社区。在这里，可以通过知识转移培养功能性能力。我的资料显示，西方合作伙伴经常把自己的文化框架作为参照，对组织学习做出假设，因此它们没有认识到，当知识跨越文化边界进入中国时，人们吸收它们的方式是完全不同的。这正是我刚到这个国家开始田野调查时所犯的错误。

当真诚地以双方的文化差异、共同点和需求为基础时，知识伙伴关系的发展不像蓝图，而更像是马赛克。因为长期的信任和关系的价值会随着时间的推移出现，然后成形。这就是我作为该领域研究者对自己的了解，也是我在毕业论文中试图向商学院传达的最终信息。

结　语

一旦我开始进行这种思维转变，并将我的框架用于研究设计或资料分析，以及研究过程分析，我开始学到一些困难但很关键的东西。首先，我一开始对概念框架的理解太过死板，导致我的方法过于线性，结果是我无法从起点出发。其次，虽然我的研究设计是从我想要回答的问题中产生的，而且这些问题是以对文献的全面综述为基础的，但我几乎没有考虑研究将在什么背景下进行，以及它将如何影响方法的选择。最后，我对时间和关系的看法太西方化了。我原本希望在一年半内完成资料收集，当我没有在这个时间内完成时，我认为我失败了。实际上，我取得了很大的进步。事实证明，我在这个过程中学到了很多——这些见识深刻地影响了我的毕业论

第八章 关于概念框架的建构和再建构的思索

文——我认为这些见识都是在自己陷入困境时学到的。

直到我在思想上有了突破,不再把我的概念框架看作一项工作成果,而更多地将其看作一个创造性的过程,许多见解变成结论,挣脱了我的思维的束缚。我现在意识到,概念框架应该**适应**不断变化的环境刺激,而不应该成为研究者对环境刺激强加秩序的工具。为了这个目的,我最初更多是把概念框架作为蓝图,按照具体的步骤,减少我在研究环境中遇到的一切不确定性。然而这并没有让我走多远。一直到我放弃蓝图的观点,认识到概念框架最终应作为累积知识和经验的马赛克时,我才取得了进展。这些知识和经验也可以用来应对不确定的情况。通过将我的概念框架视为马赛克而非蓝图,我学会了理解我研究经验中的不确定性,而不是尝试减少这些不确定性,因为这些尝试都是徒劳的。我学会了把创造力作为处理跨文化矛盾的工具。具有讽刺意味的是,正是这种与矛盾打交道的前景让我兴奋不已地来到了中国。我当时不承认,也没有去面对跨文化差异所产生的矛盾,而是想证明自己是一名有成就的研究员,结果栽了跟头。我认识到概念框架的力量不仅帮助我解决了这种矛盾,而且也推动着我的研究,让我得到了一个有力的结论。

思考题

1. 在建构你的概念框架时,你已经对你的研究论点(理性)和研究方式(严谨性)之间的联系做了大量的思考。你收集资料的背景将如何影响你的研究方法?这些机会或约束会在多大程度上反馈到你的概念框架中?

2. 你在这一领域遇到了什么困惑、困境或挑战？你的概念框架是如何帮助你解开或理解它们的？

注 释

1. 马克斯后来成为中欧国际工商学院（CEIBS）的创始院长之一。所以，他在中国有着丰富的实践经验。遗憾的是，在我写完论文之前，他突然去世了。

第九章

作为指南和压舱石的概念框架

正如我们在第一章中所确定的，关于社会科学研究中概念框架的内容和作用，学术界存在相当大的困惑乃至分歧。我们认为，关于概念框架的实质、形式和术语所产生的歧义促使产生了一系列术语：**理论框架**、**概念框架**、**概念模型**、**理论**和**文献综述**。这些术语被不准确地使用，甚至互换着用。另外，这方面的歧义还促使人们对实证研究中的概念框架的无端期待和混乱指导。尽管在硕士论文、博士论文，以及更广泛的学术研究中，概念框架的重要性受到了所有人的关注，但这还不够，许多学者努力解释这种框架是如何产生的，概念框架包括什么，它如何影响研究过程，以及为什么概念框架对实证工作的过程和结果很重要。在整本书中，我们认为，概念框架组织研究并为研究提供信息；确保主题、问题和方法紧密一致；提供一种机制，用于随着研究的发展整合新的资料、研究发现、问题和文献。我们努力通过仔细研究真实世界的研究实例来澄清概念框架的术语、功能、职责和用途，并说明每个概念框架是如何在研究过程的各个阶段内和跨阶段时被概念化、被建构和被实现的。本书对六个概念框架都做了考察，因为它们都是本书中重要研究项目的基础和指导。我们在本书中的一个主要观点是，正如概念框架影响研究

第九章 作为指南和压舱石的概念框架

过程一样,概念框架也受所有阶段内和跨阶段研究过程的影响。

我们已将概念框架定义为论证。论证涉及以下问题:为什么研究的主题具有重要性,以及为什么进行研究的理论工具和方法工具是恰当而严谨的。我们所说的**论证**是指,概念框架是一系列有序的、有逻辑的命题,目的是让读者相信一项研究的重要性和严谨性。我们所说的**恰当而严谨**,是指一个概念框架应该帮助研究者令人信服地论证:(1)研究问题产生于一个或多个领域的、重要性和相关性的论证;(2)研究设计与研究目的、研究问题和研究背景相对应;(3)所收集的资料,为研究者提供了探索和实质性回答指导性研究问题和主题所需的"原材料";(4)分析方法将使研究者能够有效地回答指导性研究问题。

概念框架是研究的指南,用于将研究问题和探索它们的方法置于关于某个主题的现有知识的更广泛的背景下,即使是在研究者试图创建关于该主题的新知识时也不例外。正如我们在第一章中所说,仔细审视以前的研究不仅是一项崇高的学术活动,还是学习该领域其他专家的经验和专业知识的重要过程。概念框架允许你作为研究者,就如何探索未被探索过的研究主题,以及如何在新的背景、新的理论框架和方法下探索旧问题,做出明智、理性和站得住脚的选择。概念框架使你的研究问题与这些选择相匹配,并使你的分析工具和方法与你的问题保持一致。它还指导你思考如何收集、分析、描述和解释资料。此外,一个清晰的概念框架可以帮助你概念化、理论化和批判性地审视你自己的社会身份和定位。它们与你选择的研究主题和背景、途径和方法有关。

因为这些原因——概念框架发挥关键作用的范围和变化——我

理性且严谨：概念框架如何指导研究

们将概念框架视为实证研究的指南和压舱石。这些作用的范围也是我们强烈主张概念框架不同于理论框架的原因——它的范围比理论框架更广泛。我们在本书中一直主张，理论框架——研究者在相关领域内和跨领域间接触、整合和论证现有的"正式"理论的方式——是更广泛的概念框架的一部分，概念框架还包括个人兴趣和目标、身份和定位，以及专题研究。

概念框架在研究中发挥的作用是多方面的，而且是迭代的。对这些不同作用的考察有助于作为研究者的我们在研究的理论和方法论之间建立关键的联系。一个构思严密、表述清晰的概念框架能帮助我们和他人了解在解决世界范围内和具体的研究环境中出现的思想和实践问题时，哪些东西对我们研究者来说是重要的。衡量一项研究为何很"重要"其范围和差异很大，部分取决于目标群体、目的和背景。开发完善的概念框架使我们研究者能够在一个或多个领域中根据什么是有意义的来确定自己的位置，这些领域构成了我们的研究和研究问题的背景。此外，一个概念框架包括我们自己的求知欲，我们的个人生活、职业生平和历史，以及我们的宏观社会（社会政治）和微观社会（机构）的位置和定位。我们的个人、社会和组织身份，以及背景的这些方面与我们选择研究什么以及如何研究它有很大的关系。从这个意义上说，我们的个人兴趣和故事是我们概念框架的基础部分，因此也是我们整个研究的基础部分。我们的概念框架是由我们的意识形态、理论、位置和关系世界为其提供信息的。对于我们是谁、我们研究什么、我们为什么选择研究它，以及我们选择如何研究这些方面，概念框架允许我们进行集中的、系统的探索。

我们聚焦于5位成绩卓著的当代研究者——安杰拉·达克沃

第九章 作为指南和压舱石的概念框架

思、詹姆斯·斯皮兰、米歇尔·法恩、弗雷德里克·埃里克森和玛格丽特·比尔·斯潘塞——我们仔细研究了他们的概念框架如何影响和塑造其研究过程。虽然我们在每一章中都研究了概念框架与研究过程的具体阶段的关系,但本书中包含的例子都强调了概念框架是揭示和探索以下问题的实用工具:(1)实证研究的相关性、适用性和用途等方面的问题;(2)不同类型的研究问题用于特定主题、背景和方法的恰当性;(3)资料收集和资料分析与研究问题的协调一致;(4)调查结果的解释和描述。威廉·邓沃思的思索讲述了一个震撼人心、引人入胜的故事,说明了在规划和进行实证研究的过程中,这些主题是如何出现的。本书中的每个例子都显示了采用有意的和系统的方式开发和持续改进概念框架的直接和重要的意义。纵观本书各章,我们可以看到,在概念框架指导研究并为之奠定基础的过程中,理论、实证研究和背景是如何塑造和影响概念框架的。概念框架的开发和研究发展的这种递归过程,反映了实证研究的迭代性质。

在第三章中,我们讲述了安杰拉·达克沃思的故事。她把坚毅作为一个概念来阐述,并通过思考、对话、文献综述,以及最后的资料收集和分析,为坚毅概念提出了论证。我们展示了开发和定义一个概念是如何影响方法论决策和资料收集以及如何为它们提供信息的,还展示了对这些资料的分析是如何反馈到我们不断演变的定义中的。"实现长期目标的毅力和激情"是对一个复杂观念的简单甚至优雅的定义,但在花了很多时间,做了许多工作后才能取得成功。达克沃思的故事还提醒我们,除了学术和方法外,建构概念框架还需要经验和直觉。

本书第四章聚焦于詹姆斯·斯皮兰的工作。在这一章,我们探讨了斯皮兰的概念框架的开发是如何影响他对研究设计的选择的。第四章帮助我们理解了概念框架的作用：定义、证明、情境化研究问题，指导关于探讨和回答这些问题所需的资料类型的关键决策。斯皮兰的研究帮助我们审视一项研究的概念框架的选择是如何影响研究设计，并对资料收集和分析产生重大影响的。通过这个视角来探讨他的工作，有助于我们理解概念框架和研究设计的相互关联和演变的本质。正如我们在第四章中所说，《教师改变的地方理论》（第四章做过分析的焦点研究）使用了斯皮兰之前的一项研究的结果，以开发一组新的研究问题，并将其情境化，虽然它是从早期的资料集开始的，但它采用了一种新的分析方法——在收集和分析他的资料时，从归纳的方法转变为演绎的方法——这是概念框架修改和完善的结果。这一转变是由于他将一个新的理论框架融入他更大的概念框架中。第四章帮助我们理解，由于概念框架和研究设计之间的密切联系，一个概念框架的发展会导致另一个概念框架的发展。正如我们在第四章中看到的那样，这种参与对他的概念框架的影响导致斯皮兰在他的资料分析中做出了重大的、形成性的改变。这随后导致了该领域一系列不同的、创新的研究结果和主张。

在第五章中，我们用米歇尔·法恩的作品，重点介绍了概念框架的迭代、递归性质，因为概念框架在反身参与田野调查的过程中被开发、被挑战和被驳斥。第五章探讨了概念框架对资料收集和田野调查选择的多层次的且强大的影响。法恩的作品表明，概念框架同时是迭代的、不断演变的发展过程的指南和产物，这一过程发生在研究的关键对话和参与中，以及研究者在参与田野调查时对自己意义创造过程的反身性参与中。在法恩的作品中，我们可以看到这些

第九章　作为指南和压舱石的概念框架

意义的形成过程是如何挑战和驳斥——以及支持和维护——特定的理论和意识形态对研究的影响的，因为她使这一过程透明化了。我们认为，正是通过对矛盾和反对意见的考量，最具创造性、最具说明性的研究成果才会浮出水面。这些矛盾和反对意见出现在你仔细审视关系、地位、意识形态、政治、社会、国家和交易等因素对你的研究产生影响的时候。法恩的工作提供了一个很好的例子，说明了你是谁，你研究的是什么，以及你是如何研究它们之间的密切的、非线性的关系。正如我们在整本书中所讨论的，概念框架是三者的体现。作为一名研究者，你在整个研究过程中选择你认为重要的和有趣的东西，这些选择反映了你的身份，以及你作为一名研究者所看重的东西。它们还反映了你在哪里工作以及和谁一起工作。你用来描述研究的语言、你使用的方法，以及你撰写和展示研究结果的方式，都取决于你作为学者所处的社会、政治和职业世界。法恩的作品有力地阐明了这一点，并作为一个深刻的例子，说明了概念框架在研究和思考角色定位问题、研究的关系性质，以及在这些问题如何受到宏观和微观社会政治力量和现实的影响方面所起的作用。

在第六章，我们转向了弗雷德里克·埃里克森的作品。基于埃里克森的研究过程，我们认为，在理想情况下，概念框架是以直接的、有意义的、理想的、透明的方式为资料分析提供信息的。埃里克森举例说明了一个清晰的概念框架是如何帮助研究者的：(1)决定在整个分析过程中哪些东西需要加以注意并予以实质性的关注；(2)选择适当的工具来组织和过滤资料；(3)在采用归纳或演绎的方法进行资料分析时做出明智的决定；(4)证明他自己的解释过程和选择是正确的，并使之可见，这些过程和选择本身是由他的兴趣、价值观和背景塑造的。我们特别强调了概念框架内确定的中心构念或重点区域——在此情况下，指掌握相互作用的时机——在资料分析中是如何操作的。

处于第六章核心的实证研究《走向那个区域》，是一个特别引人注目的例子。它说明了概念框架在资料分析中的作用，因为它展示了研究者在与多个交叉领域进行对话时是如何利用这些领域的。这些领域将研究问题和背景联系在一起，并将其框定在焦点上。埃里克森涉足多个领域——社会语言学、话语分析、新维果茨基主义、社会互动理论、音乐理论、教师研究和文化与传播理论——长达40年，并举例证明以跨学科的方法来理解先前使用不同理论框架分析的资料。他长期致力于迭代和反身性的框架开发，说明了分析是一个概念嵌入的过程，可以随着一个人的理论视角和概念框架的改变而改变。埃里克森对新理论框架的考虑使他能以不同的方式看待或回顾这些资料，从中看到新的和不同的东西，并以创新的方向重塑了他的论点。这可以使我们了解概念框架是如何影响分析主题或类别的，以及工作理论框架如何影响资料缩减、资料组织和资料分析的特定时刻。正如第六章所述，在理想情况下，资料分析和理论发展是一种迭代的和动态的关系。

在第七章中，我们集中讨论了玛格丽特·比尔·斯潘塞的作品，讨论了研究者是如何使用概念框架将研究结果与背景联系起来的，以及研究结果是如何被审查、修订，并最终加强一个人的概念框架的。生态系统理论的现象学变体（在第七章中有描述）的演变，提供了关于理论框架和实证工作之间的关系的重要经验。正如我们在第一章所讨论的，理论框架不是简单地应用于一个背景——资料和发

第九章 作为指南和压舱石的概念框架

现不断地反映和反驳框架本身,提供关于其实用性和概念影响程度的有价值的反馈。正如我们在斯潘塞的案例中看到的那样,对这些发现保持开放态度是至关重要的,这样你就可以发展对你的主题和问题的理解。从这个角度来看,理论(和概念)框架很明显**应该**不断地发展,你必须适应出现的变化。我们在斯潘塞的工作中看到,研究结果的陈述和情境有两个与概念框架相关的重要功能。首先,它扩展了论证。如果概念框架是关于我们研究问题的价值的论证,那么对研究结果的讨论可以被认为是以概念框架为出发点,关于这些问题答案的意义的论证。其次,它提供了一个重要的机会来反思和参与基于资料的对概念框架的批评。这既适用于构成论证的实质性假设和观点(例如在第六章中,压力与反应之间的关系),也适用于研究中采用的方法。从这个意义上说,研究结果是概念框架的产物,是对概念框架进行强化和改进的回应。

最后,在第八章中,我们的同事威廉·邓沃思将概念框架的所有这些方面整合在了一起,对他在中国的学位论文研究进行了第一人称反思。这个故事连接和整合了前几章强调的关于概念框架的所有主要经验:影响我们研究兴趣的各种因素和过程,我们为主题和方法确定工作定义和论点的方式,这些论点与我们收集分析资料的方式之间的联系,方法的变化为我们对主题的思考和论证提供信息和反馈的过程。邓沃思的叙述也很有价值,因为它展示了一个学生对前面章节中详细讨论的想法和过程的基本观点。

在这6项实证研究中,我们看到概念框架不是被动的既有成果或学术钻火圈,更不是阅读文献的静态图形或真空中的关键概念。相反,它是理论和方法的动态交汇之地。它绘制了图表,并提供了一种结构,随着时间的推移,可以用来分析混乱和复杂的情况对一个人所从事的研究的多方面和多层次的影响。一个清晰的概念框架在实证研究中深刻地例证自己,并在我们发展和提炼它的过程中为我们提供了指导,奠定了基础,并向我们提出了挑战。然而,为了让你的概念框架服务于这些目的,你必须致力于采用系统的和反思的方法来开发、建构和实施你的研究。从这个意义上说,概念框架迫使你在工作中目的明确。虽然本书中提到的6位学者在研究兴趣、学科和领域、方法,以及他们在研究中明确地解决意识形态和立场问题的程度上都有很大的不同,但这6位学者都在进行这种持续的思索、批评,并最终修改他们的概念框架。概念框架能够为你和你的听众提供一个怎样的互动概念空间进行阐述,这6位学者树立了有力的榜样。为了扩展这个隐喻,一个坚实的概念框架有助于你更清晰、更深入、更透明地在理论、背景和概念领域中绘制你的"探险图"。它帮助你培养一些策略,比如概念化策略、清晰表达的策略、探索领域内和跨领域间的关键联系和整合的策略,以及探索主题和新认识的策略。

在本书中,我们深入研究了概念框架的角色、用途和应用。在每一章内和跨章节,我们的目标一直是逐步解决概念框架在组织和指导实证研究中所起的功能性作用。一个概念框架可以帮助你弄清楚如何结合你自己的兴趣和观察来深入利用现有的知识,从而提出更好的问题,为探索这些问题制订强有力的和合理的策略,并解释你的研究结果的价值和局限性。概念框架对于开发和规划一项研究是必要的,它可以帮助你处理和解决问题的复杂性,处理和解决哪些领域与主题相关以及如何相关的模糊性,以及对你的工作所在领

第九章 作为指南和压舱石的概念框架

域的变化做出反应,因为这些领域不是静态的。我们在下一节的目标是提供一些有用的问题、过程和结构。这些问题、过程和结构可以帮助你完成各种思维实验和练习,它们帮助你思考概念框架及其与研究的关系。

开发概念框架

正如前面几章所示,每个概念框架都有自己的故事。本书中的6个故事一起提供了一些关于如何开发、使用和改进概念框架的有用经验。下面我们提供的不是操作指南。正如没有单一的、最佳的提出论点的方式,也没有单一的"正确"的建构概念框架的方式。事实上,本书的首要主题之一是在模棱两可的情况下做出决策时研究者的判断所起的作用:我是谁——个体的历史、观点、决策、假设和经历都是在大规模的社会政治力量中形成的——对我的研究有什么影响?我在何时何地进行资料收集?我需要什么样的资料来回答我的指导性研究问题?我怎么知道我什么时候有足够的资料?我怎么知道什么时候应该重新审视或重新考虑我的理论框架,或者在我的分析中引入新的理论观点?这些问题中的每一个都在前面的章节中介绍过。在每一种情况下,研究者都必须做出一个合理的、原则性的选择:当每个问题出现时,如何回答它。在每一种情况下,这项研究的概念框架都有助于支撑他们的思考。

在本章的其余部分,我们将结合这6位学者的经验教训、我们自己的经验和我们学生的经验,为开发和使用概念框架提供指导。我们首先强调几个跨章节出现的总体主题:概念框架的个人和自传式性质，概念框架在制订和改变研究计划中的作用，在同一时间既接受又反驳现有理论的过程。然后，我们将就如何开发和完善你自己的概念框架提供建议。我们认为这个过程是一种**反身性参与**——反复思考我们自己的兴趣和价值观之间的联系，我们在这个领域以及从我们的资料中学到了什么，这样做，我们对想要理解的主题或现象有了哪些认识。这一术语反映了质性研究方法中更经常使用的语言，我们希望，到目前为止，使用混合方法和量化研究方法的研究者经常从事相似类型的思索和分析，这一点已经变得很清楚。对于方法论内部和跨方法论的研究来说，这种反身性的参与是一种重要的、创造性的和有价值的方法（Alvesson & Sköldberg, 2010; Ravitch & Carl, 2016）。

出发点：自我和目标群体

正如本书每一章所展示的那样，关于概念框架的起点，实际上有两种主要的思考方式。第一个出发点是仔细考虑你在哪里以及如何开始考虑你想研究什么。本书中讲述的6个研究故事中最引人注目的一个方面是自传式的研究缘起故事出现得频繁而有力。在讲述他们研究兴趣的缘起时，5位学者中有3位讲了他们的童年和家庭的故事，而另一位则追溯到成为学者之前的工作。这些故事表明，研究工作的技术性和复杂性程度无论多高，从根本上讲，它也是人性化的。需要强调的是，并不是所有的研究都需要具有深刻的个人意义。好奇心、兴趣和对研究类型的感觉都是选择特定主题或问题的合理理由。然而，我们需要什么——这一点尤其适用于论文写作工

第九章 作为指南和压舱石的概念框架

作,可以说是一种耐力测试——是一个关键的、概念化的,并被仔细阐述的个人与工作的联系(邓沃思在第八章中提供了一个很好的例子)。知道你想要研究什么显然是概念框架和一般研究的起点,但意识到你个人为什么想要研究它也同样重要。参与这一发现过程可以帮助作为一名研究者的你形成一种工作感觉,这种感觉关乎你自身的直觉和动机以及你可能带入工作中的假想和偏见。本书建立在对实证研究的几个视角之上,其中包括:(1)研究不是中立或非政治性的,它不是在真空中发生的,而是直接受到从个人到政治、社会和制度等一系列更广泛的背景的塑造和影响;(2)最常见的研究动机是自传式的,无论是个人动机、专业动机,还是两者的组合;(3)所有的研究者(实际上是所有的人类)都会受个人偏见、预设和假设的影响,这些必须被仔细地揭露和批判性地对待,以使研究尽可能真实和可信(Nakkula & Ravitch, 1998; Ravitch & Carl, 2016)。正如我们在本书中所说的,我们认为开发和完善一个概念框架是一个正在进行的过程,它是对这些力量及其对我们的实证工作的影响进行批判性审视和考量的过程。

第二个出发点是你要求你的读者从哪里开始?这在很大程度上是一个目标群体的问题。本书中讨论的所有6个实证研究都对读者进行了假设:他们知道什么?他们不知道什么?或者,他们对文本有哪些关注?因为这里介绍的每一篇作品都是发表在学术期刊上的,要么作为编选文集中的一个章节,要么作为一篇论文。它们都假设典型读者都是以学术为导向的,可能对他们所在的领域比较熟悉和感兴趣。例如,斯皮兰并没有试图让他的读者相信教育政策很重要,达克沃思也没有觉得需要论证什么是导致成功的因素。更微妙的是，至少有两篇文章预测他们的读者有一定的政治倾向。法恩和斯潘塞都没有花太多时间试图说服读者：传统上的学术工作会导致对边缘群体的曲解（最好情况下）和对边缘群体的压迫（最坏情况下）。他们认为这在很大程度上是可以理解的，而他们所做的是，首先向读者解释他们是如何参与和应对工作中的这种动态的。

制订和打破你的计划

本书中提出的6个概念框架，通过强调研究过程的特定阶段如何工作，清楚地显示了建构关于研究内容的论点是如何对实证研究的设计和执行产生重大影响的。但所有6个章节都提出了一个同样重要的观点：研究是动态的，而不是静态的。我们在一个主题上越专业，我们的观点就会变得越细致入微，我们就会越多地接触到一些观察或发现，这些观察或发现挑战和质疑我们最初的假设。例如，法恩对作为隐喻和方法的"连字符"的重要性不断扩大的理解，反映了这一自然进程。斯皮兰对学习理论的趋同也反映了这一自然进程，认为学习理论是理解地方政府改革实施的核心。同样，邓沃思对**关系**及其对接触机会和资料收集的影响不断发展的理解，改变了他对自己正在研究的东西的看法。此外，因为研究的概念性工作是随着时间的推移而展开的，总有可能出现别人的工作塑造了我们自己的工作的情况。本书中提到的6位学者都讲述了他们的同龄人、同事和导师如何随着时间的推移塑造和重塑他们的思想的故事。例如，埃里克森讲述了与朋友兼同事雷·麦克德莫特的谈话，如何让他通过一个更明确地关注权力和影响力的视角，看到了他的资料中发生的事情。最后，正如我们的思维随着研究的展开而改变一样，我们对进行研究的物理环境的理解也在改变。这对我们收集的资料有着深远的影响，即使我们收集资料的工具或程序保持不变。在每一个案例中，研究者对研究主题或研究背景的想法的改变都会促使方法的改变。对于斯皮兰来说，这促使人们使用新的理论框架实现演绎分析过程的转变。对于邓沃思来说，这意味着将他的访谈重新想象为一种社交活动。对于法恩来说，这意味着转向更加混合的方法，让参与者更充分地参与研究设计和发展过程。对于埃里克森来说，它催生了一个创新的概念，"话轮高手"的相关概念，以及分析互动时机的不同方式。对于达克沃思来说，这让她不再使用绩效任务来衡量毅力，而是创建了一个调查量表。这些类型的转变是研究过程中一种自然的部分，通常也是可取的一部分。一个好的概念框架提供了一个表达得很明确的参照点，我们可以从这个参照点观察和理解这些变化。

交谈：从听到说

在本书讨论的每一部作品中，我们（包括作者自己）展示了以前的研究和理论是如何影响了他们对研究什么以及如何研究的思考的。一旦这些研究者确立了自己的出发点（如上所述），他们就会敞开心扉，接受他人的影响。这一点从斯潘塞定义身份、体验、自组织和风险的方式上可轻易看出来。它出现在埃里克森对新维果茨基理论的引用中，出现在斯皮兰对德博拉·鲍尔和大卫·科恩论点的延伸中，也出现在达克沃思对威廉·詹姆斯的解读中。这也体现在这6位学者在访谈中讲述的关于他们自己的学习故事中；每个人都可以很容易地叙述他们的思想自传，讲述他们在参与不同的理论和研究机构以及与他人对话时自己思维的变化。

然而，正如马克斯威尔（Maxwell, 2009）和德雷斯曼（Dressman, 2008）指出的那样，研究与理论的关系并不是单向的。就像理论塑造我们的工作（以及我们对工作的思考）一样，研究学到的东西会让我们重新审视和重新考虑既定的理论。作为研究者，我们的工作不仅仅是借鉴理论，还要参与和批判它。因此，值得注意的是，斯潘塞的研究不仅建立在身份理论的基础上，还批评了这些理论缺乏对社会背景和权力的参考，她对风险暴露和态度之间联系的发现促使她大幅修订了自己的理论框架。在埃里克森的案例中，通过新维果茨基学派的视角来看待他的资料，促使他质疑他所认为的"互动上的天真"（interactional naïveté）。达克沃思则认识到了坚毅和能力实际上并不相关，这一认识是她10年研究工作的结晶。

在第二章中，正如学术文献所示的，我们强调了何时以及如何进入"已经发生的对话"的问题。本书提供的6个例子表明，答案可能远非那么简单。一方面，当你证明这项研究合理时，你就开始了对话。这构成了你的概念框架的第一个完整的表述。但为了继续这个隐喻，你不应该简单地进入对话然后退出。相反，保持全身心投入至关重要。在你认为需要或合适的地方插入你的声音。另一方面，在研究结束时，你选择添加到对话中的内容可能与开始时有很大不同。重要的是，作为一个批判性的、积极的对话者参与这一过程，而不是作为一名被动的、不参与他人工作的"消费者"。努力开发和阐明你的概念框架可以被认为是与其他思想家进行有意义对话

第九章　作为指南和压舱石的概念框架

的一种方式；它可以也应该是一种结构，一种鼓励和支持与他人的工作相联系的批判性的、综合性的意义建构。以下是参与这一多层次过程的具体方法的例子。

开发概念框架的策略和练习

反身性参与要求你建立一种结构。在这种结构中，你可以从研究开发过程的起点开始，随着时间的推移逐步审视你自己在特定背景下研究特定主题的设想和动机，就你所认为的"已经发生的对话"提出更广泛的问题，并思索研究问题和研究方法之间的关系。在接下来的讨论中，我们提供了一些策略来帮助培养和维持整个研究过程中的反身性参与方法，包括开发提示性研究练习、概念图、研究备忘录，以及坚持写研究日志。下面的想法旨在勾勒出结构化思维实验的可能性；它们并非详尽无遗的或是规定性的。我们强烈建议你单独参与这些练习，并与其他人进行对话和合作，这些人将在你设计和开展研究时与你进行深度思考和批判性的合作，促使你审视自己和你的研究的某些部分。否则，你可能会认为这些是理所当然的，用不着加以审视。正如前几章中的示例所表明的那样，对话和交流对于你的实证工作的可信性是必不可少的，我们强烈建议采用对话的、关系的，以及内部参与的研究方法。这两种方法齐头并进，会尽可能地使你的研究严谨和可信。概念化并仔细记录这些流程是你的研究方法的重要组成部分。

重要的是全心全意地提问（有时是连续的，有时是反复的），比如，什么对研究者有价值？为什么它是有价值的、有用的和重要的？接下来是广泛的研究和反思领域，每个领域（尽管我们会争辩说，这些领域是相互渗透的，不一定要分开）都有一组可能的问题要探索。在理想情况下，你应该在整个研究过程的不同阶段回到特定的问题。

确定你的研究兴趣、信念和动机

以下是我们鼓励你探索的问题，以便在研究开始时进行自我检查，然后在整个研究过程中反复进行。这些问题可以在备忘录中、在与思想伙伴的对话中、在调查小组中、在研究期刊中或在其他方式中得到解决。这里的其他方式指的是在你的思维实时出现时，以及在你的研究过程中把你的想法记录下来。

- 我感兴趣的是什么？为什么？
- 我从事这项研究的个人和职业动机是什么？这些动机会如何影响我思考和处理这个主题的方式？
- 我对与我的研究相关的人、地点和思想有什么看法？这些看法从何而来？这些看法背后的假设是什么？
- 我对主题、背景和概念有哪些目标？这些想法从何而来？
- 我对人们在生活中理解意义和做出选择的宏观社会政治环境和微观社会政治环境之间的关系有何感想？如何看待我的研究的参与者？
- 在这个时候，我在这个背景下讨论这个主题的"议程"

是什么(有议程不一定是坏事。这可能是你论点的基础!)？是什么影响了这一议程？是什么偏见塑造了这一议程？
- 我的指导议程对我的研究设计有什么正面和负面的影响？对于实施呢？对于分析结果呢？
- 对于我可能会发现的事情，我有什么预感？是什么影响了这些预感？
- 我对这项研究有什么担忧、希望和期待？

对"已经发生的对话"的审视

以下问题涉及你提议的研究如何适应关于该主题、现象或人群的已知情况。这些问题可以通过撰写备忘录、与思想伙伴进行对话、参加调查小组，以及在研究期刊上发表文章，或者以记录你整个研究过程中出现的想法的方式得到解决。

- 哪些领域的主要对话构成了我的研究主题和研究问题的背景？
- 这些领域的一些主要论点和立场是什么？
- 我如何看待这些对话的不同方面？
- 在这些领域中要问的下一组关键问题是什么？
- 下一组问题是关于理论测试的吗？是用新的方法或在新的环境中研究已经研究过的东西，从而有助于一个或多个领域吗？

- 哪些领域和学科以一种特别的方式交叉，能将我的研究问题或主题置于相关环境中并形成框架？
- 这些领域内部和领域之间的主要冲突和分歧是什么？我对这些不同的重叠、冲突和分歧有何看法？
- 我希望对这些对话做出什么贡献？
- 对于自己对现有研究的可能的贡献，我有何担忧？
- 我打算如何在对现有文献的检查中包括这些不同的对话？
- 对于这些领域是如何建构当前问题的，我有什么想法和担忧？
- 在这些对话中有没有被遗漏或被边缘化的声音或观点？如果是这样的话，谁会被排除在外，为什么会这样呢？这会如何影响我对这个主题的构思或我的研究问题呢？
- 我如何根据已经进行的对话来概念化和定位我的研究？我为什么要做出这些选择？
- 纵观各个领域和学科，这些主题和问题的框架有哪些不同之处？我怎么把它们和我自己的想法联系起来呢？
- 这些领域的不同研究者在他们的研究中使用了哪些研究方法？为什么？这些方法与我自己的方法选择有什么关系？
- 已经完成的工作在方法论上有哪些长处或短处？研究方法的趋势是如何影响人们对这一主题的了解的？

- 对话的哪些部分是基于确凿的经验证据,哪些部分证据基础更薄弱?

研究中存在的问题和对其的关注

在从事田野调查研究的整个过程中,可以提出以下问题。本质上,这些都是在资料收集和分析过程中"检查"概念框架各个方面的方法。随着研究的进展,这些问题可以通过多种方式来解决,包括备忘录、与思想伙伴的对话、调查小组、研究期刊或其他记录你长期思考的方式。

- 在我的观察和解读中,我倾向于什么?为什么?关于我的研究方法,我能从中学到什么?关于我自己的主观性,我能了解多少?
- 我的概念框架在多大程度上影响了这些倾向?在广泛的和具体的领域,它们在多大程度上帮助我更好地意识到对思维产生影响的事物?它们是否约束了我的思维?如果是,又是如何约束的?
- 我注意到了哪些新出现的假设或预感?我怎么才能把它们和文献联系起来呢?它们与我的资料有关吗?
- 我的概念框架是否限制或遮蔽了我对环境、参与者或资料的看法(再说一次,这不一定是坏事,但要意识到这一点很重要)?如果是这样的话,它是以什么方式进行的呢?

- 我通过资料收集学到了什么？在我学习的过程中，我是否对我的学习进行了情境化和问题化？以何种方式？我怎样才能做得更充分呢？
- 我对本地意义的创造和知识有什么假设？我是否真正理解了本地知识不是铁板一块？我说的"本地"到底是什么意思？
- 参与者的观点在多大程度上可能与我作为一名研究者的解读不同？我该怎么做呢？
- 在本地意义创造和知识方面，我可能会有什么偏见？在我进行研究的过程中，我怎样才能最好地反思我的假设呢？
- 我从资料中了解到的信息如何影响或反驳我的概念框架中的元素？它又是怎样影响和反驳正在研究的现象的既有概念的呢？
- 资料在多大程度上支持我在设计阶段所做的关于什么对我的研究重要或与我的研究相关的假设？我可能存在哪些盲点？
- 对于我在资料中看到的东西，还有哪些其他的解释或解读？
- 我可能还需要哪些类型的资料才能更全面地回答我的研究问题？
- 效度或信度方面出现了哪些问题，我如何处理和解决这些问题？
- 我的身份和定位——心理的、社会的和机构的——对

第九章 作为指南和压舱石的概念框架

> 研究过程有何影响？我如何才能在整个研究过程中获得有关这方面的反馈？我如何才能解决这方面需要注意的问题呢？
> - 我能找到哪些反驳性证据，挑战我对资料的现有理解和解读？
> - 对这些资料有什么不同的解读？作为研究过程的一部分，我如何才能找到这些东西呢？

这些类型的问题，如果以持续和系统的方式提出，有助于引导我们以研究者的身份批判性地反思和洞察我们实证工作的动机和发现。这种反身性的过程一方面是参与持续的反思；另一方面是挑战自己，对研究发展的多个层面保持关注。此外，我们极力主张研究者不仅要在写作中参与这种结构化的、提示性的反思（因为通过写作产生了对检查和批判性探究的专注投入），而且要参与同事和同行的对话。他们将向我们发起挑战，要求我们以多层次的、复杂的、有建设性的批评方式来审视这些问题(Leshem, 2007; Ravitch & Carl, 2016)。以这些方式使我们的研究复杂化，对于它的可靠性和建设性的发展是至关重要的。以下是一些书面的结构和过程，可以帮助研究者从事与他们的实证研究相关的集中的、关键的、系统的意义建构。

概念图

概念图已经存在了几十年了。有许多有价值的文本为概念图提

理性且严谨：概念框架如何指导研究

供了广泛的建议，并特别提供了概念框架的视觉再现。这些文本对概念框架有不同的定义（如第一章所述），并从不同的角度探讨了概念框架和概念图的创建和发展。它们共同的观点是，直观地绘制概念框架的各个组成部分，以此作为一种手段，来澄清对研究的各种概念的、背景的和理论的影响之间的联系。威廉·邓沃思在第八章的研究中的概念图示例实际展示了这一点，并帮助我们理解概念框架在整个研究过程中的价值、作用和用途。具体来说，概念图说明了构成他的研究、特定概念和想法的主要分类，这些研究、概念、想法都存在于分类中，并有所重叠。同样重要和有趣的是，将邓沃思开始时使用的概念图与最终出现在他的写作中的概念图进行比较，这两张图以一种简洁而有力的方式，讲述了他通过重新思考自己的田野调查方法，对自己的主题进行了解的故事。

如前所述，为新手和经验丰富的研究者提供开发概念图（以及嵌套概念图的更广泛的概念框架）工具的最受欢迎的两本书分别由马克斯威尔（Maxwell, 2013）和迈尔斯、休伯曼和萨尔达尼亚（Miles, Huberman and Saldaña, 2014）撰写。马克斯威尔这样定义概念图：

> 一种理论的概念图是该理论的视觉展示——理论所说的情况与你**正在**研究的现象密切相关。这些概念图没有描绘研究本身，它们也不是研究设计或开题报告的特定部分。然而，概念图**可以**用来直观地呈现研究的设计或操作……更确切地说，概念图是为你的设计开发和呈现概念框架的**工具**。和理论一样，概念图由两个部分组成：概念以及它们之间的关系。(p. 54, 原文中的重点部分)

第九章 作为指南和压舱石的概念框架

马克斯威尔(Maxwell, 2013)认为,开发概念图的两个主要原因是:(1)"把你的内隐理论集中在一起,使其可见,或者澄清现有的理论。这可以让你看到这个理论的含义、局限性,以及它与你的研究的相关性";(2)"**发展**理论。就像备忘录一样,概念图是一种'纸上思考'的方式;它们可以帮助你发现意想不到的联系,或者识别你的理论中的漏洞或矛盾,并帮助你找到解决这些问题的方法"(p. 54)。马克斯威尔认为,概念图需要一个迭代开发过程,他的书提供了几个结构化的练习,可以帮助研究者开发适合的和有用的概念图。

迈尔斯、休伯曼和萨尔达尼亚(Miles, Huberman and Saldaña, 2014)认为可以用图表和文字叙述这两种方法来开发概念框架,并认为概念图是开发概念框架的重要工具。他们断言,概念图最好以图形而非叙事的形式开发,因为这样可以让研究者直观地展示一系列关系,以便探索和理解。他们认为,在实证工作中,建构概念图是坚实的工作理论的基础:

> 概念框架仅仅是研究者所调查的领域的绘图的当前版本。随着"探险者"对该领域知识的增加,绘图会相应地变得更加分化和整合。因此,概念框架是在研究开始时形成的,并随着研究的发展而发展。概念框架迫使你做出选择——决定哪些变量是最重要的,哪些关系可能是最有意义的,因此,应该收集和分析哪些信息——至少在开始的时候是这样。(p. 20)

理性且严谨：概念框架如何指导研究

虽然迈尔斯、休博曼和萨尔达尼亚（Miles, Huberman and Saldaña, 2014）直接与质性研究者进行了交谈，但我们在本书中一直认为，对于使用质性、量化和混合研究方法的研究者来说，概念框架的开发是一个关键的过程。无论你使用的是质性的、量化的，还是混合的研究方法，通过强迫你以视觉和叙事的形式表达关系，直观地绘制相关中心概念图，有助于细化你对研究中正在使用的主题和情境的理解。例如，在第七章中，我们从斯潘塞的《生态系统理论的现象学变体》中摘录了一个概念图的例子。这张概念图以图表的形式被整合到了文本中（图7.1），标题为"女性领导、压力事件、察觉到的社会支持、总体积极态度与消极学习态度之间的关系模式"。除了说明各种因素之间的假设关系外，该图还阐明了相关的资料收集和资料分析中所使用的构念，并暗示了对这些关系的强度进行集中研究所用的特定的、量化的分析方法。

这一特殊的概念图既有助于斯潘塞和她的同事们建构组成他们总体分析论点的一系列关系，也为读者提供了这项研究的关键概念及其动态，以及——正如作者所说的——关键的相互关系的视觉绘图。概念图的这个例子说明了它如何表示基本概念之间的关系，这些基本概念被放在一起考虑和绘制时，构成了经验性研究的核心概念框架。使用这个例子可以帮助我们理解，研究者的概念框架的多个方面可以被可视化地绘制出来并进行推敲。这些方面加在一起就构成了这项研究的总体的概念框架。

我们不太赞成把重点放在视觉概念图上。我们认为研究者有更喜欢的框架开发风格。虽然我们同意马克斯威尔（Maxwell, 2013）、迈尔斯、休博曼和萨尔达尼亚（Miles, Huberman and Saldaña, 2014）

和其他人的观点：可视化地绘制概念框架可能是一个有价值的和明晰化的过程。但我们告诫学生不要过于专注于绘图而牺牲了开发框架的价值。就概念图的生成性和聚焦性而言，我们全心全意地支持他们。当他们成为目的时——换句话说，当他们被视为一种产品，而不是一个过程时——我们推荐通过一种更具叙事性的方法来绘制概念图和开发概念框架。理想情况下，这两种方法是相辅相成的。这部分取决于你如何理解起作用的概念（与其他人相比，我们中的一些人更像是视觉学习者），还有一些是由观众塑造的，既有真实的（比如论文委员会），也有感知的（比如你为你出版的作品设想的观众）。无论你如何建构概念图，它们都是你的概念框架和更广泛的实证研究的重要组成部分。当它们出现在你的最终作品中时，一定要对它们进行叙述，因为阅读它们的其他人需要理解你在视觉形式中建立的联系。

研究备忘录

研究备忘录在质性研究中有着悠久的传统（有关这类备忘录的特别有用的讨论和例子，参见Emerson et al., 2011; Maxwell, 2013; Ravitch & Carl, 2016; Strauss & Corbin, 1990）。研究备忘录有不同的目的和形式，但其共同的目标是在研究项目的开发和实施过程中创造有意识的、有条理的、系统的反思时刻。例如，马克斯威尔讨论了研究者身份备忘录，当你进入你的研究时，将其作为记录和审视你的意图、想法、目标和兴趣的一种方式。这种反身性备忘录可以是研究设计的早期方法，帮助你确定和处理你与研究的关系的方方面面，但随着研究的展开，它可以很好地延伸到研究过程中。更广泛地说，许多研究者讨论备忘录的使用，这些备忘录被用来开发研究问题，探究有效性议题，审视研究关系的动态和潜流，参与开题报告开发，并支持和提供分析过程的结构。例如，埃默森和他的同事构想了3种主要类型的分析备忘录：初始型（initial）、进程内型（in-process）和综合型（integrative）。对他们来说，备忘录主要关注分析过程各个阶段的资料编码。在编码、主题开发，以及分析类别和研究结果出现的早期、中期和后期阶段，备忘录成为系统化、结构化资料分析的结构化场所。迈尔斯、休博曼和萨尔达尼亚（Miles, Huberman and Saldaña, 2014）有力地描述了备忘录在分析过程中的作用：

> 分析性备忘录是一种简短的或扩展的叙述，记录了研究者对资料的反思和思考过程。这些不仅仅是对资料的描述性总结，还试图将它们综合成更高层次的分析意义。它们是关于研究现象的第一份自我报告初稿，是进一步扩展和最终报告的基础。备忘录通常是一种快速捕捉思想的方式，这些思想贯穿资料收集、资料浓缩、资料显示、得出结论、结论测试和最终报告的整个过程。然而，在研究的后期，备忘录可能会更详尽，特别是当它们将几份资料拼凑在一起或查看一个构念的多个度量指标时。分析备忘录在意图上主要是概念性的。它们不只是报告资料，还将不同的资料片段绑定到一个可识别的集群中，通常是为了表明这些资料是一般概念的实例。分析备忘录也可以远远地超

第九章　作为指南和压舱石的概念框架

越代码及其与研究的任何方面的关系——个人的、方法论的和实质性的。它们是目前最有用、最强大的意义生成工具之一……（pp. 95–96）

研究备忘录允许你在整个研究过程中选择战略时刻，深入研究具体的实质性问题和研究分析的层次。当你在整个过程中以这些递增的方式审视你的研究时，研究的各个方面和阶段之间的关系就会变得更加明显和有价值。以米歇尔·法恩写的以下备忘录为例，这篇备忘录讲述了她对"连字符自我"这一指导性概念的渐进性理解：

> 研究备忘录：2/15/07，关于连字符自我的思考
>
> 为什么要以连字符为隐喻？它反映的是两者间的间隙吗？是像安莎杜（Anzaldúa）指出的既连接又分离，标志着流动性和壁垒的间隙吗？连字符是一个把两个过于本质化的身份类别连接起来的反讽吗？难道动词或省略号会更好，或者一种超文本形式会更好？在这种形式下，自我的每一个片段都是通过其他超文本或者与其他超文本一起进行了超成像，反映了更具创造性的融合？但是我们需要一个隐喻，这个隐喻要有空间来容纳年轻人搬进来的广泛的、社会心理的家具。年轻男女的叙述揭示了许多不寻常的、矛盾的、不同的方式，用以概念化他们是如何以连字符身份生活，他们赋予了连字符什么意义，他们是如何在这个充满争议的空间里表现的。
>
> 在焦点小组中，我被不同的以连字符为主题的社会心

理活动的表演或舞蹈编排所震撼——有些人舞蹈、抗议、颤抖、躲藏、发明新东西、戴上头巾而其他人脱下,一些人戴上天主教的十字架,另一些人变得更虔诚。

连字符提供了一个理论空间,可以容纳政治、意识形态、制度、关系、痛苦、欲望、主观性,以及生活中的亲密关系。这个隐喻可能对我们有帮助,因为它包含着我们需要挖掘的矛盾心理——一种社会心理景观,在这里,那些流浪者或被流放的人可以选择如何与土地达成协议。然后,我从西奥多·罗斯福(Theodore Roosevelt)和伍德罗·威尔逊(Woodrow Wilson)那里找到了材料,这些材料表明,在美国关于公民身份和威胁所在的辩论中,连字符身份一直存在争议。因此,似乎有必要阻止或重新使用这个词……来看看这个:1915年哥伦布日,前总统西奥多·罗斯福在卡内基音乐厅向以爱尔兰天主教徒为主的哥伦布骑士团发表讲话时断言:

在这个国家,连字符美国主义没有立身之地。当我提到用连字符美国人时,我指的不是归化的美国人。我所知道的一些最好的美国人是归化的美国人,出生在国外的美国人。但带连字符的美国人根本不是美国人……使这个国家崩溃的可靠办法就是允许它成为一个为小事争吵不休的乱糟糟的国家,这个国家由德裔美国人、爱尔兰裔美国人、英裔美国人、法裔美国人、斯堪的纳维亚裔美国人或意大利裔美国人组成,每个人都保留着自己不同的血统,每个人在内心里都更同情该血统的欧洲人,而不是美国的

第九章 作为指南和压舱石的概念框架

其他公民……带连字符身份标识的美国人就是好美国人,没有这么回事。唯一好的美国人是美国人,而不是别的什么人。

伍德罗·威尔逊总统对"连字符美国人"持怀疑态度,他说:"凡带连字符的人,都带着一把匕首,只要他准备好了,就随时准备刺入这个共和制国家的要害。"

正如我们在本例中看到的,备忘录既产生于概念框架开发,也有助于概念框架的开发。它们帮助你保持对你自己的定位和对研究的动态和问题的关注,深入钻研你的研究和设计的实质,使用不同的分析工具检查你的资料并在这个过程中的不同阶段使用不同的资料分析切片进行分析。正如我们在法恩的案例中所看到的,备忘录是一种非常有价值的、生成性的方法,可以在你的研究中进行系统的反思、分析和整体意义建构。它们还被用来记录和保存你在分析过程中的意义建构,实际上是为你的分析过程创造一个叙事。正如我们前面提到的,研究备忘录有许多种类和方法,从描述性备忘录到分析性备忘录,这些备忘录关注研究者身份、概念框架的开发、意识形态问题、方法论问题和主题问题。比如,在研究的设计、实施和资料分析中,如权力和权威问题,或研究者定位问题是如何例证的(有关这类备忘录的特别有用的讨论和例子,请参见Emerson et al., 2011; Maxwell, 2013; Ravitch & Carl, 2016)。这并不是说你需要就所有这些主题编写备忘录。哪些备忘录被证明是最有成效的,很可能取决于你的研究设计,以及你在资料中遇到的问题和困惑的类型。然而,在每一种情况下,目标都是相同的:备忘录被用于在研究过程

· 289 ·

中反映和构建新产生的理解并改进概念框架。

研究日志

　　从我们的角度来看,研究日志是一种重要而有价值的研究工具,却通常没有得到充分利用。在这个地方,人们以一种持续的、通常是非结构化的和非正式的方式来审视思想、问题、斗争、观念以及了解和参与研究的各个方面的过程的体验。研究日志提供了一个参与持续批判性提问的空间,因为它涉及研究过程的各个方面和各个阶段。研究日志可以让你:(1)养成良好的研究习惯,实时记录你的思想和工作的各个方面;(2)创造机会来发展和反思研究中出现的任何方面的问题、关注和想法;(3)保存并批判性地引用文献中与研究主题和方法有关的、有价值的参考资料,这些参考资料可以纳入你的新兴理论、你的分析、最终结果和未来的研究中;(4)反思你的想法、互动和做法,它们都涉及你作为研究者的角色、研究背景、参与者,以及整个研究过程;(5)将你对资料的不断发展的解释和分析制成图表;(6)策划和开发采取行动和改变方法的想法,因为它们与研究过程有关。

　　例如,在关于詹姆斯·斯皮兰的研究的访谈中,他告诉我们,在本书第四章重点介绍的研究项目中,他使用了他所说的"给(他)自己的笔记"(或者我们称之为研究日志)来跟踪他在开发概念框架时对理论作用的理解的发展。在描述他最近的工作时,斯皮兰告诉我们,研究是由一个团队进行的,技术比过去几年更先进,过去几年的手写便条已经被更新的、基于技术的策略所取代。正如他所分享的:

第九章 作为指南和压舱石的概念框架

在我正在做的这项新研究中,我们有一个概念框架文档,它是一个活的文档,不断有新东西被添加进去。我们知道何时做些添加,我们做出这些决定,我们试图写下它们,并让它们变得清晰。

将研究日志作为公共的、共享文档的技术考虑到了更具对话性、更具生成性的团队方法,并使这些见解在研究过程中易于获取。因此,我们在研究者之间进行共享查询。

同样,在对弗雷德里克·埃里克森进行关于他的研究的访谈时,他说,随着时间的推移,他对转录过程的惯例和非中立性想法的演变——这对他的研究采取新的方向产生了重大影响——是通过与同事对话和进行反身性分析写作而产生的。从埃里克森身上,我们可以了解到形式化的书面反思在资料生成中的作用的更细微区别。在访谈中,埃里克森说道:

> 我教参与式观察研究已经有几年了……我一直在说,现场笔记,你的一叠现场笔记不是资料。它们是一个信息源,你可以通过连接研究问题的片段或你想要做出的断言来发现其中的资料,不是在问题句法中,而是在陈述性句法中——当你把一个信息位连接到一个研究问题上时,它就变成了一个资料。虽然它存在于信息材料库中,但它还不是资料。所以,那些把录音带说成资料,甚至把田野调查笔记说成资料的人,我认为,实际上是错的。

在这一点上,我们可以看到研究者在解释过程中起到的重要作用,甚至可以看到在研究过程中将解释过程形式化并把它记下来的重要作用。正如埃里克森所说的那样,分析性意义的建构对研究者的资料的内容和质量至关重要。我们认为,这个解释过程必须通过一种有机的方法来记录,这种方法可以捕捉到对我们思维产生的复杂且经常是交叉的影响。因为它们存在于理论、研究,有时甚至是实践的错综复杂的联系中。

作为一名使用量化研究方法的心理学家,人们可能会认为安杰拉·达克沃思不太参与这种类型的解释性反思。然而,在我们的访谈中,她雄辩地谈到了研究日志在按时间顺序记载她的研究过程中的作用和重要性,特别是在很长一段时间内发展理论方面的作用和重要性。她说道:

> 如果你看看那些实验笔记本,为了科学诚信,我保留了我所有的实验笔记本。
>
> 我想确保我没有欺骗任何人。但是,在它们的背面,我会开始制作这些图表,这里是努力,这里是动机,这里是意志。我想,每年都有新的版本,这些总体理论的版本略有不同。

正如我们通过反思写作在解释性过程中所起的作用获得的理解那样,研究日志条目为你提供了一个机会,对你的研究和构成你的研究情境的文献进行不那么有条理但仍很专注的思考。并且,随着时间的推移,允许你在研究过程中出现的实质性的、关联性的、情境的问题和现实之间建立更深层次的联系。研究日志没有一套特定的规则或指导方针（不像备忘录，每个都有一套特定的目的和目标），但它们的目标是，在见解和问题出现时，将它们实时地、增量地绘制成图表。有些人认为，这些条目可以被视为现象学笔记，记录了你对研究过程的解释，包括你自己在那个过程中的嵌入（Nakkula & Ravitch, 1998）。另一些人认为它们是资料收集和分析过程的关键部分。从这个意义上说，它们是实证研究的基本资料来源。

总之，我们在这里描述的一组工具旨在帮助你开发并尽可能最佳地利用概念框架。确定问题的方向能帮助你完善和定位你的工作，而反思的和分析的问题有助于你了解研究的进展。概念图为开发和测试关于你研究中的主要主题或观点如何相互关联的想法提供了一种媒介。研究备忘录和日志是一种工具，可以让你深入到研究工作的具体方面，并记录工作过程本身。除此之外，它们还可以帮助你记录和讲述概念框架的成长和发展过程。

理性且严谨

作为教授和研究者，我们对研究过程以及如何为最严谨、最有效、最可靠、最谦恭、最充满活力、最真实和最具参与性的研究创造必要的条件进行了大量的思考。我们在工作中发现，扎实研究的"结缔组织"（the connective issue）是概念框架。你可以通过有意开发一个清晰的概念框架，作为指南和压舱物，支持你作为一个研究者和学者的发展。它促使你清楚地表达你选择做研究的原因，并帮助你理解严谨地做这项工作意味着什么。两者都是做优秀研究的必要条件。缺乏严谨的理性如同社论，容易流于主观；缺乏理性的严谨，往往会使研究与主题无关。最终，你研究的有用性和影响将取决于你要说什么，你说得有多清楚，你论证的力度以及支持论点的证据。我们认为，概念框架能够以最清晰、最直接的方式，指导你完成满足这些需求的研究。

参考文献

Abbot, A. (2004). *Methods of discovery: Heuristics for the social sciences.* New York: W. W. Norton.
Alvesson, M., and Sköldberg, K. (2010). *Reflexive methodology: New vistas for qualitative research.* Thousand Oaks, CA: SAGE Publications.
Anderson, G., and Jones, F. (2000). Knowledge generation in educational administration from the inside out: The promise and perils of site-based, administrator research. *Educational Administration Quarterly, 36*, 428–464.
Anderson, G., and Saavedra, E. (1995). "Insider" narratives of transformative learning: Implications for educational reform. *Anthropology and Education Quarterly, 26*, 228–235.
Anfara, V. A., and Mertz, N. T. (2015). *Theoretical frameworks in qualitative research.* (2nd ed.). Thousand Oaks, CA: SAGE Publications.
Avis, M. (2003). Do we need methodological theory to do qualitative research? *Qualitative Health Research, 13*, 995–1004.
Backman, K, and Kyngäs, H. (1999). Challenges of the grounded theory approach to a novice researcher. *Nursing Health Sciences, 1*, 147–153.
Bailey, D. M., and Jackson, J. M. (2003). Qualitative data analysis: Challenges and dilemmas related to theory and method. *American Journal of Occupational Therapy, 57*(1), 57–65.
Becker, H. (1993). Theory: The necessary evil. In D. J. Flinders and G. E. Mills (Eds.), *Theory and concepts in qualitative research: Perspectives from the field* (pp. 218–229). New York: Teachers College Press.
Biklen, S. K., and Casella, R. (2007). *A practical guide to the qualitative dissertation.* New York: Teachers College Press.
Boisot, M. (1987). *Information and organizations: The manager as anthropologist.* London: Fontana Paperbacks.
Boisot, M., and Li, Y. (2006). Organizational versus market knowledge: From concrete embodiment to abstract representation. *Journal of Bioeconomics, 8*, 219–251.
Boote, D. N., and Beile, P. (2005). Scholars before researchers: On the centrality of the literature review in dissertation preparation. *Educational Researcher, 34*(6), 3–15.
Booth, A., Papaioannou, D., and Sutton, A. (2012). *Systematic approaches to a successful literature review.* London: SAGE Publications.
Bourdieu, P. (1989). Social space and symbolic power. *Sociological Theory, 7*(1), 14–25.
Bourdieu, P. (1990). *The logic of practice.* Stanford, CA: Stanford University Press. (Original work published 1980)

Bronfenbrenner, U. (1979). *The ecology of human development: Experiments by nature and design.* Cambridge, MA: Harvard University Press.

Brooks, M., and Davies, S. (2007). Pathways to participatory research in developing a tool to measure feelings. *British Journal of Learning Disabilities, 36*(2), 128−133.

Bruce, C. S. (1994). Research students' early experiences of the dissertation literature review. *Studies in Higher Education, 19*(2), 217−229.

Bryant, A., and Charmaz, K. (2007). Introduction: Grounded theory research: Methods and practices. In A. Bryant and K. Charmaz (Eds.), *The SAGE handbook of grounded theory* (pp. 1–28). Thousand Oaks, CA: SAGE Publications.

Chawla, D. (2006). Subjectivity and the "native" ethnographer: Researcher eligibility in an ethnographic study of urban Indian women in Hindu arranged marriages. *International Journal of Qualitative Methods, 5*(4), 2–13.

Chilisa, B. (2012). *Indigenous research methodologies.* Thousand Oaks, CA: SAGE Publications.

Cohen, D. K., and Ball, D. L. (1990). Policy and practice: An overview. *Educational Evaluation and Policy Analysis, 12*, 347–353.

Cohen, D. K., and Barnes, C. A. (1993). Pedagogy and policy. In D. K. Cohen, M. W. McLaughlin, and J. E. Talbert (Eds.), *Teaching for understanding: Challenges for policy and practice* (pp. 207–239). San Francisco: Jossey-Bass.

Cole, M., and Engestrom, Y. (1993). A cultural-historical approach to distributed cognition. In G. Salomon (Ed.), *Distributed cognitions: Psychological and educational considerations* (pp. 1–47). New York: Cambridge University Press.

Creswell, J. W. (2013). *Qualitative inquiry and research design: Choosing among five approaches.* (3rd Ed.). Thousand Oaks, CA: SAGE Publications.

Crossley, M., and Vulliamy, G. (1984). Case-study research methods and comparative education. *Comparative Education, 20*(2), 193–207.

Denzin, N., and Lincoln, Y. (2003). *Collecting and interpreting qualitative materials* (2nd ed.). Thousand Oaks, CA: SAGE Publications.

Dressman, M. (2008). *Using social theory in educational research: A practical guide.* London: Routledge.

Drever, E. (1995). *Using semi-structured interviews in small-scale research.* Edinburgh, Scotland: The Scottish Council for Research in Education.

Duckworth, A. D., Peterson, C., Matthews, M. D., and Kelly, D. R. (2007). Grit: Perseverance and passion for long-term goals. *Journal of Personality and Social Psychology, 92*(6), 1087–1101.

Dweck, C. (2006). *Mindset: The new psychology of success.* New York: Ballantine Books.

Elmore, R. F., and McLaughlin, M. W. (1988). *Steady work: Policy, practice and the reform of American education.* Santa Monica, CA: Rand.

Emerson, R. M., Fretz, R. I., and Shaw, L. L. (1995). *Writing ethnographic fieldnotes.* Chicago, IL:University of Chicago Press.

Emerson, R. M., Fretz, R. I., and Shaw, L. L. (2011). *Writing ethnographic fieldnotes.* (2nd Ed.). Chicago, IL: University of Chicago Press.

Fals Borda, O., and Rahman, M. A. (1991). *Action and knowledge.* Lanham, MD: Rowman and Littlefield.

Farrington, C. A., Roderick, M., Allensworth, E., Nagaoka, J., Keyes, T. S., Johnson, D. W., and Beechum, N. O. (2012). *Teaching adolescents to become learners: The role of noncognitive factors in shaping school performance—A critical literature review.* Chicago, IL: Consortium on Chicago

参考文献

School Research.

Fine, M. (1991). *Framing dropouts: Notes on the politics of an urban high school*. NY: SUNY Press.

Fine, M., and Sirin, S. R. (2007) Theorizing Hyphenated Selves: Researching Youth Development in and across Contentious Political Contexts. Social and Personality Psychology Compass. (1) 1–23.

Flinders, D., and Mills, G. (Eds.). (1993). *Theory and concepts in qualitative research: Perspectives from the field*. New York: Teachers College Press.

Gadamer, H.-G. (1989). *Truth and method*. (2nd ed.). New York: Crossroad.

Glesne, C. (2006). *Becoming qualitative researchers: An introduction*. Boston: Pearson/Allyn and Bacon.

Glesne, C. (2016). *Becoming qualitative researchers: An introduction*. (5th ed.). Boston: Pearson.

Golafshani, N. (2003). Understanding reliability and validity in qualitative research. *The Qualitative Report, 8*, 597–607. Retrieved from http://www.nova.edu/ssss/QR/QR8-4/golafshani.pdf

Greeno, J., Collins, A., and Resnick, L. (1996). Cognition and learning. In D. Berliner and R. Calfee (Eds.), *Handbook of educational psychology* (pp. 15–46). New York: Simon and Schuster.

Greenwood, D. J., and Levin, M. (1998). *Introduction to action research*. Thousand Oaks, CA: SAGE Publications.

Grove, R. (1988). An analysis of the constant comparative method. *Qualitative Studies in Education, 1*(1), 273–279.

Harrison, J., MacGibbon, L., and Morton, M. (2001). Regimes of trustworthiness in qualitative research: The rigors of reciprocity. *Qualitative Inquiry, 7*, 323–346.

Hart, C. (1998). *Doing a literature review: Releasing the social science research imagination*. London: SAGE Publications.

Heckman, J. J., and Rubinstein, R. (2001). The importance of noncognitive skills: Lessons from the GED testing program. *American Economic Review, 91*(2), 145–149.

Heckman, J. J., Stixrud, J., and Urzua, S. (2006). The effects of cognitive and non-cognitive abilities on labor market outcomes and social behavior. *Journal of Labor Economics, 24*(3), 411–482.

Hill-Collins, P. (1998/2000). Toward a new vision: Race, class, and gender as categories of analysis and connection. In J. Ferrante and P. Brown Jr. (Eds.), *The Social Construction of Race and Ethnicity in the United States* (pp. 478–495). New York: Longman.

Hood, J. C. (2007). Orthodoxy vs. power: The defining traits of grounded theory. In A. Bryant and K. Charmaz (Eds.), *The SAGE handbook of grounded theory* (pp. 151–164). Thousand Oaks, CA: SAGE Publications.

Jacoby, S., and Gonzales, P. (1991). The constitution of expert-novice in scientific discourse. *Issues in Applied Linguistics, 2*(2), 149–181.

Jaffee, S., Kling, K. C., Plant, E. A., Sloan, M., and Hyde, J. S. (1999). The view from down here: Feminist graduate students consider innovative methodologies. *Psychology of Women Quarterly, 23*, 423–430.

Langdridge, D. (2007). *Phenomenological psychology: Theory, research and method*. Harlow, UK: Pearson Education.

Lather, P. (2006). Foucauldian scientificity: Rethinking the nexus of qualitative research and educational policy analysis. *Qualitative Studies in Education, 19*(6), 783–791.

Lave, J., and Wenger, E. (1991). *Situated learning: Legitimate peripheral participation*. Cambridge, UK: Cambridge University Press.

Leshem, S. (2007). Thinking about conceptual frameworks in a research community of practice: A case of

a doctoral programme. *Innovations in Education and Teaching International, 44*, 287–299.
Lowe, S. (2003). Chinese culture and management theory. In I. Alon (Ed.), *Chinese culture, organizational behavior and international business management*. Westport, CT: Praeger.
Lytle, S. L., and Cochran-Smith, M. (1992). Teacher research as a way of knowing. *Harvard Educational Review, 62*, 447–474.
Marshall, C., and Rossman, G.B. (1999). *Designing qualitative research*. Thousand Oaks, CA: SAGE Publications.
Marshall, C. and Rossman, G.B. (2011). *Designing qualitative research* (5th ed.). Thousand Oaks, CA: SAGE Publications.
Marshall, C. and Rossman, G.B. (2016). *Designing qualitative research* (6th ed.). Thousand Oaks, CA: SAGE Publications.
Maxwell, J. A. (2006). Literature reviews of, and for, educational research: A commentary on Boote and Beile's "Scholars before researchers."*Educational Researcher, 35*(9), 28–31.
Maxwell, J. A. (2009). Evidence: A critical realist perspective for qualitative research. In N. Denzin and M. Giardina (Eds.), *Qualitative inquiry and social justice* (pp. 108–122). Walnut Creek, CA: Left Coast Press.
Maxwell, J. A. (2010). Review of *Theory and Educational Research* by Jean Anyon. *Education Review, 13*. Retrieved from http://www.edrev.info/reviews/rev882.pdf
Maxwell, J. A. (2012). *A realist approach for qualitative research*. Thousand Oaks, CA: SAGE Publications.
Maxwell, J. A. (2013). *Qualitative research design: An interactive approach*. (3rd ed.). Thousand Oaks, CA: SAGE Publications.
Maxwell, J. A., and Mittapalli, K. (2008). Theory. In L. Given (Ed.), *The SAGE encyclopedia of qualitative research methods* (pp. 876–880). Thousand Oaks, CA: SAGE Publications.
Miles, M. B., and Huberman, A. M. (1994). *Qualitative data analysis: An expanded sourcebook* (2nd ed.). Thousand Oaks, CA: SAGE Publications.
Miles, M. B., Huberman, A. M., and Saldaña, J. (2014). *Qualitative data analysis: A methods sourcebook*. (3rd Ed.). Thousand Oaks, CA: SAGE Publications.
Mills, S. (2003). *Michel Foucault*. New York: Routledge.
Morse, J. M. (2004). Constructing qualitatively derived theory: Concept construction and concept typologies. *Qualitative Health Research, 13*, 1387–1395.
Nakkula, M. J., and Ravitch, S. M. (1998). *Matters of interpretation: Reciprocal transformation in therapeutic and developmental relationships with youth*. San Francisco: Jossey-Bass.
Noffke, S. (1999). What's a nice theory like yours doing in a practice like this? And other impertinent questions about practitioner research. *Change: Transformations in Education, 2*(1), 25–35.
Norris, N. (1997). Error, bias, and validity in qualitative research. *Education Action Research, 5*(1), 172–176.
Nunan, D. (1992). *Research methods in language learning*. New York: Cambridge University Press.
Parker, L., and Lynn, M. (2002). What's race got to do with it? Critical Race Theory's conflicts with and connections to qualitative research methodology and epistemology.*Qualitative Inquiry, 8*(1), 7–22.
Peshkin, A. (1988). In search of subjectivity—one's own. *Educational Researcher, 17*(7), 17–22.
Ravitch, S. M. (2000). *"Reading myself between the lines": White teachers reading, writing and talking about issues of diversity, inequality and pedagogy*. Unpublished doctoral dissertation, University

of Pennsylvania.

Ravitch S. M., and Carl, N. M. (2016). *Qualitative research: Bridging the conceptual, theoretical, and methodological*. Thousand Oaks, CA: SAGE Publications.

Ravitch, S. M., and Wirth, K. (2007). Collaborative development of a pedagogy of opportunity for urban students: Navigations and negotiations in insider action research. *Journal of Action Research*, *5*(1), 75–91.

Ricoeur, P. (1973). The task of hermeneutics. *Philosophy Today*, *17*(2/4), 112–128.

Ridley, D. (2012). *The literature review: A step-by-step guide for students*. Thousand Oaks, CA: SAGE Publications.

Russell, G. M., and Bohan, J. S. (1999). Hearing voices: The uses of research and the politics of change. *Psychology of Women Quarterly*, *23*, 403–418.

Schön, D. (1995). The new scholarship requires a new epistemology. *Change*, *27*, 26−34.

Schram, T. H. (2003). *Conceptualizing qualitative inquiry*. Columbus, OH: Merrill Prentice Hall.

Schwandt, T. A. (2015). *The SAGE dictionary of qualitative inquiry*. (4th ed.). Thousand Oaks, CA: SAGE Publications.

Shulman, L. S. (1999). Professing educational scholarship. In E. C. Lagemann and L. S. Shulman (Eds.), *Issues in education research: Problems and possibilities* (pp. 159−165). San Francisco: Jossey-Bass.

Sirin, S. R., and Fine, M. (2007). Hyphenated selves: Muslim American youth negotiating identities on the fault lines of global conflict. *Applied Development Science*, *11*(3), 151–163.

Skeggs, B. (2001). Feminist ethnography. In P. Atkinson, A. Coffey, S. Delamont, J. Lofland, and L. Lofland (Eds.), *Handbook of ethnography* (pp. 426–442). Thousand Oaks, CA: SAGE Publications.

Smith, L. M. (1978). An evolving logic of participant observation, educational ethnography and other case studies. In L. Shulman (Ed.), *Review of research in education* (pp. 316–377). Itasca, IL: Peacock.

Spencer, M., Dupree, D., and Hartmann, T. (1997). A Phenomenological Variant of Ecological Systems Theory (PVEST): A self-organizational perspective in context. *Development and Psychopathology*, *9*, 817–833.

Spencer, M. B. (2008). Phenomenology and ecological systems theory: Development of diverse groups. In W. Damon and R. Lerner (Eds.), *Child and adolescent development: An advanced course* (pp. 696–740). New York: John Wiley and Sons.

Spencer, M. B., Harpalani, V., Cassidy, E., Jacobs, C. Y., Donde, S., Goss, T. N., et al. (2006). Understanding vulnerability and resilience from a normative developmental perspective: Implications for racially and ethnically diverse youth. In D. Cicchetti and D. J. Cohen (Eds.), *Developmental psychopathology* (pp. 627–672). Hoboken, NJ: John Wiley and Sons.

Spillane, J. (1996). Districts matter: Local educational authorities and state instructional policy. *Educational Policy*, *10*(1), 63–87.

Spillane, J. (1998). The progress of standards-based reforms and the non-monolithic nature of the local school district: Organizational and professional considerations. *American Educational Research Journal*, *35*(1), 33–63.

Spillane, J. (1999). External reform initiatives and teachers' efforts to reconstruct their practice: The mediating role of teachers' zones of enactment. *Journal of Curriculum Studies*, *31*(2),143–175.

Spillane, J. (2000). Cognition and policy implementation: District policy-makers and the reform of mathematics education. *Cognition and Instruction*, *18*(2), 141–179.

Spillane, J. (2002). Local theories of teacher change: The pedagogy of district policies and programs. *Teachers College Record*, 104, 377–420.

Spillane, J. (2004). *Standards deviation: How schools misunderstand education policy.* Cambridge, MA: Harvard University Press.

Spillane, J. P., and Zeuli, J. S. (1999). Reform and mathematics teaching: Exploring patterns of practice in the context of national and state reforms. *Educational Evaluation and Policy Analysis, 21*(1), 1–27.

Stake, R. E. (2003). Case studies. In N. Denzin and Y Lincoln (Eds.), *Strategies of qualitative inquiry* (pp. 134–164). Thousand Oaks, CA: SAGE Publications.

Stern, P. N. (2007). On solid ground: Essential properties for growing grounded theory. In A. Bryant and K. Charmaz (Eds.), *The SAGE handbook of grounded theory* (pp. 114–126). Thousand Oaks, CA: SAGE Publications.

Strauss, A. (1995). Notes on the nature and development of general theories. *Qualitative Inquiry, 1*(1), 7–18.

Strauss, A., and Corbin, J. (1990). *Basics of qualitative research: Grounded theory procedures and techniques.* London: SAGE Publications.

Van Maanen, J. (1988). *Tales of the field: On writing ethnography.* Chicago, IL: University of Chicago Press.

van Manen, M. (1990). *Researching lived experience.* New York: SUNY.

von Krogh, G., Ichijo, K., and Nonaka, I. (2000). *Enabling knowledge creation: How to unlock the mystery of tacit knowledge and release the power of innovation.* Oxford, UK: Oxford University Press.

Yin, R. K. (2003). *Case study research: Design and methods.* Thousand Oaks, CA:

致　谢

我们谨向安杰拉·达克沃思、弗雷德里克·埃里克森、米歇尔·法恩、玛格丽特·比尔·斯潘塞、詹姆斯·斯皮兰表示感谢，感谢他们为这个世界贡献了有价值的、富有创造力的、重要的工作，帮助我们了解和理解概念框架的价值和用途，并感谢他们在本书写作过程中的出色合作。你们为几代研究者做出了开创性的工作。我们非常感谢你们，非常高兴能够在构思、撰写和编辑本书的过程中参与你们的研究。感谢威廉·邓沃思以一种诚实而富有创造力的方式与我们和读者分享你的工作故事。

感谢我们的编辑薇姬·奈特（Vicki Knight），感谢你在各个阶段对本书的大力支持，因为你相信本书的价值，才有了本书第一版的面世。在你的持续支持下，该书才有了第二版。也要感谢赛吉（SAGE）出版公司非常有能力的员工，因为他们指导了本书的制作，感谢为完成第二版提供帮助的许多评审员（正式和非正式的），包括责任编辑莉比·拉森（Libby Larson）、电子学习编辑凯蒂·比瑞奇（Katie Bierach）、编辑助理伊冯娜·麦克杜菲（Yvonne McDuffee）和文案编辑凯瑟琳·福雷斯特（Catherine Forrest）。

我们要感谢我们的评审员对本书的不同版本给予了经过深思熟虑的反馈和建设性的建议。感谢凯瑟琳·格什曼（Kathleen Gershman）（北达科他大学）、凯尔·格林沃尔特（Kyle Greenwalt）（密歇根州立大学）、马克·莫里茨（Mark Moritz）（俄亥俄州立大学）、莱斯利·内伯斯·欧拉（Leslie Nabors Oláh）（美国教育考试中心）、克莱蒂·塞沃尼（Cleti Cervoni）（塞勒姆州立大学）和凯瑟琳·贝尔彻（Catherine Belcher）（洛杉矶承诺基金会），感谢你们对我们工作的支持。同时，我们仍要感谢第一版的评审员：克里斯蒂娜·布莱克（Christine E.Blake）（南卡罗来纳大学）、R. M. 库珀（R. M. Cooper）（德雷克大学）、法律博士和教育学博士蒂莫西·D. 莱茨林（Timothy D. Letzring）（密西西比大学）、简·洛曼（Jane Lohmann）（东北大学）、安·M. 梅奥（Ann M. Mayo）（圣地亚哥大学）、朱莉·斯莱顿（Julie Slayton）（南加利福尼亚州大学）。

致导师兼同事约瑟夫·马克斯威尔，你是各代研究者们的向导，感谢你多年来教导我们，并通过你在质性研究和更广泛的理论领域的优秀作品来教导我们的学生。

莎伦要感谢：

马修·里根，你有美妙的想法，你是杰出的写作伙伴。你的聪明才智、精力和批判性的构思方式提高了我思考和写作的标准。你一直激励着我！

妮科尔·米滕费尔纳·卡尔（Nicole Mittenfelner Carl），学生，合著者，同事。我们那本关于在质性研究的概念、理论和方法之间架起桥梁的书的开发和写作也对本书产生了深远的影响。我从你身上学到了很多东西，我对我们已经建立并将继续共同建设的东西表示感谢。

马修·塔迪蒂（Matthew Tarditi），我们在尼加拉瓜（及其他地区）的合作激发了我的灵感，教会我很多。你的诚信，对共同利益的承诺，以及反对研究中的标准表征模式的愿望都是鼓舞人心的。我很感谢我们的合作以及我们一起所做的工作！

我目前的研究和教学助理：德米特里·摩根（Demetri Morgan）、艾杰·希卡拉（AJ Schiera）和阿德里安娜·弗拉克（Adrianne Flack），感谢你们帮助我理解学生的问题，感谢你们惊人的研究精神，帮助我思考教学和做质性研究。我的学生变成了和我有密切联系的同事：劳拉·科尔凯特（Laura Colket）、阿尔琼·尚卡尔（Arjun Shankar）、威廉·邓沃思、穆斯塔法·阿卜杜勒-贾巴尔（Mustafa Abdul-Jabbar）、杰瑞·杰利格（Jerry Jellig）、戴夫·阿尔梅达（Dave Almeda）、戴夫·德菲利波（Dave DeFilippo）、莎拉·克列万（Sarah Klevan）、苏珊·菲贝尔曼（Susan Fiebelman）、基翁·麦圭尔（Keon McGuire）、杰米·诺兰·安德里诺（Jaime Nolan Andrino）、谢里·科尔曼（Sherry Coleman）、马蒂·里士满（Marti Richmond）、伊冯娜·麦卡锡（Yvonne McCarthy）、克里斯·斯蒂尔（Chris Steel）、拉吉·拉马钱德兰（Raj Ramachandran）、伊夫-卡莫佩洛斯（Yve-Car Momperousse）、塞西莉亚·欧芬（Cecilia Orphan）、凯尔西·琼斯（Kelsey Jones）、莫妮卡·克拉克（Monica Clark）和艾琳·格雷夫斯·詹姆斯（Irene Greaves Jaimes）。你们每个人都在继续向我的思考、研究和教学提供信息。

我早期和长期的导师，弗雷德里克·埃里克森、卡罗尔·吉利根（Carol Gilligan）、萨拉·劳伦斯-莱特富特（Sara Lawrence-Lightfoot）、凯西·舒尔茨（Kathy Schultz）和约瑟夫·马克斯威尔，感谢你们帮助我把自己培养成一名研究者、思想

致 谢

家和实干家。

我在宾夕法尼亚大学的许多优秀同事：迈克·纳库拉（Mike Nakkula），你对我的理论、研究和实践一体化的思考产生如此深远的影响。我们在阐释学上所做的工作和你们处理应用开发工作的方式决定了我所做的一切。苏珊·莱特尔（Susan Lytle），感谢你的同志情谊，感谢你根深蒂固的和大胆的不敬，感谢你抵制等级制度，感谢你向几代人展示了研究的价值；你和你的工作为研究提供了一种真正的可能性。霍华德·史蒂文森（Howard Stevenson），感谢你的真实，你勇敢的工作和精神，以及你慷慨的灵魂。达娜·卡明斯坦（Dana Kaminstein），你的正直和体贴是无与伦比的。非常感激你对我的支持。安妮·麦基（Annie McKee），感谢你对向学生提供优质教育的严格承诺，感谢你希望并愿意孜孜不倦地为高标准服务，并支持专业人员学习研究。还有我在宾夕法尼亚大学教书和做研究的同事们：苏珊·允（Susan Yoon）、迈克·约翰尼克（Mike Johanek）、马特·哈特利（Matt Hartley）、霍华德·史蒂文森、艾略特·温鲍姆（Elliot Weinbaum）、斯坦顿·沃瑟姆（Stanton Wortham）和雅妮娜·雷米拉德（Janine Remillard）。你们每个人都真正影响着我的教学和研究。

我在世界各地的同事：尼加拉瓜的进步种子基金会的杜伊利奥（Duilio）、托诺（Tono）、埃内斯托（Ernesto）、阿德里安娜·巴尔托达诺（Adriana Baltodano）、罗莎·里瓦斯（Rosa Rivas）和纳伊贝·蒙特内格罗（Nayibe Montenegro），法布雷托基金会的凯文·马拉纳奇（Kevin Maranacci）和永远迷人的肯尼思·乌尔维纳（Kenneth Urbina）。印度的全球教育和领导力基金会的高里·伊什瓦兰（Gowri Ishwaran）和希夫·赫姆卡（Shiv Khemka），塔塔社会科学研究所的文卡泰什·库马尔（Venkatesh Kumar）博士。在非洲一美洲研究所的阿米尼·卡俊珠（Amini Kajunju）和梅丽莎·豪厄尔（Melissa Howell）。感谢你们帮助我理解应用研究中的情境和关系的作用。在美国政府的蒂姆·希兰（Tim Sheeran），感谢你教导我理解共同创造策略和关系完整性的含义，以及在应用开发研究中取得成功的条件，感谢你的指导和支持。在男女生生活研究中心的彼得·库里洛夫（Peter Kuriloff）和迈克尔·赖克特（Michael Reichert），感谢你们是如此周到的合作者、导师和朋友，致我们出色的CSBGL研究团队：妮科尔·卡尔、夏洛特·雅各布斯（Charlotte Jacobs）、约瑟夫·纳尔逊（Joseph Nelson）、迈克尔·科科佐斯（Michael Kokozos）和艾杰·希尔拉，感谢你们帮助我了解YPAR在学校工作的价值、用途和挑战，感谢你们参与用于影响评估的模型和框架的建构。

理性且严谨：概念框架如何指导研究

我的家人：安迪（Andy）、阿里（Ari）和列夫（Lev），你们支持我完成本书，鼓励我继续前行，我深深感激你们的关心和对我的写作和工作（以及对我）所做的贡献。我的父母，阿利纳（Arline）和卡尔·拉维奇（Carl Ravitch），你们是我力量的支柱，你们每天为我提供支持和激励。我爱你们，尊重你们，珍爱你们。我的叔叔加里（Gary），你体现了我的祖父母伊迪丝（Edith）和阿尔伯特·卡普（Albert Karp）的精神，你向我展示了真正的体贴，感谢明迪（Mindy）阿姨一直以来的支持和体贴，你们都是很好的礼物。感谢我的朋友们：劳拉·霍夫曼（Laura Hoffman）、德博拉·梅林考夫（Deborah Melincoff）、珍妮弗·芬克尔斯坦（Jennifer Finkelstein）、史蒂芬妮·加贝尔（Stefanie Gabel）、彼得·西斯金德（Peter Siskind）、艾米·利文撒尔（Amy Leventhal）、艾莉莎·利维（Alyssa Levy）和温迪·麦格拉思（Wendy McGrath）。你们是我在这个世界上真正的根基。

我所有的学生，包括以前的和现在的，以及广泛的GSE和我们的中期职业生涯，CLO和Exec Doc项目的学生，你们教给我的和激励我的东西，是言语无法表达的。感谢你们的提问、你们的幽默、你们的参与、你们的共鸣、你们强烈的质疑精神，以及你们在这个世界上出色而重要的工作。

马修要感谢：

首先，我要感谢莎伦，你是一个如此体贴又精力充沛的合作伙伴和合著者。我从我们的合作中学到了很多东西。和你一起工作很愉快。

其次，感谢我在宾夕法尼亚大学的教学同事：迈克·约翰尼克，安妮·麦基、达娜·卡明斯坦和莱斯利·内伯斯·欧拉。教学本身就是一种学习行为，正是这种学习比任何东西都更能激发本书的灵感。我也要感谢我现在和以前的所有学生。你们总是逼我把事情解释得简单清楚，并以实用、有意义的方式介绍想法和方法。这就是本书的目的。

最后，没有家庭，这一切都没有多大意义。致我的妻子艾琳（Erin），谢谢你所有的支持，感谢你分享了我对这个项目的书呆子般的热情，感谢你为让我专心于这项工作所做的牺牲。感谢我的儿子伊恩（Ian）和迈尔斯（Miles），感谢你们一直忍受着爸爸被电脑拴住。我保证，我现在有更多的娱乐时间。感谢我的父母约翰（John）和安（Ann），我的妹妹珍妮弗（Jennifer）（她本身就是一位杰出的学者）和妹夫厄米亚斯（Ermias），还有弗朗西斯·瓦尔加斯（Francis Vargas）和金·卡茨（Kim Katz），谢谢你们给予的家庭应有的一切。你们的爱和支持弥足珍贵，因为没有你们的爱和支持，本书是不可能面世的。